中国传统村落调查

丛书主编 段超 田敏

[湖南吉首卷]

本卷主编 陈祖海
本卷副主编 张英

长江出版传媒
湖北人民出版社

图书在版编目（CIP）数据

中国传统村落调查. 湖南吉首卷 / 陈祖海主编. —武汉：湖北人民出版社, 2023.8
ISBN 978-7-216-10349-7

Ⅰ.①中… Ⅱ.①陈… Ⅲ.①村落—调查研究—吉首 Ⅳ.①K928.5

中国版本图书馆CIP数据核字（2021）第264381号

总策划：马　骏
　　　　徐　艳
责任编辑：李月寒
封面设计：刘舒扬
责任校对：范承勇
责任印制：肖迎军

中国传统村落调查. 湖南吉首卷
ZHONGGUO CHUANTONG CUNLUO DIAOCHA HUNAN JISHOUJUAN

出版发行：湖北人民出版社	地址：武汉市雄楚大道268号
印刷：湖北新华印务有限公司	邮编：430070
开本：787毫米×1092毫米　1/16	印张：16.5
字数：252千字	插页：11
版次：2023年8月第1版	印次：2023年8月第1次印刷
书号：ISBN 978-7-216-10349-7	定价：68.00元

本社网址：http://www.hbpp.com.cn
本社旗舰店：http://hbrmcbs.tmall.com
读者服务部电话：027-87679656
投诉举报电话：027-87679757
（图书如出现印装质量问题，由本社负责调换）

河坪村全貌(河坪村村委会 供图)

矮寨德夯景区(图片来源:视觉中国)

锦坪村村貌(王山林 摄)

河坪村马泥寨(陈祖海 摄)

家庭村村貌(张栩铭 摄)

重午古苗寨(王山林 摄)

梯田(陈祖海 摄)

德夯大峡谷(图片来源:视觉中国)

涌泉(陈祖海 摄)

1	2
	3

1.古树(王山林 摄)

2.河坪村一角(黄小华 摄)

3.传统建筑与巷道(王山林 摄)

德夯苗寨风景区(图片来源:视觉中国)

苗寨大门(王山林 摄)

保寨楼远眺(王山林 摄)

飞天庙远景(黄小华 摄)

建筑屋顶营造格局(王山林 摄)

德夯接龙桥近景(张英 摄)

青瓦与马头墙(王山林 摄)

"囍"字门头(黄小华 摄)

雕花基柱(黄小华 摄)

"壽"字石砖(黄小华 摄)

传统榨油工具：
木榨（张英 摄）

犁头模具外观（黄小华 摄）

打糍粑的石槽和木棰（黄小华 摄）

调年舞(河坪村 供图)

苗歌大赛(林农寨村支部 供图)

坪朗村跳鼓舞浮雕(高华云 摄)

▲吉首市苗族武术非物质文化遗产传承人石成强(李韬存 摄)

▶踩犁口(中黄村村委会 供图)

苗绣作品(王山林 摄)

苗绣技法交流(王山林 摄)

秧梅开刺绣(杨光祥 摄)

准备纺纱的村民(黄小华　摄)

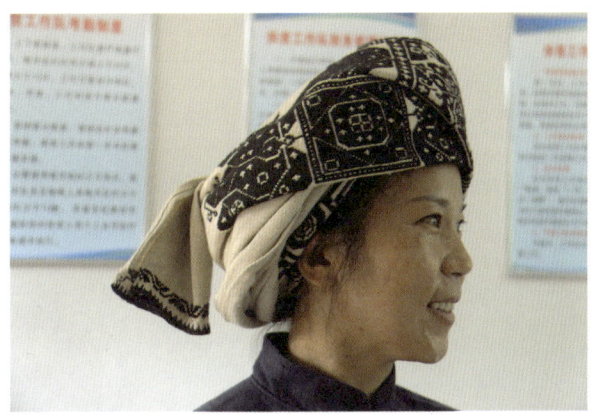
苗家白帕(黄小华　摄)

苗族村民(黄小华　摄)

矮寨大桥(图片来源:视觉中国)

总 序

  传统村落,又称古村落,是指村落形成较早,拥有丰富的传统资源,具有一定历史、文化、科技、艺术、社会、经济价值,应予以保护的村落。2012年4月,住房和城乡建设部、文化部、国家文物局、财政部联合发出开展传统村落调查的通知。经各省(区、市)相关部门组织专家调研与评审,全国汇总的数字显示,我国现存具有传统性质的村落近1.2万个。2012年9月,由建筑学、民俗学、规划学、艺术学、遗产学、人类学等领域专家组成的专家委员会,评审出中国传统村落名录。2012年12月17日,住房和城乡建设部、文化部、财政部等部门发通知公示第一批中国传统村落名录,全国共有28个省(区、市)646个传统村落入选。此后,又分别在2013年、2014年、2016年、2019年、2022年进行了中国传统村落的评选。截至2023年3月19日,一共公布了六批中国传统村落名录,共有8155个村落入选,并实施挂牌保护制度。2022年、2023年,住房和城乡建设部、财政部连续两年公示了传统村落集中连片保护利用示范县名单,我国在探索传统村落长效保护利用机制上迈出了新的步伐。

  传统村落是现存村落中历史文化价值和农耕文明遗存最丰厚,村庄格局形态和民居传统特色风貌保存最真实和良好的典型代表。传统村落被誉为农耕文明的"活化石",拥有丰富的历史信息和文化景观,也是传承中华优秀传统文化的宝贵"基因库",维系着中华民族最浓郁的"乡愁"。保护好、传承好、利用好传统村落,对弘扬中华优秀传统文化有着重要意义。

住房和城乡建设部、文化和旅游部等六部门在2012—2023年公布的8155个传统村落,已经成为世界上规模最大、内容和价值最丰富、保护最完整的农耕文明遗产保护群。2017年乡村振兴战略提出后,传统村落保护成为促进脱贫攻坚的重要措施,是乡村振兴战略的重要组成部分。

党的十八大以来,以习近平同志为核心的党中央高度重视传统村落的保护工作。习近平总书记指出:"农村是我国传统文明的发源地,乡土文化的根不能断,农村不能成为荒芜的农村、留守的农村、记忆中的故园。""乡村文明是中华民族文明史的主体,村庄是这种文明的载体,耕读文明是我们的软实力。"在如何发挥好传统村落在乡村振兴中的作用方面,习近平总书记指出:"搞乡村振兴,不是说都大拆大建,而是要把这些别具风格的传统村落改造好。"可见,传统村落的传承保护对于弘扬中华优秀传统文化、建设生态文明、发展乡村旅游、实现乡村振兴,都具有重要意义。

湘西土家族苗族自治州(以下简称湘西州)位于湖南西北部,以其悠久的历史、深厚的人文底蕴和独具特色的民族文化著称于世,也是中国传统村落最集中的地区之一。该州的传统村落申报与保护工作一直走在全国前列,截至目前,六批次共有178个村被列入中国传统村落名录,2020年被评为全国传统村落集中连片保护利用示范州。

中南民族大学作为国家民委直属综合性民族大学,一直以来把服务民族地区作为学校的使命,特别是学校的民族学学科更是成为直接服务民族地区经济社会发展的排头兵。学校民族学学科自20世纪50年代开始建设,经过数代人的努力,已经发展为我国民族学学科的重镇,学科建设水平处于全国前列,在最近两次的教育部学科评估中均位列A类。长期以来,学校与湘西土家族苗族自治州保持着紧密的联系,开展了多方面的合作,成为校地合作的典范。

2019年,经与湘西土家族苗族自治州有关方面协商,中南民族大学民族学学科启动该州中国传统村落调查项目,计划对湘西州8县(市)的中国传统村落进行一次全方位、深入的民族学、人类学调查,旨在通过专业的田野调查,进行系统的记录,形成一套完整的湘西州中国传统村落民族志丛书,为中国民族学积累来自田野的第一手材料。以湘西州8县(市)为单位,总项目下设8个子课题,各子课题根据对应县市列入中国传统村落名录的情况,遴选出118个重点传统村落开展调查,占湘西州中国传统村落总数的66.3%。

本次调查,遵循民族学、人类学学科的田野调查规范进行。在调查开始前,即对田野调查总提纲进行了反复研究讨论,确定调查总提纲后,又对参与调查的人员做了集中培训。按照统一的调查提纲,各子课题调查组(主要以中南民族大学本科生、硕士研究生为主),在指导教师的带领下于2019年暑假开始第一次田野调查。2020年暑假再次组织以硕士、博士研究生为主的调查。参与调查的师生来自中南民族大学绝大部分学院,包括民族学与社会学学院、经济学院、公共管理学院、教育学院、法学院、文传学院等,以及参与了第一次调查的管理学院、马克思主义学院、外语学院、美术学院、体育学院、资源与环境学院、生命科学学院、药学院、化学与材料科学学院。两次调查耗时两个月以上,参与人员达100多人,访谈对象上千人,获取的第一手材料上千万字。此次对湘西州中国传统村落的调查,堪称中南民族大学学科史上调查规模最大、参与人员最多、持续时间最长、调查对象最广泛的一次民族学、人类学大调查。

以第二次调查成果为主要依据,课题组编写了"中国传统村落调查"丛书第一辑八卷,分别为:《中国传统村落调查·湖南吉首卷》《中国传统村落调查·湖南凤凰卷》《中国传统村落调查·湖南龙山卷》《中国传统村落调查·湖南永顺卷》《中国传统村落调查·湖南花垣卷》《中国传统村落调查·湖南保靖卷》《中国传统村落调查·湖南古丈卷》《中国传统村落调查·湖南泸溪卷》。丛书各卷原则上以村分章,按照村落概况、文化遗产、自然资源、历史事件、村规民约等分类梳理,内容涵盖传统村落的地理生态环境、村落来源与历史、村落人口、物产与特色产业、经济社会发展状况、物质文化遗产、非物质文化遗产、自然资源与景观、重要历史事件与人物、村规民约等。丛书的编写,力求在铸牢中华民族共同体意识理论的指导下,将中华文化及各民族交往交流交融的视角融入写作过程中,系统、完整、全面、客观地呈现各传统村落的全貌,既重点梳理其历史人文脉络,又注重关照其当代发展与变迁。在写作方式上,按照民族学、人类学民族志的撰写方法进行,除文字外,各卷均配有大量田野实景图片,使文本更加生动直观,且更富有保存价值。

丛书由中南民族大学段超教授、田敏教授担任总主编,各卷分别由中南民族大学民族学学科多位博士生导师担任分主编,他们是:经济学院陈祖海教授(吉首卷)、中华民族共同体学院李吉和教授(凤凰卷)、民族学与社会学学院田敏教授(龙山卷)、教育学院康翠萍教授(永顺卷)、民族学与社会学学院柏贵喜教授(花垣卷)、法学院潘红祥教授(保靖卷)、中南民族大学副校长段超教授(古丈卷)、公共管理学院吴开松教授(泸溪卷)。各卷还根据工作情况另设有副主编。

本课题的调查工作自2019年暑假启动至今,历时4年多,其中一段时间受疫情影响,遇到许多现实的困难,历经反复,今天终于基本完成,丛书即将正式出版,可喜可贺。要感谢湘西土家族苗族自治州各有关方面的大力支持,是他们的帮助,使得本课题调研工作得以顺利开展。特别要感谢湘西州8县(市)和乡镇相关领导干部,他们对课题具体的调查工作给予了大力协助,使调查人员能够顺利进入村寨开展调查,收集资料。更要感谢各传统村落的干部群众,他们的热情好客、纯朴善良,给调查人员留下了深刻印象,大家心存感激。值此丛书出版之际,向以上所有领导、干部、群众对本课题的支持与帮助表示衷心的感谢!

丛书的出版,得到了湖北人民出版社马骏副社长、综合编辑部徐艳主任和编辑们的大力支持与帮助,出版社为丛书申请到湖北省公益学术著作出版专项资金的资助,为丛书的出版锦上添花。编辑团队来到中南民族大学,与各位主编和作者进行面对面的研讨交流,指导书稿的修改完善,确保了书稿的质量,感谢你们。

新时代新征程,以铸牢中华民族共同体意识为民族工作的主线,民族地区乡村振兴正如火如荼地开展。我们希望丛书的出版能为进一步传承和保护中国传统村落历史文化遗产,赓续地域特色鲜明的人文底蕴,为进一步铸牢中华民族共同体意识,加快推进乡村振兴发挥积极的作用,做出应有的贡献。

编　者

2023年6月19日

目录

第一章 河坪村 / 1
 一、村落概况 / 2
 二、文化遗产 / 8
 三、历史人物 / 19

第二章 锦坪村 / 20
 一、村落概况 / 21
 二、文化遗产 / 25
 三、自然资源 / 38
 四、历史人物 / 39

第三章 德夯村 / 41
 一、村落概况 / 42
 二、文化遗产 / 45
 三、自然资源 / 58
 四、历史事件 / 62

第四章 家庭村 / 67
 一、村落概况 / 68
 二、文化遗产 / 70
 三、历史事件 / 86
 四、旅游规划 / 87

第五章 古者寨 / 93

　　一、村落概况 / 94
　　二、文化遗产 / 99
　　三、历史事件 / 110

第六章 林农寨 / 112

　　一、村落概况 / 113
　　二、文化遗产 / 116
　　三、自然资源 / 124

第七章 齐心村 / 130

　　一、村落概况 / 131
　　二、文化遗产 / 138

第八章 小溪村 / 144

　　一、村落概况 / 145
　　二、文化遗产 / 154
　　三、自然资源 / 163
　　四、历史事件 / 164

目 录

第九章 坪朗村 / 165
一、村落概况 / 166
二、文化遗产 / 173

第十章 补点村 / 183
一、村落概况 / 184
二、文化遗产 / 189
三、自然资源 / 196
四、历史人物 / 198

第十一章 坪年村 / 200
一、村落概况 / 201
二、文化遗产 / 204
三、自然资源 / 213
四、历史人物 / 214

第十二章 联团村 / 216
一、村落概况 / 217
二、文化遗产 / 221
三、自然资源 / 230
四、历史人物 / 230

第十三章 中黄村 / 232
一、村落概况 / 233
二、文化遗产 / 240

后 记 / 251

第一章　河坪村

　　河坪村的传统村落呈典型的山区村落格局,历史悠久,民俗文化丰富。村落"以水作带"、三面环山,坐东朝西,坐落于半山腰。村落依山傍水,林木葱茏,鸟语花香,恬静秀美。河坪村民居古朴,保存较好,古树点缀,相互成景,村内还有龙眼石、飞石殿、龙口坪等古元素。河坪村文化独特,有州级非物质文化遗产保护项目调年舞,以及花灯阳戏、苗歌等文化遗产。2010年,"调年舞"被列入州级非物质文化遗产保护项目。2013年8月,河坪村被列入第二批中国传统村落名录。

一、村落概况

（一）地理生态环境

河坪村村口村碑（陈祖海　摄）

河坪村位于湘西土家族苗族自治州吉首市丹青镇东南部，距吉首市区50公里，面积10平方公里，其中耕地面积1359亩，林地面积9457亩。河坪村地貌以低矮山地为主，属低山丘陵区，平均海拔300米。整体地势北高南低，山脉走向由北向南倾斜。属亚热带季风性湿润气候，雨量充沛，四季分明，气候宜人，无霜期280～284天，年平均气温15℃～18℃，最冷月（1月）最低温度－3℃左右，最热月（7月）最高温度38.5℃左右，年平均降水量在1300毫米，主要集中在5—6月。河坪村森林覆盖率高、空气清新，风景宜人，远离城市的喧嚣与繁华。

（二）村落格局

河坪村四面丘陵，内为河谷。远眺河坪村，一条绕村而过的河沿山脚绕出一个大大的"Ω"形，如清亮碧透的绸带，灵动又静美。乍一看，依靠着河流的山仿佛纵横山岳的龙，而马泥寨就在"龙头"的位置，顺着山脊往上的山脉蜿蜒起伏恰似龙的背脊。河流绕着"龙头"而过，润泽千年，山山水水以一种自然和谐的状态共存着。龙把头搭在河边目视前方，天气晴朗的日子，从山顶公路边还可以看到远方山川苍茫辽远，蓝天上白云朵朵。

河流"Ω"形流过之后，在下游远方又打了个转，综合起来看，这反而更像一个"S"形了。也许是巧合，山的另一边有一段公路也绕出好几个"S"形。上山的途中有一段路，当地人解释为"埋葬法师之地"。这里一连几个大弯呈近360度连接，好似几个大"S"形相连，从山顶看去，公路如白练当空翻飞，极为巧妙、美丽。如今两旁农人种植了许多椪柑，椪柑树下白色和紫色萝卜花摇曳生姿，春日里开车穿行其间，乡村浓郁的田园气息扑面而来。

河坪村夏季全貌（王山林　摄）

顺公路往下走，隔河与马泥寨龙头相对的是枞树坪。途中有一段路顺山坡地势呈圆弧状凸出，村民称之为"宝山"。据说，枞树坪从宝山往右边延伸出去的地势形似一只巨大的狮子，宝山附近是狮子头，河流远方绕出"S"形的回弯处是狮子的腿部。所以有个说法，枞树坪上的这只狮子和河对面的龙正争抢着宝山的"宝贝"，狮子往上方夺宝，龙伺机从下方寻找着机会。

远观马泥寨背靠的后山上有一个高大的凸起，相对应的方向隐隐也有一个山包，但两者不等高。两山之间有一个凹下去的位置。村民说这是"马鞍地形"。传说很久以前有一位走乡串户的杂货郎，一天在排绸高寨附近山坳的某个歇场里睡觉，一觉醒来自己到了镇箄人家的粮仓里。货郎被抓之后解释了自己莫名来到粮仓的原因，镇箄人随即跟他来到歇场查探。探访之下发现，歇场是一个狮子嘴——这是会随时吞咽远方财富的地势——镇箄人随即把狮子嘴破坏掉；沿着此山势继续顺势往前查探，到了河坪马泥寨山头，大家又发现这里形成了灵气更为旺盛的骏马地势。他们为了不影响自己运程，悄悄把其中一个山包挖掉。在挖山的过程中还挖出了一匹泥筑的小马——马泥寨因此而得名。

（三）村落人口

河坪村共有6个村民小组、3个自然寨，3个自然村寨分别是河坪寨、马泥寨、枞树寨，传统古民居主要集中在马泥寨。该寨是一个具有苗族特色的村落。村中现共有231户，912人。村里主要经济收入来源为种植、养殖和外出务工，其中椪柑、黄金茶、白云贡米是村里的特色优势种植业。

河坪村大多数村民姓符和姓张，有极少数姓陈和姓蔡。据《泸溪符氏族谱》记载，符氏辟于秦朝年间，至今已有2000多年的历史。（姬）雅仕秦为符玺令，因此为氏，即符氏第一世祖，族谱中记为"厥子翊，及孙宽，为秦巴郡太守；历汉文帝时，曾孙达任江州刺史"。符氏在其受姓初期，其活动区域主要在中国的西部疆域。何光岳《中华姓氏源流史》载：符公雅十一世孙符季真任陈留国相，季真玄孙符融以后的世系至今绵延不断，皆可稽查。如资料属实，这将是符氏家族得姓以来移居中原的最早记载。符氏族谱记载其第十四世符融（东汉名士，《后汉书》卷九十八有传），居于陈留浚仪。事实上当今符氏皆出符融世下。符融育二子,长男鉴,次男德,鉴留守中原地带,成为今河南、江苏、江西、浙江、广东、海南等地符姓远祖,而次子德之后裔则迁徙至湖南等地区,成为今湖南、四川、陕西等地符氏的定基始祖。

(四)物产与特色产业

河坪村地貌属于低山丘陵,平均海拔300米,属于亚热带季风气候,雨量充沛,光能、热能充足,四季分明。土地资源大多为紫砂页岩发育而成,土层薄,肥力差,碱性重,适宜油菜、椪柑等作物生长,村里有水田面积1165亩,旱地194亩,主要作物为稻谷、椪柑、油菜、玉米、花生、大豆等。

据时任驻村第一书记王捍真介绍,河坪村目前有金磊农业开发专业合作社、花岩溪专业合作社、春秀土猪养殖专业合作社三家合作社,分别对椪柑种植、黄金茶种植、土猪养殖提供相关的技术指导并进行收购销售等。河坪村现种植椪柑1500多亩、黄金茶1115多亩、白云贡米110多亩。椪柑为河坪村最具有优势的支柱产业,该村所产椪柑品质优、甜度高,多次荣获果品评比"金奖"。河坪村还有吉首市万亩优质椪柑生产基地、千亩无公害绿色果品示范基地。目前河坪村的椪柑主要是分散种植,由合作社集中销售,村里修建了大型椪柑存储库,用于集中存放椪柑。黄金茶产业则采用了合作社通过流转农户土地进行统一种植和管理,而后再聘用农户进行日常种植和管理的模式,该模式增加了当地村民的收入。村里的黄金茶2017年开始种植,种植5年后可采收。

椪柑种植地(黄小华 摄)

(五) 经济社会发展状况

1. 道路交通

连通马泥寨的便桥（黄小华 摄）

来往市区的班车（黄小华 摄）

河坪村对外道路为X057县道，道路宽度为5米，接G319线，是该村的主要对外交通要道。马泥寨内因地形地势原因，公路无法修通，其余两寨均有公路通过。从河坪村到吉首市车程为一个小时左右，往来市区的主要是入乡班车，一天有一两个车次，一般都是早晨出发下午返程。清晨常会看到三三两两的村民在几个约定的候车点等候乘车外出。村内道路，由于地势原因，基本以步行石板路为主，宽度为1.2~1.5米。村内小巷狭窄弯曲,消防车辆无法进入村。据村里正在修缮房屋的村民①介绍,马泥寨与外界的往来依靠一条便桥,寨子内部道路已经硬化,但依然无法通车,较重物品只能靠马、骡等驮运。采访的村民正在修缮院子,他花费800元成本购买的砂石,运送到家里要花费1000元的驮运费,运送成本极高。有时由于洪水暴发,唯一的便桥容易被洪水淹没,寨子便会与外部断隔。

2. 公共事业发展

（1）办公楼

河坪村2018年新修建了村委会办公楼,位于河坪寨,占地面积1000平方米,配备有便民服务中心、展示厅、娱乐活动室、爱心超市、篮球场、宣传栏等。教育设施主要为河坪小学,占地面积为478平方米,因为现在很多村民的子女都在县城或者市里面上学,因此村里小学上学人数仅6人,只有1位任课老师。医疗设施为村卫生室一处,位于河坪村的原村委会楼内。

（2）爱心超市

河坪村还建有爱心超市,以村规民约为依据,建立"以奖代补、多劳多得"的正向奖励机制,通过积分兑换实物,引导村民互助友爱、积极向上、奉献爱心、关心支持村级事务发展。爱心超市的积分标准分为5大类,18个项目,类别有学习类、生产类、乡风类、邻里类、绿色类。超市制定有详细的兑换规则,面向全体村民。例如,有子女考上省级重点中学或二本以上大学,积极发展生产、养殖家禽200只等均有积分可以兑换。兑换积分需提交用于积分认定必要的图片、文字材料等,评议认定即可兑换物品,奖励实物多为生活用品。

（3）文化设施

为了丰富村民的农闲生活,河坪村组建了业余文艺队,添置了广场舞音响、照明设备等群众文化设施,完善了农家书屋,购买了一批书籍,村部开通了无线网络,村级活动组织场所、基础设施更为完善。每当夜幕降临茶余饭后,村部广场音乐一响起,村民就在村部和着歌声,踩着鼓点节拍,

---

① 访谈对象:符昌文,苗族,49岁,河坪村马泥寨村民;访谈时间:2020年7月17日。

摆动跳跃,翩翩起舞,洗去一天的疲惫与辛劳的同时,也能强身健体,更能弘扬与传承传统文化。

二、文化遗产

(一)物质文化遗产

河坪村内有古民居、古庙、古石、古巷道、古树等传统建筑和自然景观。其中,古民居三分之二为清朝末年修建,现存古民居大多集中在村子中部的马泥寨,由于喜欢聚居的传统,古民居层叠而上。古民居多以树木、石板、青瓦为主要建材,并保持着明清时期的建筑风格和布局,古朴秀美。

1. 古民居建筑

传统民居既是人民世代繁衍生息的主要场所,也是其共有的精神家园,寄托着人民的朴素感情;既是历代先祖留给后人的珍贵遗产和共同财富,凝聚了先祖们的智慧和汗水,也是留存于现代社会中弥足珍贵的文化符号。

河坪村有传统木结构建筑面积12000多平方米,占总建筑面积的66%。村落内的建筑年代时间跨越清代至现代。根据其建造年代的不同,可分为四个时期,即清代建筑、民国建筑、20世纪50—70年代建筑、20世纪80年代之后

依山就势的河坪村古民居(王山林 摄)

吊脚的古民居(黄小华 摄)

单层的古民居(黄小华 摄)

的建筑,其中以80年代之后的建筑为主,其建筑面积占总建筑面积的49%。按建筑高度分为三类:一层建筑、二层建筑和三层以上建筑,其中大部分建筑为一层建筑,其建筑面积占总建筑面积的75%。湘西苗族多居山区,山高林密,盛产各种木材,就地取材建造民居极为普遍。木屋房、青石墙、黄土墙、黑瓦房和古色古香的吊脚楼是湘西苗族民居的主要风格,这里有一些富裕人家也修筑带风火墙的砖石木结构四合院落,舒适、宽敞而幽深;也有一些贫寒人家建起简陋的石板屋和树皮或茅草盖顶的茅屋。

河坪村大部分居民基本保持传统习俗,喜聚居,村寨选址山腰中部,一寨数百户,鳞次栉比,重重叠叠。民居一般由正屋、偏厦、吊脚楼、朝门四部分组成。湘西传统民居的黑瓦房通常分五柱六挂、五柱七挂、五柱八挂、五柱九挂,多者达五柱十一挂,少有四柱三挂,一字形排开。木质结构房屋,一般人家两侧和后边用竹子编封外糊泥墙。部分经济条件较好的人家,在木板房上盖小青瓦,板壁全用桐油反复涂抹,风吹日晒,乌黑发亮。屋前多用青石板砌成平场,现在也有用水泥砌成地面;平场主要用于休息或晒谷物。屋前后栽有凤尾竹或枫香树。传统木质房屋常用榫卯结构,由立柱、横梁、顺檩等主要构件建造而成,各个构件之间的结点采用凹凸部位相互嵌套、咬合的方式,榫和卯咬合,起到连接作用,构成富有弹性的框架。木屋下有着大块石料砌成的雕花石柱。传统木屋构造奇特而不失美观,窗户、月梁、隔扇门上也有着精美花纹,配合着屋顶青黛色的瓦片,房屋整体古朴美观。

苗族习俗对民居方位有一定的规定。跨门进堂屋,正中埋有"龙宝",后边用木板装饰房间,为主人房,其他为客房或收藏东西的房间。中间为堂屋。

雕花基柱(黄小华 摄)

堂屋的左右，有一间房多铺以地板，他们认为这里是房屋中最神圣的部位，即火塘屋。堂屋与火塘屋，是住宅室内的中心空间，它充分显示了居住者的民族意念和虔诚的信仰，表现了他们对于火塘的特殊的感情。

人们起造新屋均有看屋场、砍树、发墨、排扇、立屋、偷梁、上梁、甩梁粑等习俗。新屋落成，宴请亲朋，举寨同乐，贺礼多为彩、匾、钱、粮。建房所需人工皆请"白工"（即只供饭不给工钱）。新居落成要在堂屋地面正中挖一小坑，内置一碗，盛白酒、清水、雄黄，上覆片石，称"安龙神"，建成"龙宝"。苗家神龛或置于堂屋后壁上，或置于火塘边"母柱"处，称为"杭果"，逢年过节在此敬祖先。居民讲究楼门（苗语叫"住垂"，把屋箍紧之意），有"千斤楼门四两屋"之说。

随着时代的发展，河坪村三寨中只有马泥寨还是以树木、石板、青瓦为主要民居建材。河坪寨、枞树寨则转变为以钢筋、水泥、小砌块、瓷砖为主要建材，木质建筑逐渐被砖混结构替代，出现一批小楼房。建房选址由以前山坡地向平地以及公路沿线转移。由于村里民居大多都是木质，最怕发生火灾，为了避免火灾的发生，村里设置有室外消防设施。村寨宣传栏上也有防火标语和安全提示等。如民居上张贴着"村寨防火十注意"，提醒村民注意用电安全、用火安全以及电器使用、易燃易爆物品使用等。其中两条内容如下。(1)不要私自乱拉乱接电线，要使用安全的保险丝，严禁使用铜丝或其他物质代替保险丝；经常查看电器线路有无破损、老化、短路、接触不良等故障，发现问题及时更换和检修，不要使用大功率电器，以免线路超负荷引发火灾。(2)养成良好用火习惯，不要随意乱丢烟蒂和火柴梗；室内要保持干净，清洁炉旁不要放置易燃物，掏出的木炭、灶灰等要等完全熄灭后，才可以倒在安全地方；生火不要用汽油、柴油、煤油助燃。

近年来，随着我国经济的发展，乡村游方兴未艾，这为河坪村恢复和保护传统建筑创造了有利条件。本着"整旧如故"的原则，村内大力整治与民族传统民居不协调的建筑，拆除违法建筑，改造古村的景观风貌，努力还原其古朴、宜人的民居特色。为了在空间格局外围景观方面保护河坪村整体风貌，整个村落分为一类高度控制区、二类高度控制区，以及禁止建设区。原有建筑中,属于文物保护建筑的,按照文物保护法进行严格保护;属于历史建筑的,对残缺损坏部分进行修缮,对建筑整体进行日常维护保养,防护加固,拆除随意搭建部分,恢复其历史风貌;属于传统风貌建筑的,保护具有历史文化价值的细部构件或者装饰物,其内部允许进行改善;属于其他建筑类的,进行整治、改造、拆除,比如建筑色彩不允许鲜艳和突出,要选择乡土材料等。抢救保护工作重点体现在建筑的门、窗户、墙体、屋顶(包括马头墙和檐口)、门楼、立面装饰、柱饰以及其他特色构件等方面。除此之外,河坪村还提倡保护生态环境、保护人工环境,深入挖掘传统文化、民间工艺、民俗风情。

2.飞山庙

飞山庙虽占地不大,但逢年过节,乡民们家家户户来此祭拜,香火旺盛。村里有个不成文的规矩,三十户人家一辈又一辈共同守护着飞山庙,誓让庙宇香火世代传承。

飞山庙远景(黄小华 摄)

飞山庙位处马泥寨"龙头",正对河岸边,历史久远。据说很久以前,皇上为了纪念某位死难的皇族,号令天下设神龛祭拜,丹青镇巴氽村响应皇令,在村口河边设立神龛。某日发大水,汹涌的波涛席卷巴氽村,把神龛中的神像冲走。神像沿着清明河一路顺流直下,到了河坪村马泥寨"龙头"对面的转弯处神像怎么冲也冲不下去。当时有村民在此打鱼,几次下网回拉都会把神像拉到岸上。后来神像被放到石壁下供人祭拜。条件允许后,人们即在此处修筑起了庙宇,就是后来的飞山庙。这里曾经香火鼎盛,往来者络绎不绝,后因历史原因被毁,现飞山庙为村民在原来遗址续建。

3. 古石、古巷道

村子中有寓意龙眼的龙眼石,也有酷似龙身蜿蜒盘旋的古巷道。

（1）龙眼石

马泥寨的"龙头"部分左右各有一个龙眼石,恰似龙的左右眼。建村伊始,龙眼石便有了。龙右眼位于某户人家的基脚边,遗憾的是已被破坏了不少。马泥寨东侧的一块保存完整,为龙的左眼,左龙眼石旁有一棵枝繁叶茂的大树。左龙眼石为不规则椭圆形,长162厘米,宽126厘米,高47厘米,石面整齐光滑,石料堆叠自然、巧妙,和周围的大树相映成趣。每年农历正月十五闹元宵之时,调年舞表演仪式必定先从左龙眼石处开始。正月十五当天,村民们穿上新衣裳,成群结队来到龙眼石进行祭天仪式,祈求上天保佑来年风调雨顺。此外,由于左龙眼石位于村子半山腰,此处视野开阔,旁有大树,清爽荫凉,茶余饭后常有村民到此纳凉、下棋、聊天,小孩也喜在这里打闹嬉戏,

左龙眼石（黄小华　摄）

第一章 河坪村

因此这里成为村民闲暇的休闲之地。

（2）古巷道

河坪村传统村落现存古巷道2000多米，均为古时居民就地取材，用青石板铺建而成，青石板古巷道蜿蜒纵横，石板路边堆垒的石栏错落有致，石头表面纹路苍劲古朴，映着顶上青瓦鳞鳞千瓣，古朴素雅，沉稳宁静。

4. 古树

河坪村现有52棵百年以上的古树，饱经风霜、苍劲古拙，大多都已挂牌。村子里古树不仅是村落生态良好的标志，也是村落自然变幻、历史变迁的见证。人们行走村中，还常能看到庭前屋后栽种的竹林果树相互成景，点缀在村落间。偶然还有树下悠闲纳凉的阿婆和趴在老人身边半眯着眼的狗。竹林幽幽，古树苍翠，鸡鸣犬吠的桃源情趣让人乐而忘返。

（二）非物质文化遗产

1. 调年舞

调年，寄托了人们对来年风调雨顺、五谷丰登、万事祥和的美好愿景。调年节是一种祭祀节日，它的最大特色就是通过跳调年舞的形

古巷道（黄小华摄）

古树（黄小华 摄）

河坪村传统建筑与巷道（王山林 摄）

式,祭祀祖先,祓除不祥,祈求丰年。调年舞可以看作是当地老百姓们为了庆祝丰收,祈祷来年风调雨顺,男女老少聚在一起跳的一些关于生产、生活的舞蹈,这种既娱神又娱人的形式显示了人们乐观向上、活泼开朗的性格和艺术才能。2010年,河坪村的"调年舞"被列为州级非物质文化遗产保护项目。

调年舞是人们喜庆丰年的一种集体舞蹈。在广场平地置一面大鼓,全村男女老少围成两圈,女内男外,由一位德高望重的老人在中央击鼓,众人随着鼓点摆动,边唱边摆,甚是热闹。舞蹈动作特点是双腿屈膝,两手自然分开,随着脚走动而摆动,摆动有大摆、小摆、细摆等,舞步有进三步退一步、进一步退五步、进三步退三步等。调年舞节奏轻重分明,充分体现人们生产生活中稳重粗犷、健美有力的精神风貌。调年舞鼓点清晰、节奏明快、步伐刚劲有力,动作朴实粗犷,可几十人跳、几百人跳,甚至上千人跳。调年舞是湘西州民间艺术的一朵奇葩。多年来在吉首、泸溪、古丈等地为群众演出达300多场。大有"红灯万盏人千叠,一片缠绵摆手歌"之势。

调年舞传承人张安今(王山林 摄)

调年舞目前传承情况良好,活动规模为全村参与,传承时间已有100年以上。已确定传承人。村里62岁的张安今①就是调年舞传承人。张安今从1981年开始进行文艺演出,之后慢慢开始研究花灯阳戏,进而又开始研究调年舞。当地刚开始的时候只有5个人和张安今一起做这些传统艺术的研究和传播,后来人就慢慢多了一些。2010年张安今入选第三批州级非

---

① 访谈对象:张安今,苗族,62岁,河坪村马泥寨村民;访谈时间:2020年7月17日。

物质文化遗产项目代表性传承人。据张安今介绍,调年舞时长约20分钟,其创作灵感来自日常生产生活,动作都是反映当地农民的生产生活,如播种、插秧、割谷、脱粒、推磨、摘棉花、绣花等。张安今介绍说,他们家跳调年舞已有好几代人了,他80多岁的老父亲会跳,他爱人会跳,他女儿会跳,他的小孙子们也跳得相当好,村里一寨人,人人爱跳调年舞。访谈期间,张安今还带着村民一起表演了调年舞,张安今在中间打鼓,村民围成一圈跟着鼓点节拍摆手踏步,给原本宁静的村落增添一份喜庆祥和。

2. 阳戏

阳戏是傩戏系统中戏剧表演因素更趋完备的剧种,在西南诸多省市农村还常有演出,有的地方还有阳戏剧团。民间把傩戏分为阴戏和阳戏。以酬神和驱邪为主的叫阴戏,阳戏全称是"舞阳神戏",简称阳戏,即在祭祀仪式中进行若干戏剧性表演。举行阳戏神祀活动,一般先叩许信愿,然后再还愿,因而叫"还阳戏",又称为"愿戏"。

最早,阳戏分为内坛和外坛,内坛主要是做法事,外坛主要是唱戏。阳戏内坛二十四戏,即二十四坛法事,为迎神、酬神、送神仪式。外坛二十四戏,主要是戏剧表演,常演的剧目为赐福戏、贺寿戏、仕进戏、婚娶戏、送子戏、逗乐戏等。祭祀仪式的淡化和消失,戏剧娱乐因素的强化是阳戏的重要特征。面具是傩戏艺术的一个重要特色,早期阳戏演出都要戴面具,现代逐渐演化为涂面化妆表演,只有个别地方的演出仍戴面具,保存阳戏早期演出形态。

早期的阳戏主要活跃在山间田野,虽在清末民初进入了城市,但其演出活动大都还是季节性的,班社也多是临时组合,艺人是半农半艺或半工半艺,演出场地主要是草台、祠堂、庙台、堂屋。中华人民共和国成立后,阳戏艺术得到了政府的支持和扶植。20世纪50年代初,业余阳戏剧团发展到100多个。1957年前后,大庸、凤凰、怀化、吉首等县市相继成立了专业的阳戏剧团,专业演职员达200余人。这些剧团挖掘、整理、改编、创作了一大批阳戏剧目,阳戏艺术呈现出欣欣向荣的新局面。

3. 民俗节庆

苗族是个能歌善舞的民族,多少年来,在生产生活中,人们创造了丰富多彩的民族特色文化。

每年农历正月十五的调年节,是河坪村闹元宵的主要活动,也是人们祭祀祈福的重要时刻,更是这里一年一度的传统民族盛会。每年正月十五,在这里举办的调年盛会上,男女老少齐聚一堂,祈求来年的丰顺和睦。群众身着节日盛装汇集河坪,舞狮、烧龙、载歌载舞,以歌舞祈福五谷丰登、风调雨顺,期待来年有个好收成。正月十五当天,村民们成群结队来到龙眼石进行祭天仪式,祈求上天保佑来年风调雨顺。仪式结束后,在河滩上大家敲锣打鼓跳调年舞,而随着参与人数的增多,传统的祭祀活动逐渐演变成了丰富多彩的文娱体育盛会。得益于社会经济发展和人民生活水平的提高,如今的调年节上不仅有传统的调年舞、山歌对唱,也有民族歌舞、戏曲艺术、耍龙灯、舞狮子等,有时还举行体育竞技和集市贸易,一些极具当地特色的农副产品也在会上展销,调年节逐渐成为当地展示传统民族文化和推广特色农副产品的平台和窗口。

4. 苗族服饰

苗族纺纱多用做衣服、围腰、背带、背包、腰带等的面料,常见于头帕。苗族头帕构图精美,图案灵活多变而又协调对称,立体感强,具有极高的美学价值。

据河坪村村支书[①]介绍,苗族人制作苗衣,从种棉花、采棉花、染色、织布、缝制都是亲力亲为。河坪村苗族服饰主要以白色、深蓝色、墨绿色为主。衣服颜色选取是于祖辈在山里居住,在被追赶时选择与山林接近的颜色能更好地躲避隐藏,这种配色喜好因而延续至今。

河坪苗家头帕朴素美观,独具风韵。头帕长度一般超过5米,宽度在40厘米左右,头帕两头有精美的花卉、动物、文字等图案,构图精巧,脉络

---

① 访谈对象:张春秀,苗族,45岁,河坪村枞树寨人,河坪村村支书;访谈时间:2020年7月18日。

清晰,折叠有致,平整不偏。头帕的系法男女差别不大,均有包头与额平两种,多层缠绕,剩一米左右折平,将花纹外露,包至前额前分成"人"字形,将帕尾或穗须垂留于右耳上方。男式的系法较女式的系好后总体要高一些且不留帕尾。所谓"头上帕子四个角,四个角上绣飞蛾",说的就是这种白帕。头帕除了系头,苗族妇女还可用来背小孩、绑腿等。

苗族妇女喜用银质装饰,青年妇女平时戴银手镯、银戒指、银耳环,喜庆节日着盛装时头上、手上、颈上和胸前、腰后都戴满了银饰艺术品,一般家庭越富有,佩戴的银饰越多。改革开放以来,人们的头饰日趋简化、现代化。

苗家服饰(黄小华、王山林 摄)

5. 古老传说

在绿水青山的河坪村内,有许多美丽的传说。

(1) 马泥寨的由来

传说明末清初时,湖南洗溪有一户人家,父母双亡,哥哥在外做工,家里只有小叔和嫂子两人在家,小叔勤劳肯干,能文能武,天天上山砍柴,上街卖钱,养家糊口。有一天早上,小叔上山砍柴时,遇到一个白胡子的老公公,叫他:"年轻人,你文武双全,天天上山砍柴不觉得委屈吗?"小伙子说道:"哥哥外出，我得要养家糊口。"老公公听完后说："年轻人，我看你不容易，就帮你一把。"说完从身旁取出一把弓和三支箭，交给小伙子，并说道："三天之后凌晨鸡鸣之时，向东北方天空连发三箭，必有大成。"说完老人便从他眼前消失了。

傍晚回家后，年轻人跟嫂子提起这事，嫂子十分高兴，说："到时你早些休息，我第二天凌晨鸡鸣时叫你起来。"三天后嫂子由于高兴，深夜时睡不着，左转右转，未等到鸡鸣之时，就拿起簸箕用手掌拍响，公鸡听到簸箕响以为时辰到，便打起鸣了。嫂子连忙跑到小叔住处把他叫醒，小叔便赶紧起来，拿起弓箭向东北方射了三箭。

皇宫中，皇帝上朝时，看到龙椅上插着三支箭，一支插着龙头，一支插着龙心，一支插着龙尾，吓得他魂不附体，连忙叫人将其拿下。只见箭上写道："湖南—洗溪"。皇上看到后大怒，赶紧派人到湖南寻找此人，又不知具体地址，就派当地官员上湖南最有灵气的村寨将后龙挖断，挖到河坪村时，官兵早上来挖，晚上回去。等他们第二天来挖时，前一天挖的地方又填满回去了，如此反复了几天。有一天，一个官兵挖完之后把草鞋落在那里，回来取鞋时天黑得差不多了，听到地门龙神在说话，他就躲到一边，听到龙神说："他们怎样挖，我们都不怕。就怕他们用铜钉钉，再用桐油烧。"官兵听到后，弃鞋回去向长官汇报。第二天，官兵就带着铜钉桐油，钉上铜钉，浇上桐油放火烧。只见天昏地暗，地上流出血一样的液体，持续几天几夜后，官兵再挖就不流了。挖了三丈三尺后，挖出一匹活灵活现的泥马，边上还有一个泥人，手抓马鞍，一只脚踏上马镫，一只脚踏着地下，由此，河坪村对门的寨子就叫马泥寨。①

（2）金鸡洲的传说

丹青河②绕寨而过，在马泥寨与河坪寨之间，形成了一个两边流水，中间布满清亮的卵石的小洲。春夏之夜，很多村民都会到上面放上竹笼，半夜扔下石头，次日早上笼子里就装满了鲜美的鱼。清末民初，寨上有一

---

① 传说来源于村干部记载。访谈对象：张明兴，苗族，53岁，河坪村枞树寨人、河坪村村秘书；访谈时间：2020年7月17日。

② 丹清河流经河坪村的河段又叫冲其河。

个文人,上知天文,下知地理,名叫张光大。在一个夜晚,他一个人到洲上装鱼笼。半夜时,从洲头起鱼到洲尾时,看见一只金黄色的母鸡带着十二只金黄色的小鸡仔在觅食。他便走过去,好奇地用双手托起小鸡,可是托起后小鸡从手指间流了下去,如此反复,从洲头到洲尾一直托不起小鸡仔,到洲头后母鸡和小鸡都不见了,后来和别人说起这事,另有一人也说见过,但就是托不起,从此这里就被叫作金鸡洲。

三、历史人物

据《泸溪符氏族谱》记载,符宗杰,符融第二十九代孙,由江西南昌丰城县迁入古辰州府马路巷(今沅陵县宗教一条街)。元顺帝时任湖广总兵,敕封武烈将军。为湘西沅陵符氏始祖。族谱中写道:"符宗杰,元顺帝至元六年(1340年)三月十八日巳时生,世出礼仪之家,少聪慧,手不离《春秋》,好仗义,口常叱邪恶。及加冠,封爵受禄,赏赐紫金光大夫。元末,'南蛮'犯难,有奸佞之徒上奏,上赐"武烈将军",加封征南大元帅。受旨,即统领八百子弟兵从江西启程,渡八百里烟波洞庭,跨千万座险峻关山。旌麾所指,望风而遁。军兵直抵辰州。即至,日,令兵不解甲,自深入民坊,夜,伏案疾书,思虑方略。察湘西民情之淳朴,风俗之纯良,定怀柔之计,'苗民'俯首,战火不再。烽火息,施教化,励耕织,休养生息。识大体,明大义,归顺洪武,军民免于涂炭。洪武念有功,仍袭旧职,主政辰州一方。明法度,知礼仪,移风易俗,兄弟相处。宗杰妻高氏,姜耿氏,生四子,朝字辈,仁义礼智,均承父职,老辞,归隐符家山,洪武三十一年(1398年)仲秋望月,喜极而终,葬沅陵城郊桃溪金线吊葫芦,碑曰:唐宋至今威镇诸王元史将,汉朝板册编修官府是名家。其子嗣恭奉为湘西符氏之鼻祖。"

(本章由陈祖海、黄小华撰写)

第二章 锦坪村

　　锦坪村周围群山逶迤,山林耸立,寨子坐落梯田之间,自上而下,层层叠叠,酉河蜿蜒而过。寨中有保存良好的古巷道、古井等人文景观,也有山林、梯田、溪流、古树等自然景观。这里建筑保存良好,古香古色,传统建筑融于大自然景观之中,交相辉映,宛如一幅充满诗意的乡村画卷。锦坪村民俗文化遗产众多,至今传承较好的主要包括跳香舞、阳戏等,还有一系列原生态的休闲活动,如苗家打糍粑、赶边边场等。2019年6月,锦坪村被列入第五批中国传统村落名录。

第二章 锦坪村

一、村落概况

（一）地理生态环境

锦坪村位于湖南湘西土家族苗族自治州吉首市最东端，距吉首市城区85公里，东连泸溪县八什坪乡李什坪村，南接泸溪县梁家潭乡芭蕉坪村，西望吉首市丹青镇王腊村，北靠古丈县河蓬乡苏家村。

锦坪村地貌山高谷深，地势西高东低，平均海拔500米，东西群峰挺拔，多为山地。全村气候属亚热带季风气候，四季分明，无霜期280~282天，年平均气温15℃~17℃，境内最高气温37.6℃，最低气温-4℃。全村面积11.9平方千米，其中，耕地2428亩（水田1768亩、旱地660亩），占总面积的14.5%；林地13389亩，占总面积的79.7%。

锦坪村航拍图（王山林 摄）

（二）村落历史

锦坪村发展至今已有百余年历史。锦坪村曾名标锦村，隶属排绸乡。清代，排绸乡乡域分属乾州厅和古丈坪厅。民国十一年（1922年）11月，分属古丈县外冲乡和乾城县仙标乡。民国三十二年（1943年）调整县界，原属古丈县辖地的铜鼓坡等地被划入乾城县仙标乡。1950年，属第三区。1953年，分为白岩、河坪、标锦、炉峰和铜鼓5个乡。1956年，撤区并乡，5个乡并为排绸乡。1958年秋，丹青、排绸乡组成东风人民公社。1959年，桃竹潭和符家坪划归泸溪县。1961年，排绸公社分出。1984年4月，公社改乡制，锦坪属排绸乡。1984年，排绸乡管辖香花、标锦、三坪、黄蜡、卡坪、广群、槐花、白云、光坪、高寨、河坪11个村。2005年10月，村级建制调整，标锦村和三坪村合并为锦坪村。2015年，湖南省民政厅关于同意吉首市乡镇区划调整方案的批复，将丹青镇、排绸乡合并为新的丹青镇，也就形成了现今的湘西土家族苗族自治州吉首市丹青镇锦坪村。

（三）村落人口

锦坪村辖9个村民小组、7个自然寨，9个村民小组分别坐落在山坳、半山腰、山顶等不同的地方，形成6个小寨、1个大寨。全村共373户，户籍人口1453人，常住人口777人。其中传统民居主要集中在三、四、五三个组（即大寨），户籍人口约600人。锦坪村除了三、四、五组所在的大寨还有6个自然寨，寨子之间大概相距两三里，最远的两个寨子之间距离超过20里。

锦坪村三、四、五组
航拍图中景（王山林 摄）

(四)物产与特色产业

锦坪村距离市区路程较远,村民的主要生计来源是农业。据时任驻村第一书记罗敬良介绍,锦坪村主要优势产业有油茶、黄金茶、白云贡米等。其中种植油茶有1000多亩,黄金茶900亩,白云贡米400多亩,是锦坪的主要生计来源。此外,锦坪村也在规划林下经济,发展山羊、鸡鸭、蜜蜂等养殖产业。村里有青龙山、前锦富硒两个合作社。

锦坪村油茶树(黄小华 摄)

"白云贡米"早在清乾隆三年(1738年)就被称为"皇家贡米",民间素有"白云的米,三角岩的女"之说。20世纪60—70年代,曾多次运至北京销售。由于土壤里所含微量元素锌、硒比较丰富,"贡米"色泽如霜,性柔质优,稠而不黏,滑而不腻,属湘西珍品,产品供不应求。

锦坪村种植了1000多亩油茶,在这里可以看到漫山的油茶树,还能闻到油茶淡淡的清香。锦坪村建成立的前锦富硒生态油茶专业合作社,为油茶的科学培育管理和销售提供保障。根据地势,对平地相对集中的老油茶林地重新开发,对山丘和斜坡比较分散的部分进行垦复。千百年来,土家族、苗族以油茶籽榨取茶油食用,以油桐榨取桐油远销海内外。清代《古丈坪厅志》曾说,桐茶油之利,利之最广者,桐油树、茶油树,古丈坪出产大宗也。每年油茶果采摘后,经过晾晒、剥壳,然后进入油坊打榨取油。以电为动力的榨油机传入湘西州之前,民间的能工巧匠们就依着溪河落差、巧妙运用水冲动力修建起了榨油坊、水碾坊,这些榨油坊、水碾坊的设计建造也充分体现了民间能工巧匠们高超的建筑技艺。1949年以后,特别是改革开放以来,各种电动榨油机的传入,那些曾经凝聚着人民智慧的古老榨油坊、水碾坊也逐渐失去了它原有的功能,榨油坊、水碾坊的建筑技艺也渐渐失传了。

(五)经济社会发展状况

锦坪村小学(黄小华 摄)

村里有一所小学。由于政府对锦坪村教育的重视,锦坪村小学已经停办,从2018年起所有孩子都已进入教学条件更好的市里的学校读书。锦坪村村委会设在小学旧址对面,这里常年驻扎着驻村扶贫干部和村委会人员。

早期锦坪村交通不便,但如今,这里道路交通较为良好,境内有县道X024从村域南北穿村而过,经过泸溪县通往吉首市区。该道路面已硬化,道路宽度为3.5米。但由于锦坪村位置偏远,车程较长,山路蜿蜒曲折,到市里要两三个小时,故而入乡班车尚未普及,村民日常出行靠的是拉货载人的面包车。村内部道路部分为大石板路,部分为水泥路。此外,村里还通了水,装了太阳能路灯。

如今走在锦坪村,房屋干净整洁,美观大方,青石板小道四通八达,锦坪村的面貌焕然一新,村民生活日渐改善。政府还专门修了一个大面积水泥地并购买了音响设备供村民跳广场舞娱乐,使得村民的娱乐生活大大丰富。锦坪村坚持突出重点、以点带面、整村推进的工作原则,扎实稳步推进脱贫攻坚工作,2017年已全部实现脱贫。村子的基础设施、环境治理、精神文化、产业经济和村民的生产生活得到了切实的改善和提升。随着乡村振兴不断推进,锦坪村发展会越来越好。

二、文化遗产

(一)物质文化遗产

1. 传统民居

锦坪村是传统村落空间历史遗存的缩影,凝聚了劳动人民的勤劳和智慧。锦坪村现存建筑年代时间跨度基本上是从清代至现代。根据其建造年代的不同,将建筑年代分为四个时期,即清代建筑、民国建筑、20世纪50—70年代建筑、20世纪80年代之后的建筑。其中以20世纪50—70年代建筑为主,占总建筑面积的75%。全寨目前现存古建筑民居180栋,约540间,10800平方米,村中巷道均用青石板铺就,户户相连,村村相通。村寨中三、四、五组的传统民居数量最多,也最为集中,这些民居依山而建,高低错落,层次感强。

锦坪村传统建筑面积大,大部分为传统民居——吞口屋。吞口屋是湘西传统民居的特有做法,也是当地建筑文化的特色代表。所谓"吞口",即民居正中大门这一开间的正面墙壁和大门向后退进一定距离,形成一个向内凹进的入口,又称"虎口"。这种做法在当地有"聚宝进财"的含义。村落传统建筑全面记载了先人利用自然资源创造出来的地方性建筑文化和建筑艺术,具有地域性建筑文化艺术价值。

锦坪村传统民居基本都是一层或两层木构建筑,多为悬山顶穿斗抬梁式结构,围合墙面为木质材料,内部呈一字形格局,以传统小青瓦覆顶。刻有精美雕花的木门木窗,基本保持着民国时期的建筑风格和布局,但也有一部分因为火灾损毁。这里的民居建筑青砖黛瓦,飞檐翘角,风火墙、柱础、窗户上的雕花图案以及彩绘等造型奇特、特色鲜明,不仅使民居的结构形式表现出很大的灵活性,而且每间宅院于朴素间多了几分自然的

就地取材的民居建筑(王山林 摄)

厢房与厨房(黄小华 摄)

土制防火墙(黄小华 摄)

"囍"字门头(黄小华 摄)

窗户雕花纹样(黄小华 摄)

"幸福"纹样(黄小华 摄)

传统建筑与巷道(王山林 摄)

野趣,充分体现了能工巧匠丰富的想象力和思维能力。

山腰上的民居多采用吊脚楼形式。吊脚楼分上下两级,建筑时,用长柱竖在下一级,用短柱竖在上一级,前半间楼板与后半间地面平齐。楼中上层住人,壁上开窗,下层不住人,作堆放杂物或关牲口之用。居民们还在住宅附近建有谷仓,有的地方为了避免发生火灾烧坏粮食,谷仓与住宅保持了一定距离;有的地方,谷仓脚离地很高,从远处看,仿佛是一座座亭阁。多年前,这里屋旁普遍建有禾晾,用以挂晾摘下来的禾把。禾晾是用两根或四根木柱竖立在地上,上面横架木条十来根,顶上盖以树皮,但后来,栽种禾苗的减少,禾晾也减少了。

居住在锦坪村五组的村民①介绍,其目前居住的房子年代久远,他所知道的至少有国、正、天、心、顺、官、清、民、自、安10个字辈的族人曾在此居住过。目前是他和妻子、女儿三人居住。该房屋是口子围合的木质结构建筑。主屋为单层四柱三挂式吞口屋,吞口正对是堂屋,堂上供有"家先"(祖先牌位),两侧均为正屋,摆放着家具,是他们的日常居所。紧挨主屋,右侧是厢房,厢房右侧是厨房。主屋左侧是杂物房,左右两侧均有门,中间是庭院。外围有一面同样年代久远的土制防火墙,墙上底座石砖上的"壽"字纹样仍清晰可见。

"壽"字石砖
(黄小华 摄)

---

① 访谈对象:向自宽,苗族,55岁,锦坪村五组村民;访谈时间:2020年7月20日。

据访谈①,1978年3月初的某天晚上,村里村民观看电影时曾发生了火灾,许多房子都被烧毁,仅剩6间房屋是完整的。由于当时整个寨子烧毁严重,大量房屋需要进行修缮或重建,村民不得不去其他村落购买或借用木材。虽然修建房屋使用杉木的坚韧度、耐用性更为理想,但由于木材需求量大,修缮的房屋大部分选用更易获得的松木。如今为了避免类似的火灾发生,村子许多地方设置了室外消火栓。

2. 各式农具

走在寨子里,除了木屋,这里还有各式各样的农具和生活用具,如纺车、石磨、脱谷车、人力车、犁耙、竹篓等,这些农具都是村民开展生产劳作和日常生活的主要工具,具有当地特色,彰显了村民的勤劳和智慧。其中部分农具现在还在使用,也有一些随着农业科技的进步与发展,被更为便利的农具替代,如手摇纺车,现在村里还在使用这种手摇纺车的已经很少了。这里还保存有较为少见的犁头模具,其整体外观酷似元宝,大部分长59厘米、宽26厘米、高31厘米左右。模具分上下两层,两层相互咬合。不同的犁头适合耕不同的农田,犁头的功能和质量影响着农户耕作的效率,所以犁头的铸造极为重要。

犁头模具外观(黄小华 摄)

---

① 访谈对象:向自荣,苗族,72岁,锦屏村三组村民;访谈时间:2020年7月18日。

3. 其他

锦坪村内有保存良好的传统风貌建筑,有古巷道、古井等人文景观,也有山林、梯田、溪流、古树等自然景观。锦坪村的古巷道由古时居民就地取材的青石板铺建而成,有一部分改造成水泥路。村里有二百余棵百年以上的古木,均已挂牌。古井一处,位于村落中心位置。

村内古树(黄小华 摄)

(二)非物质文化遗产

1. 跳香舞

锦坪村是市级文化遗产"跳香舞"的传承地,村内跳香舞已有近百年历史,具有一定的文化价值。"跳香舞"苗语发音类似"陇自咱",俗称"斋糍粑舞"(即不用荤)。清《泸溪县志》载:"(泸溪县)县城东南沅水两岸和县北一带村寨,每年从农历九月二十日起至十月二十日止,每一村寨均举行'跳香'活动,敬'五谷神',庆祝丰收,俗称'过苗年',亦名'明香大会'","跳香舞场或设村中空坪,或设丰登殿、公安殿","一场跳香约需一、二小时"[①]。明末清初,村寨有专供舞会用的跳香殿,各村还设有跳香田,田里生产的粮食会被加工成斋豆腐、斋糍粑、香米酒等,专供跳香人食用。跳香人走到哪儿就由哪个寨宴请,以示酬谢。

早期的跳香舞是苗巫文化的一种表现形式,是早期先民祭祀与崇拜"天王大帝"和自然神灵中的"五谷神"的活动。具体来说,跳香舞在每年秋后,粮满仓猪满圈、野菊花盛开的时节进行。那时,村中男女身着盛装,有的头顶"天王大帝"像,有的手擎各色小纸旗,聚集于跳香殿前。跳香舞

---

① 湖南省泸溪县志编纂委员会编:《泸溪县志》,社会科学文献出版社1993年版,第431、505页。

开始之前，苗巫吹响三声牛角号，口诵经文恭请诸神，并吹着牛角作为前导。参加跳香舞的男女随其步履相蹑，伴着敲锣、击鼓之声，或走或舞，以示娱神，领头的巫师一阵狂舞后，且跪且拜且诵。在多次重复诵辞之后宣布诸神到位，就会在殿堂的中央地底下挖出一年前埋在地下的五谷，根据五谷的腐变颜色预卜来年农事采收情况，并根据神意预卜来年是否有瘟疫等。作为依附于祭祀的一种活动，跳香舞一般都是集体行为，人数多则上百人，少者二十人左右。如有独舞，独舞舞者在桐枯饼上旋转数十分钟不停，直至将枯饼旋通个洞方止，观者赞不绝口。跳香舞的音乐为2/4和4/4节，唱词很丰富，有"请师""造船""修地""唱十二月歌"等，一般用大锣、大鼓、牛角等伴奏。打击乐谱为"|昌昌|昌昌|昌冬昌|昌冬昌|昌冬昌冬|昌卜龙冬昌冬|昌冬昌冬|昌冬乙昌|昌昌|"，牛角节奏自由，整个伴奏与舞蹈十分和谐，烘托得舞蹈气氛欢快而热烈。

现在锦坪村的跳香舞，领舞是当地妇女主任，主要参与者是留在村里的中年女性和部分男性。此舞以前主祭祀，现在主要用于重大节日庆祝和日常丰富人们的农闲生活。当地人说，这个舞蹈的跳法十分考究，跳香主祭五谷神，同时敬奉傩公傩母。其目的是庆祝当年五谷丰登，祈求来年风调雨顺、五谷丰登。在经济社会不发达的时候，人们通过这种方式来获得心灵上的慰藉。最早，跳香祭祀法事分为开坛、申法、种五谷、发童子、大旋场5场祭仪，在这5个仪程里包含着敬神、送神、酬神、娱神等内容。跳香祭祀舞蹈最大的特点是在独舞的同时，将多人舞、群舞有机地与之结合，形成独特的舞蹈形式。独舞以头戴五福帽，身着红色法袍，持绺旗、司刀、牛角的苗老司为主，一般是请神调场，多人舞在种五谷和发童子这两个仪程中体现。在种五谷时，12名戴傩面具的舞者组成傩舞队，在苗老司指引下表演开山傩；《搬土地》是装扮成土地爷的苗老司领唱农事歌，带领香众表演开荒种地等劳动动作，一旁的围观者则会摹仿动物的叫声。

跳香舞，地域文化特色鲜明，具有极强的民族凝聚力。近年来，湘西州文化部门对跳香舞传承保护的力度不断加大。跳香舞历史久远，富有浓郁的民族特色，既是湘西州具有代表性的传统舞蹈之一，也是锦坪村人人驻足观看、令人称叹的"村舞"。

2. 打糍粑

当地居民向来比较重视糍粑的制作和运用。他们逢年过节要打糍粑,祭祖要用糍粑,修建房屋要用糍粑。对他们而言,用糍粑招待贵宾胜过用鸡鸭猪狗招待。

最有趣的是,当地青年男女从恋爱到结婚都离不开糍粑,每年腊月,村中少女就要准备好各种形状的糍粑;三角形、圆形、长条形糍粑最多,色质以最白者为佳。待到正月初一至初三,有外寨未婚青年男子来游春,可以用事先准备好的糍粑向正在跳芦笙舞的意中人的花腰包投掷,如对方也有意,就接收,如无意,可婉言谢绝。待到正月结束,男子邀约好友一起将一斤糍粑一斤糖送至女方家,女子请好友作陪款待男子及其亲朋。如果谈得很投机,双方就可在以后继续交往,如无意,就不了了之。结婚第一年,男子要用一斗二升的糯米打成大糍粑,再将其擀成簸箕状,装进麻布口袋中,挑至女方家。

打糍粑的石槽和木槌(黄小华 摄)

据访谈①,糍粑的制作过程是先将糯米泡水,而后隔水用蒸笼蒸熟,将熟糯米放置在石槽里,用木槌打成泥状,再捏制成各种形状,其中以圆形居多。现在为了增加口感,也会在原料中放置豆沙、绿豆等作为馅料。村里几乎每家每户都有石槽、木槌等制作糍粑的工具,石槽一般是用当地石头凿刻而成。石槽平时未使用时为了防灰,会倒扣放置,使用时翻面使用。因为石槽重达

---

① 访谈对象:向自忠,苗族,60岁,锦坪村五组村民;访谈时间:2020年7月20日。

100~200斤,需要几个人合力才能翻转,石槽底部还凿了几个凹口,为的是翻转石槽时方便寻找着力点。

3. 苗族服饰

据东汉应劭《讽俗通》、晋干宝《搜神记》和范晔《后汉书·南蛮传》记载,早在四千多年前的高辛氏时代,湘西苗族即创制出"皆有尾形"的苗族原始服饰。湘西苗族支系达20余个,其中又包括若干亚支系,这一格局导致湘西苗族服饰款式及风格多样。不同款式风格的苗族服饰在湘西这块土地上长期共存,相互影响,相互渗透,相互吸收,最终形成一型(湘西型)、三式(花保式、凤松式、吉泸式)的苗族服饰。湘西苗族服装纹饰富于想象,创意丰富,纹彩多样,寓意深刻。它承载了湘西数千年的历史文化,有形有色地描绘了古代的生产生活情景,是一部有形可感的历史文化巨卷。湘西苗族服饰工艺精湛,品种齐全。从纺织印染到服饰加工制作,无一不具有独到的技术流程和特殊的加工方式。用作面料的苗锦,是中外闻名的服饰特产,唐宋年间即已成为湘西有名的贡品;花带是服饰的特殊佩件,为世人青睐;蜡染服饰无异于古代的"迷彩服";银饰更是其中一绝。湘西苗族服饰别具一格,华丽多姿,具有很高的实用价值、历史文化研究价值和审美价值,是中华民族的一笔宝贵的物质文化和非物质文化遗产。

湘西苗族的古代服饰男女差别很小,一律是"色彩斑斓"的:上身穿花衣,下着百褶裙,头包赭色花帕,脚踏船形花鞋,佩以各种银饰。自清代雍正年间改土归流后,政府指令"服饰宜分男女",衣着变化较大。如今天生活在永顺、龙山等县的一些苗族人,其服饰与汉族已无分别,但在花垣、保靖、凤凰、吉首、古丈、泸溪等县境内,苗族的服饰尚有特色。

20世纪80年代末,湘西州苗族男装趋向简单朴实,一般上着黑白或青蓝相间的条纹家织布对胸衣,下穿青、蓝素色家织布直筒裤,头包条纹布花格帕。女装则仍然维持旧制,且向更加华丽多姿的方向发展,款式逐步趋向紧身合体。州境内苗族女装独具特色,上衣多为满襟衣,一般由领口、衣袖、套袖、衣襟、盘肩、衣脚、围裙组成。衣服的装饰上凸显了湘西苗族服饰个性。其服饰的领口以圆领居多,均带有绣花图案;衣袖上有两道滚边,亦绣花;套袖亦称假袖,长约0.3米,套在外衣里面,由内向外翻,露于外衣衣袖外,显得美观雅致,样式一般以白布为底,上有两道滚边,以绣花纹样装饰;衣襟有两道滚边,绣喜鹊登梅、锦鸡高鸣、双龙抢宝、蝴蝶起舞等图案;盘肩有三道滚边,绣石榴、牡丹、梅花等花纹,构图匀称;下摆滚边,绣蝴蝶、水波、六耳格等花纹图案。围裙有胸裙和腰裙两种,均绣花朵,缀银花吊钩,鲜艳夺目。下装包括裤、裙,裤子多选用青、蓝、墨绿色布料,裤脚底色布上镶一块异色布,滚2～3道花边,绣鲤鱼跳龙门、双凤朝阳、梅花含苞、石榴花果、水波滚滚等图案;百褶裙(亦称"礼裙")长而宽,缝成褶子,青红相间,以层多为美,裙脚绣花,图案色彩丰富、美观富丽,一般只在"椎牛""接龙"等盛大祭典时穿着。苗族妇女喜包头帕,有棉质、丝质两种,一般长6米,最长可达10米。棉质头帕有素色和花色两种,素色头帕多为青、蓝、白三色,花色头帕有织就的条纹花帕、井字格花帕,扎染的狗脚纹花帕,挑花头巾。丝帕一般只在节日聚会、喜庆做客时缠戴,常见式样有圆筒形高帕、交叉帕、平顶帕、螺蛳形平帕和蝴蝶帕5种。此外,苗族妇女喜戴银饰,有头饰、颈饰、胸背饰、手饰、脚饰等,以大为美,以多为美,以重为美。头饰中有银帽、银花大平帽、插头银花、银凤冠等。银帽又叫"接龙帽",一般用雪花银1500克打制。因为耗银多,非富有人家不能制,往往一寨、几寨才有一顶,需要时各家可借用。银花大平帽呈圆形,直径60厘米,重470克,其构造由前后两块半圆形银皮合成的圆形,中间用细丝螺旋构成圆顶形组成。这三个部件可以灵活拆卸;帽顶焊花、

苗族服饰(黄小华 摄)

鸟、鱼、虾、龙、凤、蝴蝶等图样,饰湖绿和桃红丝线花束。插头银花一般重40克,造型有蚩尤大刀、长矛、菊花、梅花、桃子、棋盘花、蝴蝶、寿字等,常以吊湖绿桃红丝线花束作为装饰。银凤冠是未出嫁的苗族姑娘戴在前额的装饰品,多是由一块宽4厘米、长37厘米、重180克银皮镂空制成,可形成方孔古钱、莲花、梅花点、梅花朵等图案,银皮上插二龙抢宝、双凤对菊和花草等纹样的饰品,下端缀9只凤凰。颈饰中有轮圈、扁圈、盘圈、披肩等,轮圈可单独佩戴,也可加匾圈、盘圈组合佩戴。小轮圈需银300克左右,大的需700~1000克;中段为弯弯扭扭的形状,两端做一公母套钩,钩柄上的缠纹多为一二十道凸状银瓣。扁圈为项圈的中层饰品,每套5匝,即由5根组成一套,重300多克;圈心呈筋脉状,有菊花纹饰,两端为公母套钩。盘圈是由5匝互相叠压,大的在下,小的在上,故又名"叠板项圈"。银披肩是披在肩上的银链饰物,披肩需银1000克左右,一般以缎面做底,银饰缝缀其上,佩戴时,披肩能随肩、胸的高低、凸凹而紧贴于肩胸。此外,苗族妇女身前身后的银饰有牙扦、银针筒、围裙链子、挂扣、银纽、银花银蝶、银牌、后尾等。

湘西州苗族儿童的配饰也有其特色,主要体现在帽饰上,有凉帽、船形帽、罗汉帽、虎头帽、猫头帽、狗头帽、龙凤帽、麒麟帽、八仙帽等。儿童项圈需银百余克,精细者如筷子,上刻简单花纹,佩戴时,项圈上往往多挂一条银链垂至前胸,链子下端吊有一腰子形银锁,以示驱邪。儿童银手镯一般重30~40克,直径4~5厘米,两只一套,一只配官印一颗,一只配瓜锤一对,取"文武双全"之意。

如今锦坪村内日常穿着传统苗族服装的村民并不多,少数长者会保留常年穿苗衣的习惯。年轻人更多的是在节日活动和红白喜事时穿着苗族盛装、佩戴银饰。由于现代服装技术的发展,他们自己制作苗族服装已经比较少了,转为缝纫店成批生产,机绣花纹。而白色的西南卡普头帕仍手工纺织制作织染制作,据村民介绍,纺制一条6米左右的头帕要20天左右。头帕一般两头挑花,花样秀美,丰富多样,各不相同,有的女式头帕两边还垂有流苏。

准备纺纱的村民(王山林 摄)

4. 民俗节庆

(1)"三月三"。20世纪80年代末,在湘西州境内泸溪、吉首、古丈三县(市)交界地区传唱着一首山歌:"桃红李白一园栽,土家苗汉同心怀。冬瓜架上搭南瓜,自愿牵藤结拢来。"相传,从前三县群众争夺山林地界时发生械斗,后经商议和解,于农历三月初三日立碑划界。以后每年三月初三日,乡民们相聚唱歌,以山歌形式庆祝民族团结。

(2)苗家拦门。这是一种古老而生命力极强的迎宾仪式,一般在两种情况下启动,一是有贵宾到来,二是嫁女。当有贵宾到达门口的时候,会被当地热情的村民拦在了村外。24根长号吹响,那是迎宾的号角,苗族儿女用这样热情的方式欢迎远道而来的客人。

(3)唱苗歌。清宣统《永绥厅志》载:"鼓脏跳至戌时乃罢,然后择寨旁旷野处,男女各以类聚,彼此唱苗歌,或男唱女和,或女唱男和,往来互答。"①清嘉庆年间严如熤《苗防备览·风俗》中亦有赛歌记述,云:"或有以能歌斗胜

---

① 《宣统永绥厅志》,《中国地方志集成·湖南府县志辑》,江苏古籍出版社2013年版,第117页。

负者,男子出绸绢,女子出簪环,以为彩,结队对歌彻夜不休,以争胜负,胜者收取其彩,不善歌者不入队。"[1]苗歌讲究押韵,其押韵之法,除少数从头到尾每句同用一韵外,大多数是奇数句尾与奇数句尾相押,偶数句尾与偶数句尾相押,即句句用韵,隔句相押,奇数句尾为仄声,偶数句尾为平声。当歌词较长很难一韵到底时,则会通韵或转韵。苗歌是即兴口传的歌谣,大都唱过即完,保存下来的很少,有一些被较多人所传唱因而流传下来。如在宗教或婚嫁等各种仪式中所唱的歌谣传习度比较高,虽也靠人们的记忆力传诵,但保存下来的也较多。村里的妇女主任[2]口述并展示了一段锦坪村流传的男女对歌,歌声悠扬欢快,极具民族特色:

女:唱个苗歌给你听。

男:我到坡上把歌接。

女:问你阿哥是哪个? 请你阿哥快点讲! 莫要把歌搭错人。

男:姑娘今天我穿得合身不?

女:看到你我做手工都不称手了。

5. 阳戏

湘西阳戏是湘西一带极为盛行的地方剧种,主要分为北路阳戏与南路阳戏,北路阳戏主要分布在永顺、龙山、古丈及大庸一带,南路阳戏主要分布在凤凰、乾州、吉首一带。阳戏演唱曲牌主要以板腔综合体为主,曲调主要由八大腔发展而成,南路阳戏的曲牌一般委婉动听、柔和质朴,北路阳戏则高亢悦耳、柔中带刚。锦坪阳戏四方闻名,每年"三月三"各地群众汇聚锦坪,载歌载舞庆祝传统节日。

6. 吹树叶曲

调研人员有幸见识到当地吹树叶曲的绝技。吹奏者是锦坪村一组老

---

[1] 罗康隆、张振兴编著:《〈苗防备览·风俗考〉研究》,贵州人民出版社2010年版,第154页。

[2] 访谈对象:张宗秀,苗族,51岁,锦坪村二组村民、村妇女主任;访谈时间:2020年7月19日。

人张宗香①。听着那绝妙的乐曲声,极难想象这是用大山里随处可见的树叶演奏出来的。

张宗香还大方地透露了吹树叶绝技的一些技巧。吹奏时,要先把叶片上黏附的灰尘轻拭干净,将叶片正面横贴于嘴唇,右手(或左手)食指、中指稍微岔开,轻轻贴住叶片背面,拇指反向托住叶片下缘,使食指、中指按住的叶片上缘稍稍高于下唇。用适当大小的气流吹动叶边,使叶片振动发音。

吹奏人张宗香(全家喜 摄)

因为树叶就是簧片,口腔犹如共鸣箱,双手也可帮助起共鸣作用,通过嘴劲、口形、舌尖的控制,手指绷紧或放松叶片等各种技巧,改变叶片的振动频率,可吹奏出高低、强弱不同的声音,音域达十一二度。树叶吹奏高低音时,需运用不同的气量,唇部也随之忽松忽紧,控制气流的送出。吹树叶不能随意断气、断音,特别讲究曲调圆滑流畅、婉转悠扬。

若要使树叶发出不同的音色,就需要运用不同的吹奏方式,通常是按住叶子的下半片,用气吹其上半片。还可以一手按住叶片,另一手轻轻拍打,像吹口琴那样,这样发出来的声音既有共鸣,又能产生波浪音。而技巧比较高的人可以将叶片夹于唇间,不用手扶即能吹奏,像吹竹笛那样,随着曲调的高低,送出急缓有别的气流,吹奏出优美动听的旋律。技巧特别高超的演奏者更使人叹服,能够一口同时吹响两片树叶,不用手指帮助,同样可以奏出动人的曲调。

7. 婚恋习俗

当地传统的婚恋带有自由恋爱色彩,同时也包含了媒人求婚、讨庚、送期、娶亲、对歌及赶边边场等庄重的传统习惯,婚恋流程一环扣一环,既严谨又自然。

---

① 访谈对象:张宗香,苗族,66岁,锦坪村一组村民;访谈时间:2019年7月19日。

赶边边场是青年男女择偶恋爱的方式之一。赶集或重大节日,不仅是苗族特定的采购生活用品的日子,而且也是当地男女青年互相相看的好日子。这天,一定可以看到身穿盛装的少女、小伙,同寨同姓同龄青年结伴而行,在乡场上物色对象。如果某位男青年看上某位女青年,就可以拉一下她的衣袖,或在行走途中假装无意地轻轻撞她一下,通过这种试探活动来弄清女青年的姓氏、住址、婚姻状况。散场或节日活动结束后,男青年在同伴陪同下跟随同样有同伴陪同的女青年往乡场外山路上走。若女方表情友善,便以苗歌为媒,以"讨糖""讨葱"为名,探听虚实,直至约好下次相会日期,交换信物,才各自离去。以歌表情,以歌结友,谓之"边边场",整个过程充满浪漫情调,充满诗情画意。经过多次同伴陪同相会,两人发展成恋人就会单独幽会。经过单独幽会,觉得情投意合,便遵循"父母之命,媒妁之言"的古俗,请媒人到女方家提亲。媒人带着男方重托需多次到女方家中提亲,首次得到回答肯定是需要"商量",再次得到回答或是"锁门"(即拒绝)或是"留话"。苗族习俗是即便女方家中同意某门婚事也不能轻易放口,认为只有男方家中多求方显女儿贵气。一旦女方家中答应,男方家中即择吉日良辰,到女方家中放爆竹"放话"。然后再择吉日,男方到女方家中去"过礼",吃"排家饭"订婚。

三、自然资源

锦坪村周围群山逶迤,地势起伏较大,主要山脉走向与区域构造方向基本一致,山上植被丰富。锦坪村的选址遵照了古朴的风水学原理,凸显了古代择吉地而居的文化内涵,是古村理想山地格局的真实写照。村落周边山体环抱,村落负阴抱阳据其中,又有西河从村域穿流而过,呈倒"V"字形分布。在先辈看来,这里是一块难得的风水宝地,体现了苗族人适应自然、追求与自然和谐共处的典范居住模式。据村民[①]介绍,锦坪三、四、五组的大寨,地形相当奇特,当地人称为"人行地",即其上有头,两

---

① 访谈对象:向自荣,苗族,60岁,锦坪村五组村民;访谈时间:2020年7月20日。

第二章 锦坪村

锦坪村梯田(陈祖海　摄)

山为手,侧有两胸,中间有肚脐眼（此处修建简易看台）。

　　锦坪村山高林密,其山势峥嵘险峻,山外又有青山,呈层峦叠嶂之势。山间常年云雾缭绕,置身其中,仿若仙境。锦坪寨被层叠的梯田环抱,梯田从山脚盘绕着直至山顶,层层叠叠,高低错落;其线条行云流水,潇洒柔畅;其规模磅礴壮观,气势恢宏。近看,古树茂竹环绕山脚,小桥下的溪水潺潺迂回;远观,层层叠叠的梯田,像万级银梯,依着山势,从山脚一直延伸到山顶。不同的季节,变换着装束的梯田,呈现出不同光景。春来水满田畴,如层层镜面;夏至佳禾吐翠,似道道绿波;金秋稻穗沉甸,像座座金塔;冬若遇雪,更有如白玉砌云端;构成了一幅幅四时不同的丹青美景。而被环抱其中的寨子,时不时升起的袅袅炊烟,映衬着古朴木房,烟雾缭绕,如诗如画。

四、历史人物

　　通过对锦坪村一组进行访谈和文献①检索,笔者了解到村中向氏祖

---

① 根据向昌德所著《莲花池向氏文化源流》记载。

上"向老官人"向宗彦的一些过往。向宗彦,字永(允)福。生于唐景福元年(892年)三月初六,殁于后晋天福九年(944年)八月十二日。他祖居江西丰城,生于仕宦之家。向公为朝廷重臣,后驻军定居沅陵(辰州府)二酉(乌宿)莲花池。

向宗彦一生短暂,溪州平蛮战后,他竭力为彭士愁辅政,齐政修教,因俗而制。劝说田尔庚归顺彭士愁;推行彭、向、田联姻以稳固土司政权;游说溪州边界各地归服彭士愁统领;引进农耕技术发展生产,推行改善民生等各项施政方略,稳固了彭氏王朝,形成了以彭、向、田、王、张、秦几大姓氏为主导的湘西八百余年的和睦自治。后晋天福年间,边界战乱四起,朝廷急调向宗彦平辽,获胜后,因奸臣当道,鸟尽弓藏的历史悲剧再次上演。晋帝听信谗言,赐御酒使向宗彦中鸩毒死于沅江桃源渡(后称白马渡)。家将用马革裹尸将他带回沅陵莲花池,葬于黑慕岗。向宗彦死后三年,朝廷追谥其为"忠义将军",允建庙宇祭祀,其夫人张艾妹被朝廷赐封为一品夫人。百姓敬仰向公,并将他称为"向老官人"。锦坪村的主要姓氏为向和张,其中向氏就是当年"向老官人"向宗彦的后人搬迁过来的。

(本章由陈祖海、黄小华撰写)

第三章　德夯村

德夯村位于吉首市矮寨镇的北部,地处云贵高原与武陵山脉相交处的大峡谷,山势迭起,绝壁高耸,峰林重叠,溪河交错,四季如春,气候宜人。东与龙孔、桐木2个自然寨接壤,东南与矮寨社区相依,南同幸福村毗邻,西和排兄村交界,北与花垣双龙镇芷耳接壤。这里风景秀丽,民风淳朴,被誉为"天下鼓乡",是湘西黔边区苗族风情的核心保护区和集中展示地,对于研究欣赏苗族风情文化、保护传承苗族风情具有重大意义。2012年12月,德夯村被列入第一批中国传统村落名录;2014年,被国家民委命名为首批中国少数民族特色村寨。

一、村落概况

（一）地理生态环境

德夯村概貌（徐燕宁 摄）

德夯村位于吉首市西部、矮寨镇东北4公里处，是德夯风景区的核心区域。村寨依山傍水，四周山峰重叠，竹木青青，溪水潺潺，整体地形以山区峡谷为主，西北高，东南低。全村稻田340亩、旱地2150亩，属典型的亚热带季风气候，四季分明，年平均气温16℃～18℃，年降雨量1440.5毫米，春季多暴雨，年平均日照1382.5小时，无霜期285.8天。农作物以玉米、黄豆为主。村内水域资源较为丰富，九龙溪穿村而过，常年不干。辖区动植物资源非常丰富，树种资源有197科，727属，1649种，森林覆盖率达90%；列为国家二级保护动物的有黄毛灰猴、猴面鹰、穿山甲等。

（二）村落来源

"德夯"本系苗语音译，在苗语中，"德"意为"小"，"夯"意为"冲地"，因该地位于小冲里，故名"德夯"，意为"小冲"。旅游开发后，"德夯"通译为"美丽的峡谷"。据该村老人说，德夯苗寨并不古老。多年以前，德夯境内的夯峡山顶上，因人口众多，畜牧业迅速发展，村民只得将山顶上的牛羊放至谷底喂养。由于谷底草源丰富，牛羊滞留不回，为防牛羊受到野兽的伤害，就留下人在谷底看守。于是，一个世外桃源被发现了，山顶上的人逐渐向山下转移，慢慢地发展成了现在的村庄。

（三）村落人口

根据德夯村村委会的统计数据显示，1982年，该村有86户，436人。1987年，该村有93户人家，人口达448人。2003年，该村有128户，共有人口518人。截至2019年，全村辖2个村民小组，145户，总人口586人，是一个具有苗族特色的聚居村。德夯人的姓氏多为石、时、龙姓等。

（四）物产与特色产业

20世纪70年代以前，德夯人种植的都是传统的水稻、苞谷、小米、高粱等农作物，住的全是传统有梁的木瓦房，男女老少皆穿传统服装，全寨讲苗语、唱苗歌，吃饭靠碾子碾米、石臼舂米，打猎用猎狗、猎网、梭镖等猎具，猎物一打下山就用柴刀砍分，皮毛不修，路过的人见者有份。当时的德夯村一切都遵循着传统的生产生活方式，坚持着传统风俗习惯。

德夯村村民在发展农业生产之余也制作一些手工艺品，如竹编、草编手工艺品以及织布和织花带等。擅长草编、竹编的村里人，靠卖这些换钱购买油盐、衣物等生活必需品，由此形成了德夯村的传统手工业，且一直保留到现在。草编手工艺品有蒲团、草鞋、卧垫，这

背篓（黄小华 摄）

些都是用稻草做原料,制作手法比较简单。而竹编手工艺品的种类则更多,有簸箕、斗篷、箩筐、簸箕、背篓等。背篓又分为柴背篓、米背篓、衣背篓等多个品种,轻巧美观,造型独特。

纺织业是德夯村的传统手工业之一,这里的纺织品种类有纺纱织布和织花带。织花带是纺织工艺中最复杂的一种,花带可分为黑白花带(棉线花带)和彩色花带(丝线花带)两种。黑白花带朴素大方,一般是在家劳动时系用;彩色花带则色彩醒目,柔软精致,一般是做客赶场用。这两种花带都可采用相同的图案。花带一般长约170厘米,宽2~3厘米,但也有宽度达3~4厘米的。花带的花纹图案有简单菱形花和犬齿花,也有复杂的双龙抢宝、六耳格、各种花草及文字。

(五)经济社会发展状况

德夯村是一个因旅游而声名鹊起、重焕生机的苗寨。自20世纪80年代中期开始,德夯村便开始开发旅游业,逐渐形成了"旅游+"的发展模式,全村以旅游服务(住宿、饮食、商业)业和竹器业加工为主。经过多年的旅游开发,德夯村的面貌焕然一新。一条4公里长的沥青路从矮寨镇通至村寨,使这里交通更为便利,临近村里主干道的房屋也翻修换新了,同时村中还修建了两个大型停车场,供景区大巴和游客的私家车停放。

德夯村在发展旅游业带动经济增长的同时,并没有忘记保护和传承民族文化。旅游开发后,德夯村以苗鼓为亮点,以"天下鼓乡,湘西德夯""世界鼓舞,鼓舞世界"为口号,不断打造属于自己的民族文化品牌。同时,德夯人组织农民参加全国乡村"亿万农民健身活动",推动民族文化进校园,鼓励民间艺人带头开展文化活动等,掀起了保护和传承民族文化的热潮。

据时任德夯村党支部书记石永梁介绍,2012年以来,全村经济总收入达346.5万元,其中旅游服务业收入180万元,全村农民外出务工人数14人,劳务收入16.34万元。吉首市某文化旅游投资公司吸收本地村民就业,村民多从事保安、检票员、演员等工作。根据时任德夯村驻村干部、第一书记彭忠军提供的2014—2019年德夯村居民生活水平统计表可以看出,近年来德夯村的人均收入水平在不断提高,村里的基础设施状况也在不断改善,总体情况向好。

2014—2019年德夯村居民生活水平统计表

项目	2014年	2015年	2016年	2017年	2018年	2019年
人均收入(元)	3500	4200	4500	5300	6000	6500
人均住房面积(平方米)	42	42	45	45	45	45
农户家电普及率(%)	98	98	98	99	99	99
公路入户率(%)	100	100	100	100	100	100
供水入户率(%)	100	100	100	100	100	100
宽带入户率(%)	45	50	55	57	59	61
手机入户率(%)	65	70	75	85	92	99
农机使用率(%)	45	60	60	20	2	2
最低生活保障率(%)	6	6	5	5	5	5
医疗救助率(%)	85	85	90	90	95	99
社会救助率(%)	30	30	40	40	40	45
临时救助率(%)	20	20	20	20	22	22
参与新农合人口率(%)	85	85	89	92	95	99
参与养老保险人口率(%)	55	58	65	72	85	95
九年义务教育普及率(%)	100	100	100	100	100	100

二、文化遗产

(一)物质文化遗产

德夯拥有丰富的物质文化遗产,包括水井、接龙桥、传统生产工具、传统作坊等。当地用于开采地下水的工程构筑物主要是水井。它可以是竖向的、斜向的和不同方向组合的,但一般以竖向为主,可用于生活取水、灌

接龙桥近景（张英　摄）

溉，也可用于躲避隐藏或贮存一些东西。

桥是当地必不可少的建筑，它连接着两岸人民的生活。接龙桥修建于民国二十二年（1933年），桥身高约8米、长约17米、宽约4.5米，是以青石为主材，用糯米浆、石灰黏合，按照传统方法修建的单石拱桥。桥头两端是由巨大的青石板砌成的石板路，连着九龙溪两岸的苗寨，接龙桥是民国时期苗家进行"接龙"活动的重要场所。

现在的德夯村中还保留了一些传统生产工具，如石磨、石碾、碓臼、地舂等。石磨，也叫磨子，是用人力或畜力把粮食去皮或研磨成粉末的石制工具。它由两块尺寸相同的短圆柱形石块和磨盘构成。一般架在石头或土坯等搭成的台子上，由接面粉用的石质或木质的磨盘上擩着磨的下扇（不动盘）和上扇（转动盘）组成。两扇磨的接触面上都錾有排列整齐的磨齿，用以磨碎粮食。上扇有两个（小磨一个）磨眼，供漏下粮食用。两扇磨之间有磨脐子（铁轴），以防止上扇在转动时从下扇上掉下来。村中有直径超过三尺六寸（1.2米）的大磨，要用三匹马同时拉。一斗（10升）粮食用十多分钟就能拉一遍。一般大小的磨直径80厘米左右，一个人或一头驴就能拉动。小磨直径不足40厘米，能放在筐篓里，用手摇动，苗族人用其磨花椒面、豆腐、苞谷粉、粑粑（当地特产小吃）等。

石碾是我国历史悠久的传统农业生产工具，能以人力、畜力、水力使石质碾盘做圆周运动，依靠碾盘的重力对收获的颗粒状粮食进行破碎去壳等初步加工，该生产工具是我国劳动人民在几千年的农业生产过程中逐步发展和完善的一种重要生产工具。

第三章 德夯村

石碾(于沛鑫 摄)

碓臼是农耕时代我国劳动人民发明的一种常用的生活用品。它一般用来舂数量不大的糙米、杂粮、米粉和面粉,还兼带着有打糍粑的作用。地舂是把东西放在石臼或乳钵里捣掉皮壳或捣碎的工具,苗族人一般用来舂辣椒和黄豆腐菜。

德夯村还保留了豆腐坊和榨油坊等传统作坊。豆腐的主要生产过程包括两个大的步骤,一是制浆,即将大豆制成豆浆;二是凝固成形,豆浆凝固成含有大量水分的凝胶体,即豆腐。豆腐传统制作技艺是历史悠久的传统手工技艺,2014年11月11日,豆腐传统制作技艺经国务院批准,列入第四批国家级非物质文化遗产代表性项目名录。

传统榨油工具:木榨(张英 摄)

传统木榨榨油的做法可追溯到1600年前,早在北魏贾思勰的《齐民要术》中,就有压榨取油的记载。据明代的《天工开物》记载:"凡取油,榨法而外,有两镬煮取法,以治蓖麻与苏麻;北京有磨法,朝鲜有舂法,以治胡麻。其余皆从榨出也。凡榨,木巨者围必合抱,而中空之,其木樟为上,檀与杞次之。"用人力挥动悬空的撞杆,撞击木楔,是木榨工艺的核心环节,俗称"打油"。油菜籽受到挤压,一缕缕金黄的清油便从油槽中间的小口流出。适时增加木楔撞击频率,就可通过物理作用挤压籽饼出油,直到将油榨干为止。打油是项体力活,为了消除疲乏、增强干劲,先辈们创编了许多劳动号子,人们一边使力一边喊"撞头重重打呀,茶油喷喷香哟"之类的吆喝语句,伴随着最朴素的交响乐,清香油亮的木榨油从榨口慢慢渗出,散发出阵阵清香。

德夯村还有一种重要的灌溉工具——水车。它是古代中国劳动人民充分利用水力,发展出来的一种运转机械。根据文献记载,水车大约在东汉时期就已出现。它是一种古老的提水灌溉工具,由一根车轴支撑着木辐条,使其呈放射状向四周展开。每根辐条的顶端都带着一个刮板和水斗。刮板刮水,水斗装水。河水冲来,借着水势的运动惯性缓缓转动着辐条,一个个水斗装满了河水并逐级提升上去。临顶,水斗又自然倾斜,将水注入渡槽,流到需灌溉的农田里。水车作为农耕文化的重要组成部分,体现了劳动人民的创造力,见证了一个地区的农业文明,它的发明奠定了当地人民安居乐业、社会和谐稳定的基础。

水车(于沛鑫 摄)

(二)非物质文化遗产

文化旅游业的蓬勃发展不仅带动德夯这个小山村走上富裕之路,也使得人们越来越重视本民族的文化,尤其注重对非物质文化遗产的继承与发扬。非遗传承者为这里文化的发展繁荣添上了浓墨重彩的一笔。调研期间,我们采访了两位非遗传承人(苗族鼓舞传承人、苗族武术传承人)和一位准备申请湘西苗族绝技传承人的苗族大哥,在他们的介绍下,我们对苗族文化有了更深的理解,同时也对这种传承的使命感有了更深刻的认识。

1. 苗族鼓舞

苗族鼓舞是人们在长期的劳动生产、生活和祭祀活动中创造出的一项具有民族特色的传统艺术门类。鼓舞又称跳鼓,苗语叫"独龙"。苗鼓由鼓框、鼓皮、鼓钉、鼓槌等部件制作而成,框是用黄桑树干或杉木树干制成,皮是牛皮,钉是铁钉,槌是杉木干。苗家人喜爱鼓舞,凡是传统节日,如"三月三"、"四月八"、赶秋节、百狮会等都少不了鼓舞。每年正月,苗族山寨更是鼓声阵阵,激越的鼓点振奋人心。有些大村寨还专门设有鼓堂,过路之人,无论男女老少都可进堂打鼓。男女青年走亲设有"摆鼓",结亲有"卡鼓",对他们而言,过不了鼓关,就莫想结亲。在苗族聚居区,有很多青年男女就是通过鼓舞活动相识、相恋而结良缘的。

◀ 苗鼓(张英 摄)

▼ "天下鼓乡"
(徐燕宁 摄)

苗族鼓舞历史悠久，据文献记载，该舞源于汉代以前，产生在祭祀活动中。苗族鼓舞最早的功能是祭祀，经常以鼓社为单位，祭祀祖先蝴蝶妈妈。据说蝴蝶妈妈是从枫树里生出来的，其灵魂就藏于枫树之中，祭祖必敲击枫木以唤起蝴蝶妈妈的灵魂。传说，早期的鼓是用枫树做的，敲击枫树做的大鼓，响亮的声音能唤醒沉睡的祖先。在这里，鼓成为民间信仰的载体，鼓舞成了祭祀文化的象征。

鼓舞的起源还有另外一种传说。古时候，苗族先民栖身在原始森林和岩洞里，他们常与猿猴为伍，以狩猎为生，以种植黍稷为业。有一个魔王口如血盆，牙如耙齿，常出来残害人命。有一次，魔王碰上了一对武艺高强的苗家夫妇，男的使棒，女的使剑，双方展开了一场搏斗。最后，夫妇二人刺死了魔王，为民除了大害。先民就用魔王的皮蒙在一截空心的树蔸上敲打，并和着一阵"咚咚"的鼓声狂欢跳跃起舞，做出象征除魔的搏击动作，从而创造了鼓舞。

鼓舞是将一面直径为100厘米以上的大红鼓，置于高约70厘米的木架上，另备有约一尺长的鼓槌一对，在其尾端系一条红绸。鼓的位置可以根据打鼓人的要求而灵活变换。可由一人、两人或多人同时表演，表演者脚跳手击，旋体踢腿，急徐应节，时快时慢，时跃时蹲，或断或续。鼓舞的形式主要有花鼓、团圆鼓、单人鼓、双人鼓、三人鼓、多人鼓、猴儿鼓、男女混合鼓等20余种。表演形式有单打、双打、混合打和团体打等。鼓点分为单点、双点、三点、五点、九点、行步鼓点、转身鼓点等。其步伐有走三步、跳三步、绕三步、走三步、踩二脚、绕九步、座点步、索滑步、翻步转身等。表演的取材相当广泛，从传统的生产、生活范畴发展到政治、经济、军事、文化等领域。鼓舞动作的内容主要分为生产劳动、生活习俗、武功拳术和动物动作四大类，在动作技巧上从对"插秧种棉""挖耳扯须""收割打谷"等一般生产生活动作的模仿发展到"劈叉翻腰""弹腿腾飞""猛虎下山""狮子滚球""流星赶月"等高难度的武术动作。

花鼓是妇女常表演的一种鼓舞，通常于节庆之际开展。花鼓舞由两人各持鼓槌，分别站在鼓的两面同时击鼓，另有一人持单棒居中击鼓腰作伴奏。其舞蹈动作多来自生活,如插秧、割稻、打谷、排水、推磨、纺纱以及梳妆等,也有取材于武术的,轻松活泼,柔美秀气。

猴儿鼓是男子表演性舞蹈,它从花鼓的基础上发展起来,基本动作是模仿猴子的神态、动作,并将其糅进鼓点中,十分滑稽有趣,富有戏剧性。1956年,德夯苗寨的猴儿鼓舞进京表演,受到了国家领导人的接见,石成业被誉为第一代"猴儿鼓王"。2005年,"德夯·中国鼓文化节"中,德夯苗寨猴儿鼓的雄浑响亮和磅礴气势震撼了国人,第二代"猴儿鼓王"彭英生逐渐为人熟知。

单人鼓由一人出场打鼓表演,分女子单人和男子单人两种。女子单人鼓鼓面大,发挥的空间更大。男子单人鼓动作有播种、运粮、排柴等,其表演风格热烈奔放、淳朴而粗犷。

双人鼓、三人鼓、四人鼓、多人鼓与单人鼓动作相似,只是表演形式有些差异,表演人有时是转着打,有时是几个人同时争抢着打,表演者根据不同的特点和人数不断变化节奏和表演动作。

团圆鼓是以打鼓的形式,展示家人团圆和睦相处的生活。多以杀猪、宰羊、拜年、酌酒、走亲访友等为表演内容,表达团圆之情。表演者动作轻盈欢快,鼓点的节奏时快时慢,鼓声柔和动听。

2006年,由湘西州申报的湘西苗族鼓舞,被国务院确定为传统舞蹈类第一批国家级非物质文化遗产名录项目。

龙菊献是湘西州非物质文化遗产苗鼓传承人、第四代鼓王,她1976年出生于德夯村,现居吉首市。她的姐姐龙菊兰是第三代鼓王,姐姐凭借出色的鼓技在世界各地演出,龙菊献羡慕不已,于是跟随姐姐学习。1997年,长沙民俗文化村招募苗族演员,她被一眼相中,走出了吉首。勤奋好学的她,在苗鼓传统打法的基础上,融合了她在文化村学到的舞蹈技巧,这使她的鼓技更上一层楼,极富艺术性。1999年,她回到家乡,为德夯景区的建设添砖加瓦,她与鼓手们精彩的演出吸引了一批批游客。2002年9月,中国苗鼓节女子个人鼓王赛中,龙菊献一举夺魁,成为第四代鼓王。2003年7月,在第七届少数民族运动会中,她和苗族姑娘们一起荣获综合表演一等奖。2016年,龙菊献成为湘西州非物质文化遗产苗鼓传承人。自此,她和丈夫自编鼓谱,把这些谱子带去各个学校、社区、单位,教授苗鼓课,矮寨小学、中学也已把苗鼓纳入体育课,她暑假还会在村里免费给小朋友上课,徒弟已有上千人。

▲ 第四代鼓王龙菊献
（张英　摄）

◀ 第三、四代鼓王之碑
（张英　摄）

▶ 鼓舞表演（龙菊献　供图）

2. 苗族武术

苗族武术,是一种攻防兼备的形意拳术。人们在与虎、豹、狼、猿、鹰等的斗争中,根据各类禽兽的姿势和动作,逐步创立了一套克敌制胜、保护自己的攻防拳术。如拳术的"饿虎擒羊""狮子开口""鹞子翻身""黄龙穿洞"、棍术中的"美女藏针""铁牛造栏""恶蛇当路""金鳅下海""蜻蜓点水"等,一招一式,无不是形和意的统一。苗族传统武术,古代文献上称之为"苗技",今人习惯称之为"苗拳"。吴荣臻在《苗族武功》（1987年版）中指出,在古代,人们把苗族武术当作民族生存不可缺少的一种防卫手段,苗族东部方言称之为"苟动";当苗族武术被视为一种技艺时,苗族东部方言又称之为"毒斗";当把苗族武术视为一种体育运动时,又称之为"舞吉保"。

苗族人素来有练习拳棒刀枪的习俗。早在宋代,辰州团练使秦再雄就曾在湘西训练勇士三千人;清代辰州、沅州、永州、靖州的兵备道傅鼐在凤凰厅也曾训练勇士六千。傅鼐委聘的主教官,就是保靖武术大师石大贵。民国年间,被称为"湘西王"的陈渠珍在统治湘西时,曾编练一支千余人的"黑旗大队",成员多是苗族,主教官是武术家龙长卿,教官有石把志、彭茂青等。

创造苗族武术是因为战争。古人有言:天赋人以四肢,所以自保也;有四肢而不能用,是为自弃。据传说,在漫长的封建社会里,有很长时期,苗族武术被苗族人视为人生最紧要的大事之一,被当作必修之术。在苗族聚居区,练习武术已成习俗,不论男女老少,几乎每人都懂得一些技击的一般知识,掌握几手过硬的武功。

苗族传统武术伴随历史而发展,历经沧桑,至今仍保持着淳朴、实用的原生态民族文化特色。苗族传统武术文化不仅内涵丰富,而且有着不同的地域特色。它按照地域可分为湘西苗族武术、贵州苗族武术、云南文山苗族武术等。尽管不同地域文化有所差异,但都集中表现了苗族传统武术文化的特点。苗族武术在湘西大同小异,共分为四支:正苗支、大架子、小夹子和峨眉支,后来杨家手、岳家手、武当拳等也相继传入苗族聚居区。苗族世代相传的手法、身法、步法别具一格,各有千秋,形成独特的"四门派""品字桩""之字步"等苗拳。

苗族武术分为徒手和器械两大类。徒手俗称"苗拳",包括粘功、策手、点穴、花拳、礼示五个方面。器械有棍、锏、棒棒烟、钩钩刀、连架棒、木椅、竹条镖、流星锤、钒、镋以及刀、剑、斧、矛、钩、戈、戟、鞭等。

粘功,即操练粘劲与功劲的基本功,它是苗拳的基础。所谓功劲,即俗话说的外功或明功;所谓粘劲,即俗话说的内功或暗功。策手,即攻防、擒拿、解脱等技巧,此乃苗拳之根本。苗家策手有"三十六攻,七十二防",即"一百零八手"之说。点穴,又称为"神打",即击打穴道致伤的技击方法,这是苗拳之绝招。点穴包括三个部分,即穴道、时辰、手法。花拳,这是公开流行的套路,是苗拳的一项主要内容。苗家的花拳一般有"小四门""大四门""六合""八合"以及"猴儿拳""猫儿拳""犟子拳",等等,其中"小四门"

钩钩刀（张英 摄）

"大四门"最为普遍。礼示，系表演时对观众表示礼节的动作，此项动作，在苗拳中也是很讲究的，其动作各地大体一致，分"开堂礼""收堂礼""启手礼""毕手礼"四类。

在器械中，钩钩刀的使用很普遍。它是一种长柄小镰刀，高约六七尺，是德夯地区常使用的一种兵器，其使用手法近乎棍，然以拖拉动作为主，使用起来很灵便。如今，在邻近的地区尚有"不怕枪来不怕炮，只怕苗家钩钩刀"的说法。苗族人用这些丰富多彩的传统武术锻炼身体、强健体魄，古往今来已成风气。

苗族武术动作简练，结构紧凑，气氛刚烈，只进不退，在板凳、桌上均可练习。其特点是架子小，桩步矮，含胸、沉肩、裹膝、扣足，形似猴拳。演练时，要求两肘不离肋，两手舞动上齐眉、下齐膝、中护胸。身法归纳为八字，即起、落、进、退、反、侧、纵、收。要求起为"逼"，落为"吞"，进宜"快"，退宜"低"，反身顾左，侧身顾右，纵如猛虎，收如伏猫。主张不主动进攻，注意在对方出手后再破招，即后发制人。练功讲究循序渐进的原则，有一套系统的练功方法。学苗族武术的步骤是先习拳，后习棍，再习单刀、尺、锏、叉、流星，最后再练习策手、神砂掌、神鞭等小众套路或稀有武器。练功时，先站桩、提气、练力、做援手、冲拳、推掌、弹腿、扫桩、活动四肢，最后再对打、擒拿、格斗。苗族武术具有气势刚烈、步法稳健、招法多变、劲力突出、发招狠绝的特点。而且，苗族武术不管是拳术还是器械套路都是打"四门"，形成"四门拳""四门棍""四门刀""四门镗"等"四门"套路。搏斗时脚踩"品"字桩，能攻能防，以变求胜；进退中脚走"之"字，宛若游蛇行走,确保进退灵活。苗拳已发展有一百多套,各种器械套路160余套。

石绍青是吉首市非物质文化遗产苗族武术传承人。他1953年出生于德夯村。受老一辈影响,他从小就对武术有着浓厚的兴趣,16岁时跟随外公学习,他所用的兵器有钩钩刀、抠手刀等。他40多岁时,连续教了4年徒弟,徒弟共80多人,男女都有,年轻徒弟们现在也收了自己的弟子,继续传承苗族武术。即使石绍青老人如今身体欠佳,但依然坚持表演与传承武术。2018年,他参加了天门山论剑活动;2019年,他在湖南武术节中获得打拳、打棍两枚金牌;2019年腊月,他还在文化队教授打拳、打棍等。

苗族武术传承人石绍青(张英 摄)

3. 苗族绝技

湘西是一块苗族绝技文化资源富饶的土地。相传,苗族绝技共有六种:一是履刀,即上刀山(或称上刀梯)及其同类绝技如踩刀尖、过刀桥、刀尖推磨、斜走大力等;二是蹈火,即下火海(或称踩铧口)及其同类绝技如咬铧口、舌舔红铁、烈火烧身、吃火、吞火等;三是捞油锅、脚搅油锅;四是口吞竹筷、口吞铁钉;五是针穿喉咙、吊重物旋转;六是其他从传统巫技中剥离出来的绝技绝活,如仙人合竹、秤杆提米、牛角巴壁等。

除了传承人,还有更多的普通老百姓也在传统文化保护与传承的路上。村民秧爱君,1979年出生于德夯村,现居矮寨镇,正在申请成为非物质文化遗产湘西苗族绝技传承人。秧爱君从小耳濡目染,对苗族特色文化非常感兴趣,苗鼓、武术、绝技、挑花,样样都会。16岁时,他便跟随师父学习上刀梯、踩犁口、咬犁口、化水、引火树等绝技。高中毕业后,秧爱君就跟着师父巡回演出,全国省会城市中除了乌鲁木齐、海口和台北,其他地方他都去过。2009年,秧爱君在天安门广场参加少数民族交流会,表演踩犁口时破了自

▲ 秧爱君表演咬犁口、化水、引火树（秧爱君 供图）

▶ 秧爱君表演上刀梯（秧爱君 供图）

己之前创造的纪录——他平时一般踩9块犁口，而当天踩了31块。2010—2017年，每年他都在北京中华民族博物院，与各民族的同胞们一起，相互展示、交流本民族的特色文化。2018年，他曾到武汉纺织大学进行交流，他们的5人团队在7天时间内完成了两件服装作品，他负责挑花部分。他先在脑海中构图，然后数纱布上的经纬线，再直接在纱布上挑出想好的图案。近年，秧爱君开始免费收徒弟，目前苗鼓徒弟两三百人、绝技徒弟10人。由于矮寨镇还没有湘西绝技传习所，因此，当地政府非常重视对此的保护与传承，鼓励秧爱君申请成为市级非遗湘西苗族绝技传承人，让他争

第三章 德夯村

取能在矮寨开一间湘西苗族绝技传习所。

秧爱君称,德夯苗寨每年都会定期举办一些大型的节庆活动,如"三月三"、"四月八"、"六月六"、赶秋节等,在这些重要的节日里,都会有上刀梯、踩犁口、舞龙舞狮、苗族鼓舞等民族传统活动。在德夯苗寨,表演上刀梯已成为一种谋生方式,只要有游客看,就可以随时上演。表演是在坪地进行,36把银光闪闪、寒气逼人的钢刀镶在一根数丈高的枫树杆或杉木杆上,排成36个阶梯,刀口一律朝上,每一把刀刃上还缠着彩条,顶尖的钢刀上彩旗招展,3根拉线上挂满三角彩旗,格外耀目显眼。表演时,巴代头裹红巾,手持花色彩旗及牛角号,赤着双脚向上攀踩,踏上最高层就可以面对着四方游客吹响牛角号以示成功。刀刃上的彩条、巴代的红头巾及花色彩旗都是为了使舞台展演更靓丽醒目而添加的。巴代登上最高层,会将头发往刀刃上一甩,头发断成两截,以示刀刃锋利。然后他们再把肚皮顶在杉树巅的钢叉上旋转一周,表演金鸡独立、大鹏展翅、观音坐莲、古树盘根等姿势动作。整个表演既有色彩、声响,又有动作,凸显着传统文化的神秘。

秧爱君还告诉笔者,下火海的表演是由踩犁口演变而来的。原先,人们将烧红的犁口平铺在地面上,巴代赤脚从煅烧温度高达600℃以上的犁口上慢慢划过,为了证明犁口的高温,巴代一般会将其放入冷水盆中,水立即翻滚沸腾,此谓"踩犁口"。后来表演逐渐不用犁口了,而是改用一堆柴,将柴点燃之后,巴代从熊熊火焰上走过去,因火焰形似一片火海,故称"下火海"。巴代在表演前必须先念口诀(咒语),他表示只有这样,表演时身体才不会感到疼痛,否则就可能会受伤,但同时他也表示无法解释这一现象。

与下火海同类的绝技还有咬犁口、化水等。咬犁口,即先将用于犁田犁土的铧犁放入炭火中烧红,表演者用铁夹将其从炭火中取出,口念咒语,将已被烧得通红的铧犁送至嘴前,用牙将其衔于口中。化水,即最初人们喉咙里卡鱼刺的时候,盛一碗水,对着水念咒语后让其喝下,鱼刺自然而然地化解了。相传,除了塑料和橡胶之外,其他东西都可以用水化解,据秧爱君称,他曾用玻璃、瓷碗、竹签等表演过化水,只需一碗水、一道符即可。引火树,又称引火烧身,表演者将一火把点燃,口念咒语,手持火把,将火焰引向赤裸在外的身体各处,但不会烧伤。

当我们询问起是否会让孩子也学习湘西绝技时,秧爱君显得非常开明,他说:"作为一个苗族人,喜爱自己本民族的文化是应该的。但我不会强求孩子学习,孩子喜欢的话可以传给他。就像别人拜我为师,我就传他,而且他父母还得同意。自己的孩子不喜欢也不会硬要他学,现在的孩子兴趣爱好不一样,你得尊重他的想法。"

正是有了这样一群醉心传统文化、坚守技艺传承的苗族儿女,我们才能看到如此激昂的鼓舞、如此刚烈的武术和如此令人心惊肉跳的绝技。

三、自然资源

(一)自然景观

德夯村有着丰富的自然资源,这里地处山区,山峰、峡谷、瀑布众多,相依岩、盘古峰、云雾峰、驷马峰、画屏峰等都是附近独具特色的山峰。

相依岩是由两根底部相连的岩柱构成的象形景观,柱体呈剑状,高约200米,因其似有情人亲密相依而得名。据说,成景岩石为距今约5亿年的寒武系第三纪薄层泥质条带灰岩,系峡谷崖壁垂直节理、裂隙长期遭受风化剥蚀、流水侵蚀和生物作用,陡崖边缘岩块离立型崩塌而成。

盘古峰矗立在德夯村西侧,海拔700余米,四周为绝壁,是一座人迹罕至的古老原始的独秀峰。远远望去,只见翠峰浮沉于雾海之中,犹如蓬莱仙岛。峰巅则云雾蒸腾、古林幽深,山风寒气逼人。峰顶是一片原始次生林,森林遮天蔽日,阴森凉爽,空气新鲜。

在盘古峰下的山坳处,生长着一大片稀有的天然野蜡梅林,梅林森森,繁花累累,蜡梅树干绰约多风韵,枝丫交错呈"女"字形,骨节健壮,伸屈遒劲。每至腊月风雪时,梅花迎着凛冽的寒风,绽开了秀美的花朵,浓香四溢。游人在蜿蜒回旋的梅花路漫步,不仅可赏其花,而且可闻其香,令人情思悠然。

云雾峰,在苗语中称作"巴亚地",意为大山的翅膀。山峰如同两扇巨大的画屏,高矗入云,气势非凡。山体由古生代寒武纪石灰岩和白云岩构成,于青灰色中点染着银白色。山上古树葱茏,紫烟飘舞;山腰悬崖陡峭,崖前雄鹰盘旋;山下清溪淙淙,繁花似锦。清一色的石板铺就的小路仿若穿过云雾、绕至悬崖,曲曲折折伸向溪边,沿着山溪蜿蜒不断,路与水缠绵不绝。

驷马峰在德夯村东面山岗上,岩石嶙峋,高300余米,峻雄姿奇,四座山峰如同四匹烈马奔驰而来,其势不可阻挡。每当山雾萦绕山间时,更觉驷马欲动,堪称奇观。

画屏峰与驷马峰相对,位于德夯村北东侧。画屏峰如同一面巨壁,高300多米,宽500多米。壁面上的石层纹理如刻如描,笔迹刻痕历历在目,乍一看,就像一块美丽的画屏竖立于德夯村前。每当峰上山花盛开、飞鸟鸣啭时,"画屏"一片生机盎然。①

流沙瀑布(图片来源:视觉中国)

---

① 廖静仁:《千年湖湘胜迹图志》(上部)"历史人物卷/自然山水卷/寺院宫观卷",湖南人民出版社2010年版。

德夯的峡谷让人为之惊叹。燕子峡是一个深壑的隘谷,位于夯峡溪尽头。燕子峡呈里宽外窄的口袋形,四面环壁,置身其中人如坐井观天,人们形容为"两岸乳岩半空起,绝壁相对一线天"。这里两岸的石壁如削,峡深300多米,东、北、西三个方向都是绝壁。在西南绝壁旁有一座山峰,形如向上起飞的燕子。

从燕子峰至燕子峡尽头的西北面石壁上,悬挂着七道飞瀑,平均高200多米,雨季七道瀑连成一片,宽300多米,满谷水雾,气势磅礴。干旱季节时,大瀑布分成若干小瀑布挂于壁上,如丝绢、如门纱、如锦缎,有着仿如女性的柔婉之美。其中,飞云瀑布悠悠而落,如漂流云;泻珠瀑布如飞琼飘絮,溅玉撒珠;夯峡瀑布从壁顶云端飞泻而下,流势湍急,声如海啸,堪称奇观。寒冬时常,石壁上悬挂着一块块巨大的冰凌,如银柱、如白莲、如悬玉,整个峡谷映得银亮银亮的。①

除了各式各样的山峰与峡谷,瀑布也是德夯一道独特的风景线。其中,九龙溪源头的流纱瀑布高216米。丰水期,滚滚流水从悬崖上飞落入深潭,犹如九龙骊波,声若巨雷,震撼山谷,气势磅礴,雄奇壮观。枯水时节,则流水飘下悬崖,如轻纱拂面,又如白纱涤荡绿潭,漾起层层涟漪,温柔秀雅。

夯峡溪也是德夯村的奇观之一。它在德夯村东北,谷深而长,两岸悬崖峭壁、竹林青青,溪水透明清亮,淙淙流淌。珍贵的娃娃鱼时有出没,稀有的洞蛙在夏季活跃。溪口的戏猴壁石壁上嵌有一个圆形的猴儿鼓岩,据说有山猴以石当鼓击。戏猴壁绵延数里,壁间常有古树,枝干虬盘,风吹摇曳,群猴戏跳,别具妙趣。沿夯峡溪溯源而上两千米,在右边石壁间排着七个圆洞,这就是神秘莫测的雷公洞。每当大雨到来之前,洞口先是冒出轻若流云的缕缕白烟,接着,洞口狂风大作、乌云滚滚,顿时洞口喷出电光,射向长空,接着雷声隆隆,大雨如注。

---

① 廖静仁:《千年湖湘胜迹图志》(上部)"历史人物卷/自然山水卷/寺院宫观卷",湖南人民出版社2010年版。

（二）动植物资源

德夯村是天然的植物园和植物园，在湖南植被分区系统中属于沅水中下游河谷盆地小区。由于气温适宜，雨量充沛，这里动植物资源非常丰富，吉首大学生物系曾到景区对其动植物资源作了系统全面的普查，查得植物有197科、727属、1649种，动物有112种。①

区域内有野生动物112种，其中禽兽32种、鸟类41种、爬行类11种、两栖类5种、鱼类4种，其中金雕、白颈长尾雉两种为国家一级保护动物，列为国家二级保护动物的有猕猴、大小灵猫、大鲵、虎纹蛙、猴面鹰、穿山甲等。国家保护的"三有动物"（有益的、重点的和经济价值的）和列入湖南省野生动物名录的有421目、1科、10余种。

从植物资源看，德夯村树种丰富，层次优美，现查清的树种有197科、727属、1649种，其中属于德夯的乡土树种有186科、662属、1534种。属国家一级保护植物的有水杉、珙桐、银杏、红豆杉、南方红豆杉、穗花杉、钟萼木；属国家二级保护植物的有伞花木、杜仲、香果树、榉木、花榈木、厚朴、楠木、红椿等；属省重点保护植物的有山核桃、赤皮山拐枣、毛红椿、毛银鹊、小中黄杞等。此外，原始次生林40余亩，其中生长有珍贵连片的野生蜡梅林。

（三）药材资源

在走访过程中，我们发现了一种当地俗称"xiāowū"的药材。这种药材生长在水边，产量极少，每年的7—8月是采挖的季节，挖出后需剪叶、修枝、晒干，其主要用于治疗感冒。每次赶集时，药厂的人会以约每斤19元的价格收购初加工好的药材。据村民介绍，村里很少有人挖这种草药，只有少数没有工作的老人会去河边寻找这种药材。这种原生态的生

---

① 湖南省建筑设计学院：《德夯风景名胜区总体规划（2014—2030）》。

计模式并未形成一定的规模,只能作为一种辅助谋生方式贴补村民的基本生活。

四、历史事件

(一)匪患解除

中华人民共和国成立前夕,湘西匪患尤烈。为抵御土匪侵入,全村修筑石围墙,在围墙内外铺上石板,并且有意把石板铺得不平整。这样,土匪一来,村民便可以听到声响,提前躲进深山。但这并非万全之策。夜晚行人走在石板路上发出声响,也会引起狗吠,使村民们难以分辨是否是土匪入侵。直到1951年2月1日,湘西军区发出《剿匪政治动员令》,全面进剿湘西土匪。1952年,湘西地区持续肃清残匪,匪患得以彻底荡平。德夯村也恢复了平静,不再人心惶惶。

(二)1972年火灾

1972年的火灾是德夯村有史以来最严重的一次火灾,给德夯人留下了不可磨灭的印象和惨痛的阴影。1972年农历六月初九,村中一位五保户[①]老奶奶做午饭时不小心失火,由于村里都是木房子,火势蔓延很快,全村共八十余户人家,不到数小时就烧了七十四户,只有溪流边的房屋幸免于难。火灾发生时,由于村里没有公路,救火车到达现在的矮寨公社桥头后就无法进来,矮寨公社、吉首县相关部门以及附近村民近千人闻信后纷纷赶来救火。那一年,正值旱年,水源少,救火效果不佳。火灾过后,多数人居住在河边的沙滩上,少数人借宿在房屋未被烧毁的村民

---

① 所谓五保,主要包括以下几项:保吃、保穿、保医、保住、保葬(孤儿为保教)。五保户曾常见于我国的农村地区,这种制度的设立体现了我国法律保护老人和儿童的一贯原则,是社会主义和人道主义的具体体现。

家中。从那晚起,男人们通宵在火灾现场清理物资、瓦片等,也有不少村民在被烧毁的屋前号啕大哭。德夯后山连烧七天七夜,但奇怪的是,村里土地堂十几棵老古树、山竹未被火灾吞噬,火绕着土地堂,在周围烧了个大圆圈。

后来,公社为防火,不同意德夯村修建传统的木瓦房,要求德夯村按当时山西省大寨大队水灾后采取的集体房屋修建方式,用石头、砖头统一修建居民点,这个方案出台后遭到了全体村民的反对。1975年,有个胆子较大的社员石四保偷偷建了一个三间的三柱六挂的小房子,被当时的公社罚了八十元钱。直到1977年,邻近的家庭寨因失火烧了二十余户,但当年他们就重新修建了传统的木瓦房。见此情景后,德夯村全村村民一致要求,必须建传统木瓦房,由此,德夯才开始修建房子。三年间,德夯村的房子基本建成。

(三) 1986年旅游开发

1986年德夯村开始开发旅游,并修通村公路。1987年元旦时,德夯村正式开始发展旅游业。因当时州、市没有旅游局,德夯旅游便由当时矮寨镇人民政府和市外事办主管,开放当天有省、州、市政府相关单位领导前来参加,由镇党委书记向和明主持工作,吃饭接待基本都在农家或村干部石明传家。当时表演的民族歌舞十分简单,演员以德夯本地村民为主,唢呐、长号演奏者以及法师等都是从邻村请来的。1990年,德夯形成"致富小高潮",当时德夯在吉首市农村中被称为"小康村",农民有存款的人数达全村80%以上,三分之一的村民在城里有房。

曾经生活的困难并没有打败坚强的德夯人,他们另辟蹊径,用自己的智慧开启了新的生活。德夯旅游业的发展离不开鞠躬尽瘁的开拓者们,原矮寨镇文化站站长施云生就是见证者之一。

施云生年幼时,一家人务农为生,生计困难。1972年的火灾把施云生的家里烧为灰烬,那时的他才十岁。在这样的生活环境下,他立志要改变苗寨的生活现状。他在中专学的是农业,但他觉得农业受自然灾害影响较大,靠天吃饭,在当时那个年代十分脆弱,所以他毕业后没有从事相关工作。他发现本民族的文化非常有特色,便把眼光投向了发展民族文化的道路上。他十七八岁时就成为村里的青年干部、团支部书记和民兵营长,他组织村里的老百姓挖掘包括苗族鼓舞、武术、苗歌、舞狮等在内的民族文化,发展老百姓喜爱的、健康的民族文化,老百姓的精神境界和凝聚力不断提高,村民不再是一盘散沙。虽然德夯村是一个传统文化特色浓郁的村寨,但当时村里还没有通路,没有人愿意来这里生活,只有一些零零散散的学生拿着相机和画板在村里拍照、画画。于是,施云生组织村民定期演出,展示苗族特色文化,由此,陆陆续续吸引了一些人来村里观光。在这种情况下,施云生萌生了一个大胆的想法——发展旅游业。他对当时的镇党委书记说:"我们这里的人听说张家界搞旅游,但很多人不知道旅游的概念是什么。村民们非常反感游客,认为他们不劳作、只享乐,爱游山玩水,都是好吃懒做的人。但我想反过来搞,通过旅游带动经济发展,帮助老百姓脱贫致富,让老百姓过上好日子。"书记看着眼前二十一二岁的施云生心生赞许,说道:"施云生,我没想到你这个农村青年还有这个想法,非常不错。不仅是你这个村,我们这个镇都要开发搞旅游,但我们现在没有这方面的人才,希望你能站出来搞好这个旅游的事。"于是,德夯村从1986年修通村公路,并开始开发旅游业,矮寨镇建立了吉首市第一个乡镇文化站,施云生被委任为站长,他的主要工作就是组织老百姓挖掘民族优秀传统文化,通过文化平台发展经济,用现在的话说就是文旅结合发展。

施云生以"五个一"工程①为根据,提出了"个、十、百、千、万"文化工程的新概念。"个"就是坚持巩固一个乡镇文化旅游、体育服务站,让其发挥更大的作用;"十"就是办好下面十个点,以点带面做榜样起示范带头作

---

① 中共中央宣传部自1992年组织的精神文明建设活动,这五个方面是:一部好的戏剧作品,一部好的电视剧(片)作品,一部好的电影作品,一部好的图书(限社会科学方面),一篇好的理论文章(限社会科学方面)。

用;"百"就是百名骨干带头引领、指导辅导,不留死角;"千"就是每年培训千人,扩大队伍,更深入群众基层民间等;"万"就是每年多开展一些有益、喜闻乐见的、健康向上的群众性人民文化活动。施云生通过这一模式去管理和组织民间文化活动,在他的带领下,德夯村的文化活动迎来了百花齐放、百家争鸣的格局。如今,德夯村已成为湘西旅游业的一个著名品牌,被称为"苗鼓之乡"。

(四)通信、文化、体育事业的发展

德夯村的通信也有着一段悠久的历史。1968—1970年,村里开始通广播,有一个广播室,村前一棵大树上挂有两个喇叭。当时,石远清任广播室管理员,若有事,村干部就在广播室通知,宣传传达各种政策。村电话从1968年起,装在村秘书石邦胜家,后移至村民石远成家、杨四梅家,到1988年城控电话开通后中断。1987年,石根生家购买村内第一台韶峰牌14英寸黑白电视机,1997年,全村普及彩电。

德夯村一直重视对传统文化的继承与发扬。1980年,德夯村组建村民族民间风情艺术表演队并开始排演节目。有表演舞狮、武术、苗歌、苗鼓等节目的队员80余人。队员男女老少皆有,活跃在吉首、花垣、保靖、凤凰等地。1982—1985年,德夯村开始以团支部的形式组织广大青年团员、人民群众开展形式多样、内容丰富的群众性文化体育活动,建立了村级图书室,办起黑板报、墙报、宣传栏,并开办夜校等。当时德夯的文化活动,以非遗文化项目的传承保护、收集、整理、开发活动为代表,开展得十分丰富,属全州领先。也就是从那时起,德夯人开始讲普通话、修楼房、穿洋装,吃饭靠打米机,犁田靠拖拉机,灌溉靠抽水机等,基本改变了传统的生活方式。

1982—1986年,村图书室藏书1000多册。图书室设在当时的团支部书记施云生家中。2016年之后,村中重建图书室,书源由省委宣传部、国家农家书屋赠送。藏书一万余册,新的图书室设在村部。

随着时代发展,德夯村越来越重视体育场地的建设。现有标准篮球场两个、乒乓球桌两张、羽毛球拍四把、象棋盘五个、音响设备三套。德夯村篮球队还经常参加国内农村篮球大赛。

(本章由张英、徐燕宁、于沛鑫撰写)

第四章　家庭村

　　家庭村位于吉首市西北部,地处武陵山脉和雪峰山脉过渡地段,四周悬崖峭壁,中间盆地,独特的地形构成家庭村天然的屏障。因其险要的地理位置,从明清开始,这里就成为各时期的军事要塞,如今村中青石板路、衙署、城墙等尚有部分保存完好。家庭村苗族文化氛围浓厚,双唢呐吹奏技艺和吊脚楼建筑工艺等民族技艺后继有人。2014年,家庭村入选"十二五"时期全国少数民族特色村寨保护与发展名录,2017年被列为美丽乡村建设精品村、乡村旅游脱贫示范村;2019年6月,被列入第五批中国传统村落名录。

一、村落概况

（一）地理生态环境

家庭村之名，最早见于1940年石启贵的《湘西苗族实地调查报告》："四月八，苗乡节日，一班男女群喜看之。此为苗乡集会之一种。乾城中黄乡所属之家庭寨例行此举。"[①]家庭村位于吉首市西北部，矮寨镇东部，距市区约25公里，距镇政府6公里，坐落在海拔700多米的高山台地上。西侧紧邻国家级风景区——德夯景区，东南接中黄村，西靠矮寨社区和花垣县排料镇龙孔村，北与洽比村相接。境内有吉茶高速和G209国道联系周边地区，且有一条通村旅游公路连接德夯景区，矮寨大桥吉首岸旅游观光通道从家庭村经过，使得家庭村具有得天独厚的区位优势。

家庭村位于武陵山脉和雪峰山脉过渡地段，属于云贵高原北东部边缘地带，地处湘西断褶侵蚀、剥蚀山地区，属于高山台地边缘岩溶峡谷地貌，内有绝壁高耸、峰林重叠、奇峰突起，村寨四周为悬崖峭壁、中间盆地，地形独特，形成了天然的屏障。境内属亚热带季风性湿润气候，四季分

家庭村村貌（张栩铭　摄）

[①] 石启贵：《湘西苗族实地调查报告》，湖南人民出版社2008年版，第159页。

明,夏无酷暑、冬无严寒,高海拔区常年出现冰冻。年平均气温16.4℃,年平均无霜期285天,年平均日照数1382.5小时,年平均降水量1440.5毫米。区域内土壤酸碱度适中,排水良好。土层深厚肥沃,适合各种农作物生长,植物类型丰富、组合多样。

(二) 村落人口

家庭村是具有苗族特色的自然寨,村辖2个村民小组,共325人。村寨主要有秧姓和石姓两大姓氏,其中秧姓约为2/3。

(三) 物产与特色产业

全村占地总面积3.47平方公里,耕地面积1800余亩,竹林面积3400多亩,油茶、油桐等经济林面积810余亩,软籽红石榴种植面积120亩,水蜜桃80亩,美国山核桃130亩。

村民生计主要以农业为主,兼顾旅游业、种植业和林业。随着家庭村先后入选全国少数民族特色村寨和中国传统村落名录,这里的旅游业得到了一定的发展,村内还开设了少量的家庭旅馆和苗族手工艺品商店。

据秧志银[1]介绍,家庭村海拔虽然高,但四季分明,春秋润和、夏凉冬暖,降雨充沛,土壤酸碱度适中,排水良好,土层深厚肥沃,适合各种农作物生长。多年来,由于现代交通的闭塞,村民们依靠传统农业维持生计,常年种植水稻、玉米、红薯、黄豆等作为食物,多余的粮食则用来饲养生猪和家禽。随着社会经济的发展和通村公路的修建,家庭村与外界联系的大门逐渐敞开,越来越多的青壮年劳动力选择外出务工。当前,家庭村除了依据村里特有的地理和气候条件从事农作物种植外,开始规模化发展生姜、油茶和瓜果蔬菜等种植业,还大力发展旅游产业。

---

[1] 访谈对象:秧志银,家庭村一组村民、家庭村第五任村支书,访谈时间:2020年7月18日。

(四)经济社会发展状况

据时任村支书秧志银保守估计,家庭村年总收入约为60万元,其中稻谷10万元,生姜10万元,高山蔬菜10万元,油茶30万元。村寨除了少部分劳动力在农忙时从事农业、农闲时从事旅游服务业外,多数青壮年劳动力选择外出务工,"留守村"现象较为严重。

近年来,家庭村立足该村实际,依托资源优势,因地制宜,大力发展特色产业,推进巩固脱贫成果与乡村振兴有效衔接,经济社会事业取得长足进步。2021年家庭村被列为湖南省乡村振兴重点示范村,全村卫生厕所新改造全面完成,农村人居环境得到显著改善。此外,家庭村利用现有的古村落民宅,通过保护性改造后发展民宿旅游,并推出家庭村原生态体验游项目,促进文旅产业融合发展,实现村集体收入5万元,村民人均收入0.89万余元。

二、文化遗产

(一)物质文化遗产

环村步道(杨光祥 摄)

家庭村物质文化遗产保存完好,至今尚存多处军事遗址,分别为古道、衙署和城墙遗址等。

1. 古道

旧时,"苗疆"交通分为官路、民路和苗路。官路,为青石板路,由乾州通往永绥(今花垣)的官路在山梁绕行,如一线羊肠。在家庭村内,青石板铺成的官道保存完好;由家庭村往东,是通往吕洞山、保靖的官道,往南有通往补沙至乾州的官道,往西为通往矮寨至凤凰方向的官道,往北则是通往排料至花垣的大路。站在家庭村山上,能看到四周的山水,可以感受到家庭村古代扼守四方水陆要道的重要战略地位。

2. 衙署

据时任村支书秧志银和村民秧梅开介绍,在家庭村,有一处官府衙署遗址。衙署遗址坐落在家庭村中部的最高处,坐北朝南,面积足有上百平方米。这里有古井、水塘、林木等各类生产、生活设施;四周山峰环抱,是一个理想的驻军和聚居之地。而在衙署遗址之下,就是兵营之所在。

3. 城墙、城门、碉堡

古代的军事建筑遍布家庭村。现在保存完好的有东口部分城墙、南口部分城墙及炮台、陷空(掩体)、西门城墙、碉堡、北门望楼及城墙、中部望楼等遗址。

明代哨城一般有东、南、西、北四门,城门旁设有炮楼。家庭村四门现存四段青石城墙,均建在地势险要处。南门城墙有内外两层,内墙垛子为连体式,易守难攻。这里四门完整,整个山寨也就是一个完整的城。明人侯加地《边哨疆域考》在记载"乾州哨"时说道:"设炮楼四,曰岩牛、曰望城、曰桐木、曰枇杷。于瞭守传炮最便。"①岩牛、望城、桐木、枇杷四炮楼守护之门,也就是四城门之名。对照现在对家庭村环境的实地考察结果,家庭寨四门与《边哨疆域考》记载的"乾州哨"四炮楼暗合。

北门望楼遗址(秧志银 供图)

---

① 转引自《严如熤集》(二),黄守红标点、朱树人校订,岳麓书社2013年版,第789—790版。

（二）非物质文化遗产

家庭村历史文化底蕴深厚，留存的非物质文化遗产丰富多样。

1."四月八"

"四月八"是湘西的传统节日。家庭村"四月八"的活动年复一年举办，活动项目一年比一年多，内容一年比一年丰富，来参加的人数愈来愈多。

秧志银[①]，"四月八"文化传承人。秧志银从小受家庭环境和矮寨镇厚重的地方传统文化气息熏陶，对传统文化有着深厚的感情。他自幼随父辈习武、学习舞狮，从6岁开始，每年都要参加以"四月八"、百狮会为代表的各种节庆活动。秧志银本着对家乡和传统文化的热爱，放弃在外地的高薪工作，于2016年返乡创业，经营一家生态农业乡村旅游专业合作社。2017年10月，秧志银牵头建设家庭村非物质文化遗产园。

他利用自己的专业优势，收集了大量关于苗族民间专家的影像和文字资料，拜访了吉首周边各县的苗族非遗传承人，了解了包括"四月八"、赶秋、苗鼓、苗歌、苗狮、苗族武术、苗医苗药、巫傩文化等在内的民间文化与技艺。此外，他还积极建议对苗族民间传统文化进行广泛收集和系统整理，每年定期举行"四月八"等传统活动。

2. 吊脚楼建筑工艺

家庭村吊脚楼建筑工艺保存完好，德夯、矮寨、张家界等周边地区的吊脚楼都是出于家庭村木匠师傅们的巧手。

据有关档案史料记载，湘西苗族吊脚楼由来已久。《魏书·獠传》有文字记载："獠者，盖南蛮之别种……依树积木，以居其上，名曰'干兰'。"经史学家考证，如今湘西苗族居住的吊脚楼，颇有当年"獠者"居住的"干兰"

---

① 访谈对象：秧志银，家庭村一组村民、家庭村第五任村支书；访谈时间：2020年7月18日。

建筑的遗风余韵。

苗族居民建筑历史悠久,文化内涵丰富,具有极高的文化研究价值和审美价值。湘西苗族与土家族、汉族,共同创造了独具特色的湘西文化。各族人民居住建筑各具特色,异彩纷呈,而最具湘西地域特征和民族风采的当属吊脚楼。苗族吊脚楼大多为纯木质结构,也有少量的砖木结构,其最大的特点就是因地而建,宜山宜水宜平地。屋向一般坐南朝北,或坐北朝南,忌东西向。传统的吊脚楼一般为四排三间,小康人家为六排五间,大富人家则是十排七间或九间不等,无论是几排几间,其楼房按其不同的用途,分为堂屋(相当于城市住宅的客厅)、书房、卧室、伙房、绣楼、杂屋和厕所。住房一般两至三层,中层住人,上层贮藏物品,楼下用以安置磨坊、堆积柴火以及圈养牲畜。吊脚楼的朝阳一面大都设有伸出的走廊,呈"走马转角"状,作为晾晒、聊天、品茶、读书、赏月、绣花和对歌的一个多功能立体空间。一些富裕人家除了在楼体上涂刷上好的防风雨的桐油外,还在栏杆、窗户和壁板上雕花绘鸟、着彩描色,处处彰显着浓郁民族文化与传统艺术的气息。为了摊晒粮食和衣物以及家务的便利,不少人家还在房前屋后用青石板铺砌了一块宽敞的晒坪,并在坪的四周种满了桃、梨、柑橘、香樟、香椿或翠竹、棕树等。①

湘西苗族吊脚楼民居可以大致分为"沿河—城镇"型和"坡地—乡村"型两种。前者位于沿河城镇,依河靠岸,彼此连属,以整体景观见长;后者多位于乡村山野,相对独立分散,注重单体形态的塑造。由于处于不同的环境之中,两者在布局和形态上亦有较大的差别。家庭村坐落在海拔700多米的高山台地上,民居属于"坡地—乡村"型。坡地吊脚楼不同于沿河吊脚楼,其营造关键不仅在于所处地形坡度的陡缓,更在于个体形态的差异,即主房或正房与楼的部分组合关系的不同。常见的坡地吊脚楼,楼的部分相当于一般民居中厢房的地位,形成"L"形或"U"形的平面布局。正房和吊脚楼有一次建成的,也有后来加建的;有在结构上一体的,

---

① 黄禹康:《湘西吊脚楼》,《上海房地》2007年第5期。

也有仅是屋角相抵,若即若离的。

建造吊脚楼一般坚持"客不欺主"的原则。即吊脚楼在高度和体量上分别矮于和小于正房,房屋的间数少,进深、面宽、层高均较正房为小。若一般正房穿斗排架为五柱八挂或三柱六挂,吊脚楼部分则可为三柱二挂或三柱四挂。在功能布局中,吊脚楼是辅助性的。底层架空,作储存杂屋,或作厨房、牛栏、猪圈;上层为闺房或客房。底层的高度一般在2米以下,低于1.5米则一般不派正式用场,仅放置杂物。同沿河吊脚楼一样,坡地吊脚楼也充分利用地形高差,将楼的部分置于地势低洼之处,做成两层或三层,檐口与正房基本保持平齐。吊脚楼二层楼板一般高于正房室内地坪1米余,楼体一般设于正房或吊脚楼屋檐下。苗族聚居区的吊脚楼的楼体常设于室内火塘间。

虽然从地位上吊脚楼居其次,但其在外部空间中,却位于显赫之处,成为村落外部景观的视觉焦点,一般位于河边、村口、街头以及宅院入口之处,常见的吊脚楼飞檐翘角,在外观上成为主角,以至"喧宾夺主"。

吊脚楼在外部造型上得以突出,究其原因,有三点。其一,造房屋是一个家庭的大事,是家庭经济实力的体现。吊脚楼建于显赫之处,便于屋主家庭实力得到外界的认可。其二,建吊脚楼依循"扶弱不扶强"及虚实结合等空间观念。"弱"是指地势低洼之处,吊脚楼常建于地势较低的一侧,是为求

◀ 吊脚楼(张英 摄)

▼ 民居火塘(王山林 摄)

得整体空间环境的均衡。"虚"和"弱"还有另外一层意思,即古时候人们认为河流、村口、街巷为"虚",鬼神会"乘虚而入",故正房临"虚"一侧需以吊脚楼来遮挡,以保证自家宅院不受鬼神之扰。其三,吊脚楼两面或三面设廊无疑具有景观和瞭望的功用;脱离地面的挑廊,也颇具一种超然物外的审美意境。吊脚楼面向开阔的河流山川,面向村口街头,以求开阔视野,利用吊脚楼居高临下、视野开阔的特点进行瞭望防卫,应在情理之中。

坡地吊脚楼的结构与构造相当讲究,其整体构架以及屋顶、翼角及檐口,挑廊与底层角部的处理都是科学与美学的结合。

(1)吊脚楼的结构构架

像正房一样,吊脚楼的主体结构也采用穿斗排架,一般在进深方向设三根柱子的三柱四挂或二柱二挂,排架数量依开间多寡排列。楼层或屋顶由楼房枋和穿枋及檩子支撑。底层架空或封闭按需而定,上部楼层深处由挑枋支撑挑廊和屋檐,柱子底部置石柱墩以防潮湿。如果吊脚楼与正房同时建造,则结构相互连成一体;后来加建的则可能与正房相脱离。其进深一般与正房的次间(三开间)或稍间(五开间)的开间同宽,檐口与正房持平,中柱则一般与正房前的金檩木同高。结构上较难处理的是角部悬挑和翼角起翘。

(2)屋顶、翼角及檐口

吊脚楼的屋顶一般为歇山顶,少数为悬山顶。坡度基本与正房相同,翼角可分为起翘和不起翘两种。在不同地区,起翘高度和形式有较大差别。部分地区的吊脚楼起翘较大,吉首、凤凰苗族聚居区起翘较小或不起翘。起翘的高度一般按"方五斜七"的原理斜出,即翼角平面比正檐平身向外多出5~7寸(17~24厘米)。起翘做法与一般的角梁和枕木做法不同,是用一斜出45°的大挑枋将翼角高高托起;翼角檐口的曲线则是用自然弯曲的木料做挑檐檩而直接形成的,其用材巧妙而简洁。翼角的檐口从起翘点开始,在挑枋端部钉木板捧檐(衬檐),与连檐相接,遮住挑梁端部。捧檐的高度依挑枋端头的高度而定,它既可防止挑梁外露部分遭雨水淋洗而朽坏,也可使翼角的造型突出。

(3) 挑廊与底层角部处理

吊脚楼通常两面或三面设廊出挑,廊部宽93厘米左右。挑廊吊柱有吊墩和坐墩两种做法,均由挑枋承起。一层挑枋出挑一步,二层挑枋出挑两步,以承托檐口。吊墩做法与单挑吊墩相同,形似垂花;坐墩则是将柱子坐于栏杆下的连枋之上。

处理吊脚楼底层角部有几种方法。一种是像翼角一样由斜出45°的挑枋支撑角部吊柱。这种做法需将挑枋后尾插入后部柱子或固定在其他构件上,以平衡由角部吊柱传至挑枋端的压力,在结构上较难处理。而且,由于要躲开角部纵横两个挑枋,斜出挑枋需在二者之下,使得本来较低的底层空间又降低一个挑枋的高度,影响底层使用。另有一种较普遍的做法是由两侧垂直相交的连枋来承托角部的吊柱及其上荷重,但此种方法需经挑梁、连枋二次悬挑,连枋用料较大且易下垂,结构上不甚合理。一种较理想的方法是在角柱之处另设一短柱,支撑斜出挑枋,挑枋后尾则插入角柱之中而无须后伸,较好地协调了结构上的矛盾。①

村民做木工(杨光祥 摄)

"大匠无弃材,寻尺各有施。"吊脚楼在结构和用材上力求自然简洁,物尽其用。如用自然弯曲的木料做挑梁、连枋,以解决角部悬挑和翼角、捧檐的起翘问题。结构、材料、功能、形式搭配合理,高度统一,充分体现湘西人民善于发现、"唯材是举"的智慧。

在苗族山寨,村民自建住宅一般都选在秋后农闲季节。建房一般被视为人生的一件喜庆大事。当住宅的屋架立好之后,屋主便会择一良辰吉日举行竣工仪式。举行仪式当天,场面十分隆重且热闹

---

① 张玉坤、李姝:《湘西吊脚楼》,《小城镇建设》2001年第9期。

非凡,全寨的人几乎倾巢而动,前来帮忙、贺喜。只见木匠师傅在神龛旁供肉摆酒、点烛烧香,对鲁班祖师敬祭一番。然后,在众人的吆喝下将开了口的大梁木升到屋架上面。接着,木匠师傅和他的徒弟便挑着装满糍粑的箩筐爬上了屋梁架,一边抛糍粑,一边唱起了一首首祈求平安、希望保佑房屋主人吉利的上梁歌来:"一抛东,时也通来运也通;二抛西,天下富贵数第一;三抛南,鸡鸭成群牛满栏;四抛北,子孙代代出人才……"

木匠师傅歌赞完毕,人群中顿时爆发出阵阵热烈的唢呐声、鞭炮声和欢笑声,此起彼伏,久久回荡。而围观者则不分男女老少都要争抢糍粑,争抢糍粑的人越多,主人也就越高兴,当地人认为这意味着建宅后会子孙满堂、家业兴旺。待众人争抢糍粑差不多了,木匠师傅就将一只特大的糍粑由房屋梁顶放下,送给房主。至此,一座新建的吊脚楼就正式宣告落成了。

3. 苗族唢呐

唢呐的历史源远流长,据《辞海·艺术分册》与《辞源》记载,"唢呐"二字是音译,是来自波斯语的译音,很早就由波斯、阿拉伯一带传入中国。在魏晋年间开凿的新疆克孜尔石窟第三十八窟的壁画中,就已出现唢呐乐人的绘画;魏晋南北朝开凿的云冈石窟中也有演奏唢呐的雕像,在福建泉州开元寺也有唐代飞天乐人演奏唢呐的梁雕。到明正德年间,唢呐这种乐器在我国已广为流传。

关于苗族唢呐最早文字记录为著名学者石启贵先生《湘西苗族实地调查报告》所载:"唢呐,为苗区盛行之乐器。……茅筒用沸水煮过,压成扁状,吹之即鸣。下端安铜喇叭一个,配备完美。吹声嘹亮,闻达数里,颇为社会人士欢听。两人齐吹,双音鼓动,声雅异常。"[①]这里的唢呐像石启贵先生描述的那样:"吹声嘹亮,闻达数里……两人齐吹,双音鼓动……"苗族唢呐的演奏风格声音洪亮,较为粗犷,且多为两人同时演奏。

(1) 唢呐构造

苗族唢呐,其外形与一般常见的唢呐无异。它由唢片、铜哨子(即"浸

[①] 石启贵:《湘西苗族实地调查报告》,湖南人民出版社2008年版,第381—382页。

子",有的地方叫"天心")、杆子和碗子(即喇叭)四个主要部件构成。

哨片,俗称"叫叫",取生长在常年湿润处的水竹加工而成。铜哨子上端直径为0.22厘米,下端内径为0.95厘米。碗子,也是铜质;它是唢呐的扩音部分,其上端内径为2.6厘米,下端内径为14厘米。杆子,取材于山顶当风之处的桐子树,这种木材质料松脆,能使唢呐发音粗犷有力;杆子上端内径为1.1厘米。①

(2)唢呐吹奏

苗族唢呐有一些比较特殊的吹奏技法,如艺人俗称为阴阳音、公母音、小声、偷用等。阴阳音,指苗族唢呐在吹奏中,有一种发音要分阴阳的讲究。阴音(又名软哨),要求发音柔和,多在吹奏悲哀、优美的曲牌中运用;阳音(又名硬哨)要求发音刚直,多在吹奏热烈、欢快的曲牌中运用。公母音的产生则是由于苗族唢呐在正式吹奏时按常规无独奏形式,必须由两人各执一管唢呐,结成一对来吹奏。二人中又有正、副手之分,艺高者为正手,艺低者为副手。所谓公母音,即苗族唢呐上的某一个音或某几个音,演奏时正手用高八度吹,副手用低八度吹,这实际上,多是两管唢呐上的平行八度吹奏。小声,吹奏苗族唢呐高音区内的各音,艺人习惯上称为小声。吹小声时,除要求发音柔弱外,似还含有"超吹"的意思。偷用,在苗族唢呐的吹奏中,当以不同的指法产生转调的时候,一般是规定不用背孔的。但为了一些特殊需要,如音准、色彩等,又常常要使用背孔。这种情况艺人便称之为偷用。有偷用音的腔句,称为"盗腔",其中又分"飞手盗腔"和"分手盗腔"。

(3)唢呐旋律

苗族唢呐的内容形式多样,风格独特,艺术性强,具有大众性、趣味性等特点。以下就苗族唢呐的旋律色彩、节奏律动和终止式上来分析苗族唢呐的风格特点。

① 旋律色彩。苗族唢呐旋律将平稳和跳进结合。常见的有音程二

---

① 宋运超:《湘西苗唢呐浅说》,《吉首大学学报》1988年第3期。

度、三度这样的级进,并将五度、六度、七度、八度这样的大跳音程穿插其中。苗族唢呐也喜好用六度以上的大跳来调和音乐的"口味"。这种注重线性音乐和线性音色的结合,是苗族唢呐的一大特色。

② 节奏律动。在节奏律动方面,苗族唢呐可分均分律动和非均分律动。均分律动以2/4或4/4拍为主,节奏感强烈,这种曲子主要用于接亲时催促新娘上轿或者一些欢快的其他曲目中,如《新娘上轿》《四门》《三点》等。非均分律动,没有明显的节拍感,乐句在划分上依照演奏者的气息或是根据乐思的发展而定。在乐曲中,自由延长的音较多,这类乐曲主要用于悲伤的场面,如在白事中的《半路》《出门》等。在接亲时,为了渲染父母与女儿难舍难分的气氛而吹奏的《车珠调》也属此类,当然这样的划分是从整体来看的,苗族唢呐曲的大部分节奏韵律还是以非均分律动为主,自由是节奏韵律的特点。

③ 终止式。苗族唢呐的结尾也被称为"煞果"。根据类型来看,主要有主音终止、异调终止和突煞终止。主音终止是大多数音乐常用的一种终止手法,它在听觉上带给人们一种完美的终止感,如唢呐曲《升堂拜礼》,其起调毕曲都用徵音,调式非常明确,终止音等于调式主音是这种类型的重要手段。

和主音终止相反的是,异调终止带给人们的是一种相反的感觉。它不完满也不协和,它在原本是要结束在主音的位置上,转向另一个从属音级上,如唢呐曲《新娘上轿》全曲以羽调式为主,在乐曲结束时下二度转到了徵音上,造成了不稳定的终止感。又如《四门》,整个曲子采用的是角羽交替的旋法,但在最后结束时,却用小七度上行大跳,跳到商音上,造成曲调的不稳定性,同时带来了突兀的感觉。

突煞终止,是指在乐曲结束时,用一个很短的音符结束乐曲,造成曲终意未尽的感觉。刚听到这种曲子时,会有些失去平衡的感觉,但多听几次就能发现这种曲子的特别之处。①

---

① 糜静:《浅析湘西苗族唢呐旋律风格的文化成因》,《文化纵横谈》2012年第5期。

(4) 唢呐传承

苗族唢呐传承方式为口传心授,徒弟跟随师父同时学习唱谱,通常在劳作时哼唱,熟悉后再进行演奏练习,同时师父陪练。唢呐艺人唱谱时采用了类似台湾民歌中的"状声词",如"啊""哄""啊""嘿"等以不同的文字代表不同的演奏技巧。

单纯的演唱曲谱"3—6—3—5"的节拍并不能体现出旋律在演奏时采用的具体技法,而结合唱谱演奏时(如"啊""哄""啊""嘿"),民间艺人却知道在唱某个字时应采用某种演奏技巧。

"嘿"。在唱谱里出现的"嘿"字表示多带向上的滑音,这类滑音在实际演奏中对应的是以气息演奏的滑音,而不是以手指控制音孔大小演奏出的滑音。

"喔"。在唱谱中出现的多位连续的文字,如"喔嘿喔嘿喔呀呼嘿"中,"喔"字多用在乐句开头,为高音的部分,且其在乐句中反复出现,"喔"字多为在下把演奏的泛音。

"啊哈哄"。这三个文字都为气吐音,"哄"字的高音应与泛音出现的音孔一致。

"吼吼嘿"。"嘿"字是要求将气音浊化后再演唱,当艺人演奏时,气息的浊化会给唢呐的音色带来一定的变化。①

秧顺坤②,作为苗族唢呐继承人,从小和父亲学习唢呐制作和演奏技巧,20岁出师。据秧顺坤先生介绍,苗族唢呐多用于苗族的婚嫁、丧葬仪式中,其他节庆也都有使用。

秧顺坤吹奏唢呐(张栩铭 摄)

---

① 戴甜:《浅析湘西苗族唢呐艺术传承方式》,《北方音乐》2018年第19期。
② 访谈对象:秧顺坤,85岁,农民;访谈时间:2020年7月18日。

一般情况下,唢呐与苗歌、苗鼓等同时使用。秧顺坤先生还给笔者介绍了唢呐的制作技艺、演奏技巧等。据其回忆,秧顺坤与其父亲二人参加过湘西土家族苗族自治州第一届州庆。

4. 苗绣、蜡染

苗绣,是苗族同胞日常生活的一个重要组成部分。在古代,苗绣技艺通常出现在战场上和生活中。在战场上,苗绣一般用在军旗绣制上;在生活中,巫师常用的穿戴、使用的法器绺巾多有苗绣。而今,苗绣覆盖了人们日常生活的方方面面,如苗族服饰以及被面、枕头和窗帘等都有其身影。

苗族蜡染有着悠久的历史,苗族蜡染风格古朴、粗犷、奔放,工艺工整、细密、精致。其构图严谨,多用几何图形,精工细作,显得既抽象又不失具象。其蜡染图案密集、饱

苗绣围裙(张栩铭 摄)

满,包括花、蝶、草,此外,苗族蜡染中还保留下来许多较抽象的几何铜鼓纹样,像芝草、云纹、雷纹、同心圆纹、螺旋纹、锯齿纹等。其中,应用最多的是比较具象的自然纹样,如象征爱情的鱼与莲,代表多子的石榴,寓意长寿的桃子,象征带给人们幸福的蝴蝶和飞鸟等。有时蜡染在绘蜡而未染时进行,由于蜡色深浅变化丰富,比一般成品更美。

以传统蜡染技术为基础,吸收现代印花加工技艺,以游客实际需要和现代审美情趣为出发点,结合旅游市场实际,家庭村蜡染进一步改进技术与工艺,开发新产品,提升产品质量和档次,融入时尚元素进行创意设计,开发出了具有浓郁民族风情和时尚气息的家庭村特色蜡染旅游商品。

秧梅开[①],致力于将苗绣发扬光大,将苗绣通过旅游的形式向外界宣

---

① 访谈对象:秧梅开,29岁,大专学历;访谈时间:2020年7月18日。

秧梅开刺绣（杨光祥　摄）

传。2019年5月14日至6月14日，她参加了文化和旅游部2019年度"中国非遗传承人群研修研习培训计划——民族服饰设计"研培班。此外，她还自发组织家庭村妇女在闲暇时从事苗绣工作，并将苗绣产品销往吉首市或其他地方。据她自己说，其开办工作室的最初想法是希望家庭村妇女在照顾家里的同时，也能有些许经济收入、贴补家用。2018年11月，她成立了生态旅游专业合作社并预备成立苗绣工作室，采用"传统村落博物馆+工作室"的模式，将苗绣和工艺品相结合，向外来游客宣传苗绣文化。

5. 苗医

苗医认为，毒、亏、伤、积、菌、虫是导致人体生病的六种因素，俗称六因。苗医素有"无毒不生病"之说，而六因都以生毒的形式导致人体生病，如风毒、冷毒、火毒、气毒、水毒、盐毒等，苗医通过把脉、听声、触诊等方式对症下药。2009年，"湘西苗医苗药"被列入湖南省非物质文化遗产保护名录。家庭村有名的医药师秧顺先[①]为家里第五代医药师，从小和父辈学习医药，14岁开始为病人开药方，主要解决各种日常病症、疑难杂症、狐抓虫咬、骨折等。秧顺先在十里八乡享有一定的名气，为周围的村民看过病，也曾被邀请到湖南娄底和张家界、贵州凯里和铜仁等地给病人看病。

6. 苗歌

苗族民歌，历史悠久。湘西苗歌内容丰富、体裁形式多样、调式很多、

---

① 访谈对象：秧顺先，农民、家族第五代医药师；访谈时间：2020年7月18日。

曲式结构完整、旋律独特、节奏自由而复杂、演唱形式多样,具有浓郁的民族色彩。歌词多为七言一句,两句组成一联,两联为一首。他们多为即兴歌唱,多表现当时的情绪或叙述当地的事件,在某种仪式或集会时,人们会日夜不休、连续数日夜对歌。苗歌主要内容:(1)表现青年男女爱情,反映苗族人的日常生活;(2)祭祀、祭神,还傩愿酬神;(3)女儿出嫁、哭嫁;(4)叙述英雄人物、讲述民间故事;(5)椎牛跳舞等风俗祭祀;(6)拦门吃酒,表现人们的热情好客;(7)扛仙祭祀,祈愿去病降魔;(8)欢庆丰收,预祝来年风调雨顺;(9)赞美国家政策使劳动人民脱贫致富。

施秀芝①是当地的一位苗族歌师。她从小和父母学习苗歌,20岁成为当地的歌师,常被周边村民邀请唱歌。施秀芝向笔者介绍,苗歌多为讲述当时的情绪或叙述当时当地一些事件的乐曲,在婚丧嫁娶、节庆节日等特殊场合演唱。可唱历史事件、历史演变、神话传说、日常生活等。她还给我们介绍了苗歌体裁、苗歌内容以及演唱腔调等。

苗族歌师施秀芝(张栩铭 摄)

7. 苗族鼓舞

湘西的苗鼓有庆年、庆神两种,随着人们审美情趣和鼓乐传承的变化,一般在"四月八"、每年春节前后、赶秋、椎牛、丰收喜庆、婚嫁、迎宾客等重大活动里使用,当地人以鼓乐作为抒发自己情感的特殊方式。

苗族鼓舞历史悠久,有关苗族鼓舞的记载,最早见于石启贵在《湘西苗族实地调查报告》中的论述:"(苗族人)文化知识较落人后。而所居之地,又在荒山峡谷之间,出作入息,少与汉人接近,坐井观天,孤陋寡闻。若不寻求一种娱乐,则不足以资人生乐趣。提高思想,活跃精神,促进健

---

① 访谈对象:施秀芝,农民、苗族歌师;访谈时间:2020年7月18日。

康,而有裨益于人身者,仅鼓舞一项。"①此时,苗鼓的社会功利作用得以充分体现。

苗族鼓舞是人们在长期的劳动生产、生活和祭祀活动中创造出的一项具有民族特色的传统艺术门类。鼓舞又称为跳鼓,由鼓框、鼓皮、鼓钉、鼓槌等部件制作而成,框是用黄桑树干或杉木树干制成,皮是牛皮,钉是铁钉,槌是杉木干。苗族人喜爱鼓舞,凡是传统节日如"三月三"、"四月八"、赶秋节、百狮会等都少不了鼓舞。在每年正月,苗族山寨更是鼓声阵阵,激越的鼓点振奋人心。有些大村寨,还专门设有鼓堂,过路之人,无论男女老少都可进堂打鼓。男女青年走亲设有"摆鼓",结亲有"卡鼓",意思是青年人如果过不了鼓关,就莫想结亲。在苗族聚居区,有很多青年男女,就是通过鼓舞活动相识、相恋从而结得良缘的。如今鼓舞活动仍是家庭村节庆活动形式之一。

8. 苗族节庆

家庭村的节庆活动保留了浓郁的民族文化传统和特色,体现了独特的审美心理与审美理想。家庭村中,"四月八"、"六月六"、赶秋节、苗年等节日氛围浓郁、文化底蕴深厚。在节庆上,苗族服饰繁复多变的结构款式、缤纷多彩的装饰纹样、华丽精巧的银器配饰、形态各异的造型风格足以使游客赞叹不已;苗寨里扶老携幼、邀朋结伴、锣鼓喧天、歌声萦绕的节庆特色也使游客赞叹连连,在唢呐、苗族山歌、八人秋千、上刀梯等民族传统活动上,苗族青年男女成双结对大展歌喉、互吐衷情,热闹非常,让人目不暇接。

通过在节庆日观看传统民俗活动,通过欣赏乡村导游、景点工作人员、苗寨村民等人的苗族服饰穿着,游客可以参与当地的活动,零距离欣赏苗族节庆活动古朴特别的美感,深度体验传统文化魅力。

9. 苗族武术、舞狮

苗族武术是一种以提高搏斗技能为主旨而又能健体延寿的"全能运

---

① 石启贵:《湘西苗族实地调查报告》,湖南人民出版社2008年版,第393—394页。

动",是湘西苗族民间传统体育项目,具有气势刚烈、步法稳健、招法多变、劲力突出、发招狠绝的特点。苗族武术有拳术、舞狮、舞龙等表现形式。拳术是苗族武术的基础,苗拳属南拳范畴;演练过程中节奏偏慢,讲究一招一式架势清楚,动作朴实无华,位置路线清楚。手法上,上肢运动较多,着重手臂挥舞,要求劈砍挑拨、推插勾拦、格挂靠挤、心气催力、劲力实出;身法上,沉肩重肘,含胸拔背,以弓步、跪步、歇步、虎步、丁步为主,少有大跳步,讲究下肢稳固。

舞狮、舞龙是苗族聚居区最盛行、人民群众最喜欢的传统体育项目之一,舞龙一般在正月初及重大节庆活动举行,舞狮最精彩的是狮子比武和狮子翻桌两项。舞狮时,一般用苗鼓进行伴奏,整体节奏明快,动作舒展大方,鼓者双手交替击鼓,全身闪转腾挪,舞狮与击鼓、舞蹈结合在一起,极富观赏性。舞狮者舞袖相联,左旋右转,步法灵活多变,把苗族民俗特色自然地融入鼓舞的表演之中,鼓声时而柔缓,时而激越,柔缓时展现了生活美好的气氛,激越时则演绎了战场的喧嚣。整个舞狮表演民族特色浓郁、表现形式独特、表演效果精彩绝伦。

以传统文化为基础,充分发挥苗族武术、舞狮、苗族山歌、苗族鼓舞等民间艺术表演的作用,结合现代审美观念和旅游需求,家庭村深入开展各类以民族民俗节庆为主题的旅游活动,丰富传统祭祀、节庆等文化娱乐活动内涵,拓展民族文化民俗风情展现形式,增强与游客互动,让游客在活动中感受家庭村特色。

家庭村积极响应乡村振兴战略,积极传承和发扬民族传统文化。2019年,家庭村建设了非物质文化遗产园,一期工程已经完工,即将进行完善基础设施、加强人才引进和群众培训等工作。村里现有非遗传承人20余人,包括"四月八"、苗鼓、苗歌、武术、苗医、苗药、酿酒、舞狮等不同方向。他们的实践,有利于完善传统文化保护传承机制,将传统优秀文化发扬光大,让传统文化得到有效的保护和传承。

三、历史事件

光绪《乾州厅志》载:"轨者山,城西三十五里,盘旋梯蹬,路绕羊肠,一将当关,万夫莫过。为乾、永两厅往来要路。道光中,苗家人由岩板桥绝擘石,取路而下。路虽少直,其险倍甚。下有苗寨名鬼寨,轨者音近,苗俗畏鬼,改名矮寨。"①"轨者",在清代为轨者汛、轨者山、轨者坡,时人均有不同的实指,此处轨者山应为家庭村所处之山;轨者山下的矮寨,为明清时鬼者汛、民国时中黄乡的一部分。

民国年间,湘川公路开通,家庭寨作为乾州通往永绥(今花垣)的交通枢纽的地位被彻底改变。新的公路沿溪水、经矮寨越岭而过,矮寨开始兴盛成镇;家庭寨由盛转衰,被"搁置"在高山之上。

由于交通的闭塞,家庭村数十户人家此后数年间过着肩挑背驮的生活。交通的闭塞,严重阻碍了家庭村的发展,村民出村下山需要步行6公里山路,上学的孩子每天往返需要5~6个小时,村民种植的瓜果姜蔬未能由资源优势转为经济优势,村民出村就医也困难重重。用家庭村人的话说:不通路,就断了他们的生路。至21世纪初,家庭村村民人均纯收入只有918元,处于贫困线之下。家庭村四面悬崖峭壁、交通闭塞,也是当时吉首市138个建制村中唯一一个没有通行公路的,村民生活十分贫困。

交通闭塞,严重限制了家庭村的发展,迫切改变当前困境的强烈愿望时时刻刻萦绕在家庭村人心头,他们希望有人能站出来,带领大家一起修路,改变当前的贫困状态,共同发家致富。2002年12月,52岁的秧顺千被村民们一致推选为村主任,他上任后说:"要致富,先修路。我们筹钱修路吧。"于是,在秧顺千的带领下,全村人东拼西凑了两万块钱,买来钢钎、大锤和炸药等。2003年3月8日,公路正式动工建设,全村81户人家350多人,上工地的多达200余人,几乎是能来的劳动力都来了。

---

① 转引自湘西自治州非物质文化遗产中心:《战争与非遗——湘西苗族田野考察报告》,内部资料,2019年,第236页。

修建通村公路(秧志银 供图)

从2003年至2010年,历时8年,家庭村全村男女老少自发组织,用最原始的工具,利用农闲季节,克服了重重困难,投入58000多个义务工时,完成6公里通村公路的修建。2011年,按照市委、市政府新一轮建整扶贫工作要求,由市公路局牵头,市教育局、市文广新局等三家单位以通村公路建设为重点,组织开展家庭村建整扶贫工作。在中央、省、州、市各级领导、吉首大学师生及社会各界爱心人士的支持和帮助下,经过9个月的奋斗,在2012年9月9日,拗口和崖壁的公路终于修通,并于2013年完成公路硬化,形成了路基宽度5米、路面宽度4.5米的标准通村公路。从此公路全线贯通,结束了该村不通公路的历史,吉首市实现了138个建制村村村通公路的目标。

四、旅游规划

家庭村旅游资源丰富,有8个主类、17个亚类、37个基本类型,旅游资源单体数量达到83处。其中,自然旅游资源单体26处,占规划区旅游资源单体数的31.32%;人文旅游资源单体57处,占规划区旅游资源单体数的68.68%。

家庭村旅游资源基本类型调查表

主类	亚类	基本类型	家庭村旅游资源单体名称
A 地文景观	AA 综合自然旅游地	AAG 垂直自然地带	家庭村四周悬崖、断崖
	AC 地质地貌过程形迹	ACC 峰丛	图龙峰林
		ACD 石(土)林	石林
		ACF 岩壁与岩缝	排枞怒石壁
		ACG 峡谷段落	达丽—德夯峡谷
		ACL 岩石洞与岩穴	响水洞
B 水域风光	BC 瀑布	BCA 悬瀑	响水洞洞瀑
	BD 泉	BDA 冷泉	泉水多处
C 生物景观	CA 树木	CAA 林地	油茶林、红石榴林、水蜜桃林、山核桃林、梨树林
		CAB 丛树	枫香树丛、野生猕猴桃丛
		CAC 独树	枫香古树
	CC 花卉地	CCB 林间花卉地	茶花花海、桃花林、油菜花田
D 天象与气候景观	DA 光现象	DAA 日月星辰观察地	隘口观日台、赏月台、观星台
	DB 天气与气候现象	DBA 云雾多发区	云海
		DBB 避暑气候地	家庭村苗寨
		DBD 极端与特殊气候显示地	家庭村峡谷台地雪景
E 遗址遗迹	EB 社会经济文化活动遗址遗迹	EBB 军事遗址与古战场	抗战城墙遗迹、炮楼

续表

主类	亚类	基本类型	家庭村旅游资源单体名称
F 建筑与设施	FA 综合人文旅游地	FAA 教学科研实验场所	生态优质稻湘米工程示范园
		FAB 康体游乐休闲度假地	家庭村度假酒店（筹建）
		FAC 宗教与祭祀活动场所	村部小广场
		FAD 园林游憩区域	油菜花田、竹林、枫林
	FB 单体活动场馆	FBB 祭拜场馆	阿部兜栋土地堂
	FC 景观建筑与附属型建筑	FCC 楼阁	桃源农家吊脚楼
	FD 居住地与社区	FDA 传统与乡土建筑	苗族吊脚楼、家庭苗族牌楼、栖风亭
	FG 水工建筑	FGB 水井	水井多处
G 旅游商品	GA 地方旅游商品	GAA 菜品饮食	苗家酸鱼、腊肉、糯米糍粑、蒿菜糍粑
		GAB 农林畜产品与制品	生态优质稻、油茶、菜籽油、稻花鱼、蜂蜜、红石榴、水蜜桃、山核桃、梨、小西红柿
		GAE 传统手工产品与工艺品	苗族刺绣、打花带、织布、苗族蜡染
H 人文活动	HB 艺术	HBA 文艺团体	猴儿鼓队、舞狮队
	HC 民间习俗	HCA 地方风俗与民间礼仪	赶边边场、拦门酒礼仪
		HCB 民间节庆	"四月八"、"六月六"、赶秋节、苗年
		HCC 民间演艺	猴儿鼓、舞狮、傩戏、唢呐、苗族山歌、上刀梯

续表

主类	亚类	基本类型	家庭村旅游资源单体名称
		HCD 民间健身活动与赛事	百狮会、苗族武术、八人秋千
		HCE 宗教活动	苗傩法事、祭祖仪典、土地祭祀
		HCF 庙会与民间集会	苗歌会
		HCG 饮食习俗	苗医苗药、苗族酸辣饮食习俗
		HGH 特色服饰	苗族银饰、苗族服饰
数量统计			
8主类	17亚类	37基本类型	83个资源单体

自被列为全国少数民族特色村寨、美丽乡村建设精品村、乡村旅游脱贫扶贫示范村和中国传统村落以来,家庭村着手进行旅游规划。家庭村旅游规划围绕特色突出、交通便利、保护完整、依托景城、发展基础五大要素,坚持全域旅游理念,走生态观光休闲文化康养旅游路径,从"分时旅游"中寻求出路,突出"高山台地家庭农庄"的旅游开发主题,塑造和营销家庭村作为湘西苗族"空中农庄"的旅游形象和品牌,建设以休闲健身、康养旅游为特色的民族风情美村。

根据家庭村乡村旅游资源特色,以家庭村悬崖风光为主线,以家庭村特色文化为依托,以峡、谷、峰、洞、瀑、寨、树、花、古迹、度假营地为载体,以大养生旅游为核心,主推风情度假观光、民俗休闲养生、健体运动、农事体验、特色餐饮五大主题旅游产品。根据"一村一品"开发理念,家庭村整合当地文化和自然生态优势资源,聚焦打造拳头产品,不顾全贪多,不四处出击,形成精品,做成品牌,突出特色。因此,提出"一个农庄、五美家庭、七款商品、七项工程"的"1577开发思路",突出一个主题,即塑造"空中农庄";"五美家庭",即彰显五大资源,一美是四面悬崖峭壁的高山台地田园风光特色,二美是民族风情浓烈的苗寨特色,三美是抗战遗址特色,四美是苗族民居整洁保护完好特色,五美是高山林木果蔬特色。"七款商品",即开发农家特产,推出油茶、菜籽油、优质稻、稻花鱼、蜂蜜、蜡染、现摘瓜果等七款特色旅游商品。"七项工程",即为建成幸福美丽旅游苗寨而实施的"悬崖之巅观景台、环悬崖悬空游道、生态保护开发、休闲农业体验、度假民宿开发、苗族风俗技艺展示、互联网+营销"七大建设工程。

一号观景台"盼富亭"(杨光祥 摄)

目前,村里已建成实木栏杆、竹篱、环村游步道、路灯等基础设施;完成房屋仿古改造十余栋,两个2A级的星级旅游公厕已经投入使用,智慧旅游设施已完工。村东面的一号观景台"盼富亭"自2018年初投入使用以来,成为进村游客必游之处,也是摄影爱好者来此的最佳去处。在这里可一览吉首、花垣、保靖和凤凰四县十八苗寨的风光。苗歌省级传承人吴腊宝的师兄秧云江在这里留下"前看乾州古城,后望吕洞保靖。右看矮寨大桥,左望中黄苗村"的苗歌传唱。

家庭村致力于形成民族文化引领、乡村旅游带动、生态农业推动的发展格局,吸引全村村民参与其中,实现全民参与、全民受益。待基础条件改善后,家庭村将全面启动4A级景区建设,坚持文化引领,以恢复和保护原生态传统文化为主导,充分挖掘、整理、利用家庭村的既有历史文化资源和自然资源,不断完善相关建设,以非物质文化遗产园为基点,讲述"达瑞古老传说"美丽的故事,向世人展示一个传统苗寨的神秘魅力,让游客在这里体验苗族古老的优秀文化。全面完善旅游服务系统,打造全方位营销推广体系,以高标准、高要求保护并传承好原生态文化,实现"湘西苗族第一村"的远景目标,将这里建设成为国内外有影响力的少数民族乡村旅游胜地。

(本章由张英、杨光祥、张栩铭撰写)

第五章　古者寨

　　古者寨,位于吉首市己略乡红坪村。走进古者寨这一传统村落,古香古色、鳞次栉比的吊脚楼就会映入眼帘,宛如一个巨大的宝库。以木材为建筑材料的传统建筑,处处体现着苗族建筑所特有的门窗雕花、青瓦屋顶的细节特征,装饰素雅、灰色调的村寨等掩映在郁郁葱葱的绿树中,高低错落,与周边山体浑然一体,宛若天成。这里民风朴素、和谐团结,是湘西廉孝文化的代表。这里枞菌、黄金茶等产业发展较好,人们生活富足。2019年6月,古者寨被列入第五批中国传统村落名录。

一、村落概况

（一）地理生态环境

古者寨位于吉首市己略乡东北部的红坪村，该村2016年由古者村和红坪村合并而成，离乡人民政府所在地10公里，交通便利，宽阔平坦的吉保二级公路直通村前。这里依山傍水，特有的资源、特有的灵气，展示了物华天宝、生态之乡的魅力，仿佛一幅健康优美的生态画卷，是极具特色的传统村落。

村寨远景（李彦军　摄）

红坪村辖区域面积9.95平方千米，其中山林面积11445亩。境内平均海拔350米，地属亚热带季风性湿润气候，四季分明，冬暖夏凉，春秋温和。年平均气温16.4℃，1月平均气温5.4℃，7月平均气温27.6℃；极端最低气温－3℃（1997年1月30日），极端最高气温38.5℃（1972年8月27日）；生长期250天，无霜期最长286天，最短274天，年平均日照数2190小时。年平均降水量达1440.6毫米，极端年最少降水量400毫米（1972年），具有明显的大陆性气候特征。境内属武水水系，己略河经峒河街道龙泉社区、桐木潭出境入峒河，龙午河经结联村、龙午村、峒河街道小溪村出境入峒河，境内河道长32公里。

（二）村落历史

古者寨有300多年的历史，是一个有代表性的湘西传统村落，具有深厚的少数民族文化积淀，至今还保存着原生态的古歌、诗歌、情歌等民间口头文学形态，有着苗族最为流行的苗鼓舞、绺巾舞等民间艺术，有着瑰丽多彩的挑花、苗绣、织锦、剪纸、首饰制作等工艺美术；有着享有盛名的"四月八"、百狮会、"苗年"等岁时节庆，民族风情较为浓厚，代代相承。古人说"古树千年，灵气逼人"，古者寨有着成块成片的风景林，巍然挺拔的杉树王、古枫香，多棵古树名木自成风景，寨口的枫香树已有两三百年的历史。2015年村寨颁布村规，严禁开山采石、破坏植被、任意采伐等行为，保护了山体及原有自然植被以及田园风光。该村以山泉水供水，部分居民集资建设水池供水。

（三）村落人口

古者寨有4个村民小组，共107户人家。以杨姓为主，龙姓、史姓各20家左右，常住人口480人，以老人小孩为主。改革开放以来，村民达成"金山银山不如绿水青山"和"要幸福，必修路"的共识，积极封山造林，共同保护古树，营造良好生态环境，人均有林面积增至11亩。通过共同谋划，又利用寨子左侧山间的优质山泉，修建有3个可分别浣衣、洗菜、饮用的封闭式水井，并在井前填出了供人聚会、乘凉、休闲的宽敞坪场。优质宜居的环境使生活在寨子里的人们幸福安稳，悠然自得。

（四）物产与特色产业

古者寨物产丰富，遍地是宝，有着得天独厚的自然资源优势，有着"林业之乡"的美称。连绵起伏的山峦上满是树木，郁郁葱葱，枝叶茂密，绿树成荫。

"林业之乡"(李彦军 摄)

这里树种丰富,有松、杉、栎、椿树等。山岭中,那参天的杉树,像是英勇的战士屹立在悬崖峭壁之上;山坡上,四季常青的油茶树硕果累累,万古长青的松树伸展着苍劲的枝干;山脚下,古树撑起绿荫大伞,森林风景如画,漫山遍野的野生猕猴桃、枞菌,使得这里犹如一个天然的大宝库。在过去,适宜种植茶叶的湿润气候,使这里的人们靠着肩挑背驮、放木排等方式,用几斤茶油、桐油和几根木头,就可以在吉首街上和乾州场上换得可供生活的财富。在那个年代,这已成为一段史话。近年来,乡寨树立和践行"绿水青山就是金山银山"的理念,坚持高效农业生产,发展乡域经济,脱贫致富,人们生活富足,吃穿不愁。

1. 枞菌

枞菌也叫松菌,是松树底下长出来的菌子,属于山珍。按生长的季节分为三月菌、六月菌和重阳菌。一般来说三月菌、重阳菌中乌枞菌居多,而六月菌几乎都是红枞菌。红枞菌虽然颜色好看,但比乌枞菌味道淡一些,鲜味稍次。而乌枞菌则鲜美清爽、香气扑鼻,是真正难得的上上品。用枞菌煮豆腐,味道格外鲜美;用枞菌单独爆炒或拌野胡葱爆炒,飘香满屋。其中,重阳菌炖猪肉可算是菜肴中的极品,其味道极其鲜美,香甜可口,令人回味无穷。重阳菌炖土鸡,味道鲜美,营养价值也高,是秋季进补的佳肴。枞菌汤的味道更是食中一绝。此外,用枞菌加茶油熬制成枞菌油,是一种上等佐料,用它做汤,清香鲜美,富有营养;煮面条、米粉时加上一点菌油,"咽后方知滋味长"。己略乡苗族人接待贵宾时,枞菌是待客的首选菜肴。

每到采枞菌季节,雨过天晴后,勤劳的山里人就会背着背篓、拿起镰刀走进山里,采拣枞菌。采枞菌,不仅可以感受到树林蒸腾出的那股特殊、氤氲的香气,也可以体会到沉淀在美食中的历史、文化和民俗魅力。

2. 黄金茶

古者寨是吉首市茶乡之一,这里茶叶是当地脱贫致富奔小康的一项支柱产业。该地黄金茶氨基酸含量特别高,汤色翠绿不浑浊,入口后板栗香和油茶香沁人心脾。古者寨的黄金茶产量不算太多,但几乎家家户户都有,从村寨高处往下看,一个个四方四正的小茶园错落有致。这里除了自给自足的蔬菜水稻,村民种植的几乎都是黄金茶。

古者寨属中亚热带向北亚热带过渡的大陆季风性湿润气候,四季分明,乡域有己略河、龙舞河两条主要水系和众多山泉。茶园主要分布在峡谷中,冬无严寒,夏无酷暑,正是这样的优美生态环境赋予了黄金茶产品兼具"香、绿、爽、浓"的品质特征。现在市面上的黄金茶价格在70~120元一斤,价格高的时候可以卖到每斤180元,按采摘时间不同,价格也有所不同。春分时节茶叶开始冒出芽尖,也是采摘的最佳时节,由于采摘时间短,难度大,价格也会更高。

据《明世宗嘉靖实录》记载:明朝嘉靖十八年(1539年)农历四月,湖广贵州都御史陆杰,从保靖宣尉司(今保靖县城迁陵镇)取道往镇溪(今吉首市)巡视兵防,途经保靖辖区旗鲁(今保靖县葫芦镇)域内的深山沟壑密林中,一行百余人,有多人染瘴气,苗族向姓老阿婆,采摘自家门前百年老茶树上的茶叶沏汤赠予染瘴的文武官员服用,饮茶汤后半个时辰,瘴气立愈。陆杰十分高兴,当场赐谢向家老阿婆黄金一条,还将此茶上报为贡品,岁贡皇朝帝王。从此开始,该茶在市场上就有"一两黄金一两茶"的尊贵身价了,有"黄金茶"之称。黄金茶从湘西走向全国,走向世界。

不止枞菌和黄金茶,古者寨还蕴藏着丰富的磷、钾、钒等矿石资源。这里林木资源丰富,古树参天,美丽而富有传奇色彩,被人赞为在山坡上拍一张风景照就可以与香格里拉媲美。

（五）经济社会发展状况

古者寨经济主要依靠劳务输出、林木等，油茶、黄金茶种植和特色生态养殖等支柱产业正在形成。近几年，随着红坪村旅游的快速发展，古者寨也迎来发展的黄金时期。

2020年前后，红坪村交通巨变。首先是永吉高速公路古丈至吉首段通车，"吉首北"高速出口离红坪村约5分钟车程；其次，夯吉隧道通车，德夯至红坪公路升级为二级公路，使红坪村与国家5A级景区"矮寨·十八洞·德夯大峡谷"景区连接通畅，古者等苗寨连点成线，旅游优势迅速突显。

2021年，己略乡政府将红坪村确定为该乡乡村旅游示范点，出台《己略乡红坪村乡村旅游示范点项目规划》，以"七彩红坪"为主题，依托丰富的山水资源，建设夯吉公路七彩线和浪头河亲子休闲旅游线，规划布局苗寨文化区、农产品展销区、生态田园区、戏水娱乐区、网红打卡区、农耕体验区、露营探险区、烧烤聚会区、盆景花卉区等九大功能区，打造集观光旅游、亲子游玩、艺术游学、农耕养生于一体的现代休闲观光农业产业链，不断完善旅游基础设施和配套服务设施，从以观光为主向休闲、体验、度假、康养转变，做好"农旅融合"文章。

实践中，红坪村挖掘生态资源、农耕文化等元素，以水为媒、以茶为引，瞄准乡村旅游市场，立足周末经济、节假日经济和亲子休闲的市场定位，打造"七彩红坪"旅游业态。

随着红坪村农产品展销区、聆水阁度假休闲基地的建成开业以及红坪村境内公路两边5000多株海棠的全部栽种完成，红坪村的"网红公路"成为市民和游客竞相打卡的景点线。

二、文化遗产

（一）物质文化遗产

红坪村古者寨背靠连绵起伏的大山，拥有丰富的自然山体石材。村寨依山而建，以木材为建筑材料的传统建筑颇具特色，茂林修竹映衬下古香古色的吊脚楼犹存，处处体现了古民居建筑所特有的细节特征。桐油刷过的木屋黑得发亮，不仅能防腐，还能防虫；门窗雕花精细美观，图案各不相同，有花有鸟，惟妙惟肖；青瓦屋顶别具特色，格调素雅。灰色调的村寨掩映在绿树中，郁郁葱葱、高低错落，与周边山体浑然一体，宛若天成。寨中的许多老屋已有百多年历史，坐落于青山绿水中更显韵味。

一间传统木屋的建成耗时耗力，需多层工序。一棵树木剥皮晒干，上桐油，窗子雕花以作装饰。不同大小的屋子需要的木头多少也是不同的，一般来说主柱需要二十根，柱间距离标准统一，再根据房屋大小，主柱两边放置数目不同的柱子。屋顶上叠起的瓦片更是这户人家财力的象征，堆得越多越高，便意味着这户人家越有名望。吊脚楼这样独特的建筑体现了能工巧匠精湛的建造技艺，反映了劳动人民的勤劳与智慧，具备较高的科学实证价值。村落传统建筑全面记载了先人利用自然资源创造出来的地方性建筑文化和建筑艺术，具有地域性建筑文化和艺术价值。

传统木屋雕花细节
（李彦军 摄）

古者寨的百姓世世代代生活在这里，守着这方土地和这里的一切。这些老屋也见证着村庄的传承与变迁。对于传统风貌建筑，村民们在保护其外观风貌特征，特别是具有历史文化价值的细部构件或装饰物的同时，对这些建筑的内部进行了部分改良，改善居住和使用条件，以适应现代的生活方式。房屋内部是水泥地或铺有木地板，并用高于地面的榻榻米防潮，还将房间由帘子或木门隔开。对与传统风貌不协调或质量很差的其他建筑，古者寨进行整治，使其与村落传统风貌协调。由于寨中都是较为密集的传统木屋，古者寨人也极其注重消防，为保护范围内的所有建筑全部配置手提式灭火器；居民家中厨房等使用明火处加设水缸、沙堆等紧急灭火设施。对于重点消防地区，充分发挥居民们应急进行自防自救的作用，定期进行消防意识教育与消防知识培训，每户配备小型灭火器等灵活有效的灭火装置，坚决清除私拉电线、室内不合理布局等一切火灾隐患。同样，在历史建筑周围设置消防管道。苗寨传统木屋在一代又一代居民的坚守下传承下来，看得见的老屋旧瓦，看不见的传统文化，都在这云烟氤氲的古寨里熠熠生辉。

（二）非物质文化遗产

1. 古老传说

中国各民族的民间故事与传说包含着丰富的文化社会化信息，体现了勤劳勇敢、热爱和平、不屈不挠、团结互助等中华民族共有的心理特征，作为媒介物得以在各民族间活态流动着，成为联结民族情感、传承道德传统、保留生活习尚的载体。在一个相当长的历史时期内，文字传播有着很大的局限，口头传承交流被广泛采用，民间故事无疑充当着见证社会时事、忆述传统文化的角色，在各民族社会经济发展、文化生活中占有着极为重要的地位，印证了特定地域人们的社会生活，是民族文化的有效载体，同时也是观照多民族关系和理解多元文化的切入点。群山叠翠、森林茂密、古树参天的古者寨古老幽深，许多神秘传说绵延至今，不少民间传

第五章
古者寨

说也就这样流传开来。

(1) 火把岩传说

在古者寨前山坡上的一大片稻田中,卧着一道岩石,名叫火把岩,关于它的故事,至今仍广为流传。

火焰山大名鼎鼎,一提到它,大家就会想到西游记里的精彩故事。孙悟空五百年前大闹天宫时,被众仙合力擒拿。他们将孙大圣置于太上老君的八卦炉中用三昧真火煅烧七七四十九天,开炉之时,大圣踢翻丹炉,几块尚有余火的炉砖,从天庭掉落到新疆吐鲁番,形成"八百里火焰,四周寸草不生"的火焰山。而丹炉中一颗火炭飘落到古者寨对面的山坡水田,形成了火把岩的传说就鲜为人知了。

火把岩状如火把,柱围约五米,高约十五米,立于山坪大丘水田之中。石头光亮耀眼,如蓝色的火焰,倒映在水田里;任山风吹拂,妙不可言。相传,村民们见到火把岩起初甚是欢喜,将其当神一样供着。但随后,古者寨经常无缘无故有火灾发生,村民们辛辛苦苦建起的家园、积攒的财产都化为灰烬,让人苦不堪言。村民们仔细查找火灾隐患,还是不知其根源。

有一年夏天的一个晚上,皓月当空,蛙鸣虫叫,树影婆娑,一对小伙姑娘,偎依在村后的草垛上谈情说爱。时至半夜,一阵山风吹来,草垛燃火,小伙姑娘一边急忙扑灭,一边抬头远望,只见一颗颗流星火飘落到村寨,火把岩火焰晃动,火星飞溅,还"哗剥哗剥"作响,引燃了烂木枯草。这场大火在乡亲们的全力扑救下被扑灭,村民也由此得知火患原委,想把火把岩的火打灭,但仍是无可奈何。村里一位年长者说,这是一把神火,凡人是灭不了的,看来还得求告,请土地公公帮忙,请天上神仙灭火。于是村民们备齐祭品,来到村头的土地堂进行祭拜。土地公公收人钱财,替人消灾。直奔天庭禀奏,玉皇大帝说:"这灾星是太上老君落下的,去找太上老君就行。"土地公公原是天庭神仙,因孙悟空踢翻八卦炉而受累,被罚下界做土地仙,闻言便轻车熟路地去见太上老君,太上老君正在下棋,土地公公不管三七二十一,火急火燎地禀报缘由,求太上老君灭掉火把岩之火,免百姓之苦。太上老君惊讶地说:"有这桩事?罪孽呀,灭了灭了!"急令罗刹女带上芭蕉扇,腾云驾雾来到火把岩,罗刹女呼呼地挥舞扇子,本想扇灭火焰,留下直立的火把岩,哪知急于求成,用力过猛,只听到"嘭"的一声巨响,水花溅起丈余高,熊熊火焰熄灭了,火把岩也倒塌了,犹如一堵山墙,困在水岩中。围观村民齐声叫好,回过神来要拜谢灭火的神仙时,罗刹女已飘然而去了。从此,古者寨再无火灾之难,乡亲们安居乐业。

(2)神牛传说

古者寨前的小河有处深潭,潭底有块红色岩石,状如卧睡的水牛。为何潭中岩石独成红色,难道是天外飞来之石?

相传,天上人间曾经都由玉皇大帝掌管,星宿成百,各司其职。一天,脾气暴躁的火神偷吃了酒神进贡给玉皇大帝的琼浆玉液,一路上烂醉如泥,走路东倒西歪,手上挥着个蒲扇,嘴里还哼着小曲,好生快活。恰巧此时,他遇到耕云播雨劳作一天缓缓归来的牛神,牛神一片好意上前相搀,哪晓得火神酒力攻心、目不识人,口里不干不净地骂着:"谁管我的闲事,我要他脑袋开花,就算是玉皇大帝在这儿,也要敬我三分有余!不如一起坐下喝酒、畅饮作乐。"牛神知道他喝多了,便好言劝其回家休息。火神看牛神不理会自己的"好意",认为他不识抬举便伸拳猛击,这突如其来的一拳让牛神躲闪不及,一对犄角瞬间被锤弯,巨大的能量冲击使得四周火花四溅,齐刷刷掉落凡间,毒燎虐焰,黑烟滚滚,不一会儿就烧焦了九十九座青山的林木,烧毁了九十九块润泽的农田,大火所及之地皆是满目狼藉。幸好东海龙王举全族之力,吞海吐江进行扑救,九十九座寨子才幸免于难,但农田被毁,树木被烧,庄稼颗粒无收,饿殍遍野。玉皇大帝顿时大怒,即刻下旨将火神囚禁于太上老君八卦炉内,为老君日夜炼丹。牛神无辜受到牵连也因此被免除神职,贬往人间种植草木、播撒五谷种子,以将功补过、为民造福。

临行前,玉皇大帝千叮万嘱要牛神牢记,走十步撒一把草木种子、撒十把五谷种子。只因牛神被火神暴打之后两耳受伤听不清,将玉帝的话误听成走一步撒十把草木种子、撒一把五谷种子。牛神边撒边念,自认为谨记在心、没有差错,哪知种子撒下后满岭杂草丛生、荒木成灾,使得能种

第五章
古者寨

五谷杂粮的土地只有巴掌大一团,东一块,西一点,少得可怜。牛神一看,当即吓得瑟瑟发抖。心想,一旦让玉帝知道这件事,自己肯定性命难保。转头一想,天宫是回不去了,自己只有暂留人间,把多撒的草木吃光啃净,让粮食作物丰收,以求从轻治罪。牛神撒蹄疾走,四处寻找安身之地,正在此时见一阿娅(即苗语中姐姐的意思)背着背篓,牵着一头青色水牛。那牛吃草细嚼慢咽,而阿娅满面愁容,看着水牛大口大口吃着杂草,这蔸还没吃完,那蔸又长出新的嫩芽,她手中的草刀也由于长时间砍树割草,缺口过大已经没法用了。她只能唉声叹气又无能为力,苦巴巴地盼望着青牛能把草快点吃完,快点把庄稼种上,如果把阳春耽搁了,那日子就不好过了。牛神见状,把自己的神力附着在青水牛身上,施展功夫过后,青水牛一下子跟打了鸡血一样,秋风扫落叶般吞食遍地荆棘杂草,不一会儿,原本密不透风的草木之地变得干干净净,又变成之前那种广阔又平坦的庄稼地,甚至曾经坚硬的土被牛角掀翻过后,松松软软,只待播种栽苗了。阿娅看到这种情况如释重负,脸上露出了久违的笑容,她也搞不清楚水牛为什么今天劲儿这么大,草也吃得特别多!

天黑了,牛神不能随阿娅回去,当然也不能和青水牛一起睡在牛棚。它沿河漫步,发现前面有个水潭,清澈的潭水倒映着皎洁的月亮,四处虫鸣蛙叫,清风徐徐。神牛大喜,起身跃入潭中,在月光下洗净身上的泥沙,也洗尽一天的疲惫,之后,他便潜入潭底歇息。就这样日复一日,被牛神附身的青水牛整日吃草犁地,日出而作,日落而息,全寨的人也对此大为惊奇,毕竟青水牛的牛劲儿,一百个后生也比不了;青水牛吃的草,一百个姑娘都割不赢。长时间后,九十九座岭,九十九座寨,因为有了神牛相助,又变得山清水秀,沃野千里,遍地五谷丰登。不久后的一天,几个后生难忍燥热,跑到潭边洗澡。站在岩边上的一个后生眼睛尖得很,大声惊叫:"潭里有头红水牛!"众人闻讯争相望去,只见潭水幽幽,若隐若现有一团红色,有的说是牛,一对角弯弯的! 有的说不是,认为那就是块红岩石!牛怎么可能在潭水下不动呢? 你说你有理,他说他没错,相互争执不下。就在此时,阿娅的儿子阿柱跳了下去,想一探究竟,好多双眼睛圆嘟嘟瞪着,不敢呼吸,都想知道潭里那团东西是什么。阿柱冒出头,喘着粗气说道:"水好深,不见底,像……像块大岩头,又像头水牛。"于是,一传十,十传百,人们越传越神奇。人们说那是一头红神牛,平时潜于潭底,发大水时牛才浮出水面,周身透红,牛鼻喷的水柱几丈高,水花落下深潭,潭上会架起一条彩虹。传说就在这样一批又一批老人口中更迭出新的内容。后来,又有人说,由于常年涨水,泥沙填平了积潭,红牛被困潭底。也有人说,亲眼看见那年古者寨涨水,在一个狂风暴雨的夜里,红牛跃出深潭,昂首长鸣,扬蹄腾飞,被玉皇大帝派往黄河做镇水卧牛神了。众说纷纭,孰对孰错、结局怎么样没人真正知道,但已经不那么重要了,重要的是这个传奇的故事已经成了当地一件代代相传的趣事。

2. 传统习俗

古者寨的村民们在漫长的历史发展进程中,创造了丰富多彩、独具特色的民族文化。古者寨村民长期聚居于此生存繁衍,产生的民俗文化遗产众多。至今传承较好的主要包括"四月八"、赶秋节、苗族鼓舞等传统习俗。

(1)"四月八"

每逢阴历四月初八这一天,当地村民都会披戴银饰、穿戴新衣,从山顶、山腰、平坝向"四月八"节日活动场地聚集,这一天要举行傩戏、上刀梯、下火海、狮子舞、打花鼓、赛歌、吹唢呐等民间文艺表演。随着改革开放的深入发展,纪念活动又增加了经贸洽谈、艺术文化研讨、旅游观光等新内容,今天的传统节日"四月八"已成为当地村民展现民族文化、加强民族团结、招商引资、促进经济发展、建设精神文明的综合性盛会,吸引了越来越多的学者、游客和商人前来参加。

(2)赶秋节

赶秋是当地的传统节日。每年的立秋这天,附近的乡民们都会在龙舞村龙舞河坪上设立秋场,邻近的苗族村寨百姓身着华丽的苗族服饰,佩戴精致的苗族银饰,成群结伴地欢聚秋场赶秋,庆祝风调雨顺、庄稼丰收,期盼来年六畜兴旺、五谷丰登,这样的习俗一直传承到了今天。

每年农历立秋日到来,秋场架有十多米高的秋千,用粗木支撑,呈纺车形状,有相互错开的八个秋千,俗称"八人秋",犹如立体旋转的歌台。赶秋开始,先由穿着古老民族服饰且有声望的一男一女扮成秋公秋婆,在人们的欢呼声中分别擎着一个饱满的玉米棒和一把金黄的稻穗来到秋千架下,向人们报告一年的收成,庆祝庄稼的丰收。接着,苗歌手不论男女老少,尤其是青年人争先恐后拥上秋千。送秋人用力推,使秋千转起来,人们高声呼喊,转动一阵后,送秋人用力顶住秋千横木,秋千戛然而止,谁被停在最高处,就由谁来高歌一曲。1940年,由凌纯声、芮逸夫创作的《湘西苗族调查报告》中记载:"苗中有一种打秋的游戏,颇为可观。他们每于农暇有集会或过新年时节时,在一广场中,搭起秋架,架上扎有二秋轮,每轮四叶,每叶系绳及板,即成一秋迁架。每轮之上坐男或女四人,随轮转动,随转随唱,男女对歌。"①苗歌歌手们所唱多为祈福风调雨顺、五谷丰登的曲目,也有的青年歌手趁机用歌声向恋人吐露心声。歌唱者唱得开心快乐,听歌者听得笑逐颜开。秋场内还有唱苗歌、吹唢呐、舞狮子、打花鼓、上梯刀等传统民俗文体活动上演。秋场周边,身着五颜六色服饰的苗族群众站在河岸上、土坎边、斜坡上、树影下,把秋场围了一层又一层,场面蔚为壮观、热闹非常。

赶秋节的起源,在己略乡的苗族百姓中有着这样的传说。在远古时代,苗族先祖神农派一男一女去东方,寻得种子回来,种五谷获得丰收。苗族先民称这对男女为秋公秋婆,赶秋节就是为感恩神农及秋公秋婆而举行的民间节日活动。所以,己略这一带的苗族村民,每年立秋这天要过赶秋节,打秋千、唱苗歌以此纪念神农的恩德。

3. 苗族鼓舞

在湘西,村村寨寨都爱打苗鼓,己略乡作为苗鼓之乡,可谓名不虚传。这里上至五六十岁的老人,下至几岁的儿童都会打苗鼓。每个山寨屋前的平地就是人们闲暇之余,架起苗鼓,不分男女老幼聚集在一起,打鼓娱

---

① 凌纯声、芮逸夫:《湘西苗族调查报告》,民族出版社2003年版,第163页。

乐、抒发感情、活跃精神、促进身心健康发展之地。不仅如此,苗鼓更是喜庆之日必不可少的庆祝活动。这里的人们举办婚事、寿宴等,均会跳起苗鼓舞庆祝。每逢赶秋节、"四月八"、吃新节等传统节庆之日,都有跳鼓、舞狮等欢庆活动,男女老少穿着华丽的节日服饰,欢聚鼓舞场举行鼓舞盛会。许多鼓手用高超的鼓技来获取观众的赞许和尊敬,甚至以鼓为媒,借此赢得爱情。每当年节之际,村寨群众都会打出"年鼓",如"喜庆鼓""坐堂鼓""邀请鼓""迎宾鼓""拜客鼓""拦路鼓"等来欢庆节日,"年鼓"敲响以后,全村寨的男女老少都会聚集于公共场所中进行娱乐活动,其中情趣最浓的为"年鼓"中的"拦路鼓",包含了迎宾、喜庆等含义,反映出家庭与家庭之间的凝聚力。苗族人热情好客,苗鼓更是促进了人与人之间的情感交流。正如石启贵在《湘西苗族实地调查报告》中所述:"庆年俗谓年鼓,于夏历正月初四起至月半止,每晚餐后暇时无事,相约抬鼓于宽坪中行之,娱乐以热闹新年。"①整个新春佳节,村村寨寨鼓声一片,欢声一片,所有人都沉浸在这片欢乐的海洋之中。

己略乡诞生了新中国第一代苗族女鼓王龙英棠(民间俗称"龙大姐")以及第二代女鼓王石顺民。两代女鼓王先后在1957年、1964年将苗族花鼓展示在首都舞台,受到多位党和国家领导人的亲切接见,毛主席亲切与她俩握手、合影留念。苗族鼓舞随之来到香港特区及深圳、广州、上海、青岛、长沙等大城市,走出湘西,走向全国,名满地方。这更激励当地人喜爱苗族鼓舞,把苗鼓的技艺一代代传习和弘扬光大,尤其是改革开放以来,苗族鼓舞新的传承形式兴起,鼓舞进学校、进机关,成为神秘湘西的文化名片、旅游品牌。2003年以来,吉首市打造起"吉首鼓文化节",吸引了来自国内外的鼓队在这里进行会演,将文化节打造成为湖南省三大文化旅游节庆品牌之一、全国知名的节庆文化名片。"鼓王大赛"也应运而生。每年比赛前夕,所有鼓艺高超的姑娘小伙都会从四面八方赶过来进行角逐,最终决出鼓王。古者至今产生了六代鼓王。苗族鼓舞2006年被列入国

---

① 石启贵:《湘西苗族实地调查报告》,湖南人民出版社2008年版,第394页。

家级非物质文化遗产保护名录,持续绽放光彩。

4. 苗族服饰

湘西苗族服饰从头到脚有头帕、披肩、上衣、围腰(女)、腰带(男)、花带、裤、绑腿(裹脚)、布袜和鞋。其款式繁多,丰富多样,有的雍容华贵,有的古朴庄重,有的粗犷豪放,是最为古老、最为奇异的苗族原生态文化之一。苗族女子,自古以来懂得植棉养蚕。据《乾州厅志》云,苗家人春间育蚕,抽丝染色,制为裙被;其峒锦、峒被、峒巾皆刺鹤凤花鸟也。每到传统节日,苗族女子身着盛装佩戴银链,走起来更是绚丽多姿,光彩夺目。

身着苗族便装的村民(李彦军 摄)

清代改土归流后,男子逐渐以裤代裙,穿土产花格子对襟衣,衣袖长而小,裤筒短而大,当地人戏称为"东风压倒西风",现代的苗族男子喜包青色布帕。别有情趣的是,有的后生穿衣多达七件,最外层一件只扣最下边的一对纽扣,第二层只扣下面的两对纽扣,依次扣完最里面的七对纽扣,以此显示其富有和豪爽。老年人裹黑布头,打绑腿、束腰带。妇女的服装,则胸前袖口和裤筒皆滚边绣花;上衣过腰,大而长,袖大面短,皆系满襟,没有衣领。衣服有琵琶襟、套襟、四角挖云、四式之分,但也有上身皆白上衣,短马褂,下着长裙青红相间,自成文彩。亦有绣花卉者,上衣下裙以层数多者为美。头帕因地而异,但苗族人普遍都十分喜爱和重视包头帕,民间有"姑娘样子好,花花头帕少不了""选郎没有巧,头帕要包好"等说法。

这里服饰式样繁多,色彩艳丽。与吉首东部的丹青、排绸、排吼一带不尽相同,尤其是女性服饰,这里的特色是人人嗜好系挑胸鬼裙,头裹"八"字形的挑纱白头巾。如今在村子里我们已经很难看到穿着传统服饰的村民,人们也不再自己制作传统服饰了,通常是去市里买上两套。偶尔会有老人身着苗族便服,说着我们听不懂的苗语。不过到了较为盛大的苗族传统节日,大家就会穿上华丽鲜艳的传统苗服,外出务工的年轻人也会从各地奔赴家乡,回来庆祝他们独有的节日。

5. 苗族礼仪

苗族十分注重礼仪与道德,"有长少、无尊卑",不以贫富贵贱取人。社交礼节中一般以不卑不亢为宜,过之,殊失其当,令人取笑;不及又失其恭,轻则被人耻笑,重则受社会谴责。

(1) 称呼须得体

晚辈对长辈不叫姓名,按班辈大小称呼。老公公叫"阿剖",老婆婆叫"阿身",外公叫"阿打",外婆叫"阿达",伯父叫"阿伯",伯母叫"伯娘",叔叔叫"阿叔",婶妈叫"叔娘",舅舅叫"阿舅",舅妈叫"舅娘",舅表、姑表也可统称为"喔来"。如所遇长辈年长一二十岁,除属家属或亲友以固用称谓称呼外,不相识之人,男性呼之为"得约"(小叔),女性呼之为"得目"(小姑)。如再长者,男性呼之为"阿称"(伯伯),女性呼之为"阿目"(大姑)。如年老者,男性尊称为"剖果"(老爷爷),女性尊称为"娘果"(老奶奶)。幼辈见长辈时,平时多行鞠躬礼,无论男女皆是如此。苗族幼辈初会长辈时需言信行敬,和悦为先,并尊称之;应行要立定,坐要起立,目要平视,手要放下。同辈之间,男性年长为兄称"阿纳",年幼为弟喊"黛勾",女性称姐姐叫"阿娅"。姐夫称"把秋",表姐妹称"欧确"。除一般熟识或有关系者用固有称谓称呼外,男人称之为"阿那"(大哥),女人称之为"阿娅"(大姐)或"阿姐"(姐姐)。平辈见平辈时,亦需行鞠躬或点首礼。长辈见幼辈时,行点首礼即可。除对认识之人可招呼其名外,遇到不相识的人,一般均以爱称称之。如系壮年,男性呼之为"得那"(小哥哥),女性呼"得娅"(小姐姐)或称"得爬"(姑娘);如系青少年,呼"得苟"（小弟弟、小妹妹）或"得加"（小孙孙）。

（2）待客有讲究

客人来苗寨，主人家应出门相迎、起身让座、递烟递物，客人则应以礼相还。客人留餐，主人大多会取其所有款待，摆上鸡、鸭、鱼、肉和木耳、香菇、豆腐、豆芽，以及富有民族特色的腌鱼、酸菜、香肠、血豆腐等菜肴，真可谓是"尽家待客"。席上不仅要敬酒劝酒，还要唱古歌、飞歌助兴。酒足饭饱，主人家要等客人先行放下碗筷，主人才能放下，否则将视为失礼不尊。若遇红白喜事，则按一定程序就餐，结婚开餐，先招待新娘和伴嫁客，其后是新郎的母舅和婆舅客，再是其他亲朋。新居落成的喜宴和老人过世的丧宴，则应先招待母舅和婆舅客，且他们必坐中堂。

（3）交友重情意

苗族人交朋结友，讲信用，守诺言，重感情，扶持正义，爱憎分明。待人接物，很讲究"哈术"，讲话态度和气，不扯谎，不说假，说到做到，不失信用。有事好好商量，一般不泼别人冷水，免得对方难为情。还很重视公德，鼓励修桥铺路，栽树歇凉，不义之财不要，损人利己之事不为，千百年来形成了优良民风。

6. 廉孝文化

古往今来，在古者寨兴起的和谐团结、尊老爱幼、行善积德、助人为乐、讲究卫生的文明之风，可圈可点。20世纪初，杨再高与妻石氏生养一子三女。三个女儿嫁出后，杨再高病故。两年后，其子杨正堂又死。孤独的石氏想到儿子平时为人厚道孝顺，带着悲痛，请来工匠为儿子砌坟修墓。寨中秀才被石氏之举感动，为她作出"母造儿坟天下少，娘修子墓世间稀"的碑联和慈母悼子的碑文："孝行纯全数十秋，只闻欢喜未闻愁。如今正好维持母，怎奈皇天不久留。"石氏的母爱也感动了另门之子杨正元，他自愿上门为石氏做儿行孝养老，直到后来老人高寿辞世。

在民风淳朴的古者寨，谁家有难事，如子女读书缺钱，大家都会不分族别姓氏慷慨相助；家家户户将房前屋后打扫得干干净净，来人来客总是倾其所有的热情款待,整个村子是一个温暖祥和的大家庭。古者寨,这个在历史行进中嬗变的美丽村寨,真是人来不想走、走了还想来的好地方。上述故事也体现了古者寨和谐团结、尊老爱幼、行善积德、助人为乐、讲究卫生的文明之风。可以说,古者寨是湘西地区廉孝文化的典型代表。

三、历史事件

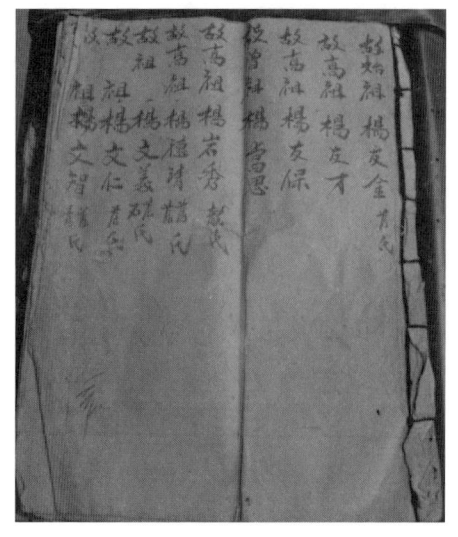

杨氏家谱(李彦军 摄)

古者,听名断义,乃古老之地。许久以前,沅江河畔的6位杨姓兄弟,为避水患,携妻带小,迁徙到峰峦层叠的己略古者,在青龙山坡上筑巢安家,与先住的几户龙姓苗族人家结下了不解之缘。

刚开始,为养家糊口,杨姓兄弟下山到平地小坝为地主做工。每到耕种季节下大雨,就是天色漆黑、电闪雷鸣,他们也要将灯笼挂在牛角上,下田扶犁掌耙,苦做所得只够全家勉强过日子。几兄弟反复思索,觉得为人出力卖命,不如自己艰苦创业,于是便毅然回寨,动员妻小、邀约邻居,上山开荒挖地,种植油桐、油茶和桑苗。几年过去,油桐硕果满枝,桑树长势喜人。于是,他们在寨边修建了4座油坊,将收摘的桐籽茶籽分别榨油外卖,自此以后,那洪亮的油槌撞击声,便从春天响到冬天。妇女们采桑叶养蚕,在手工作坊缫丝织帛,产品成为远近富人及商贩都看重的抢手货。他们把卖油和出售丝织品得到的金银铜钱积攒起来,又从附近地主手中买下千余亩田地进行耕种,于山下小溪边建起了8座水能碾坊。那时的古者,可谓家家谷米满仓,户户金银铜币满箱。杨姓六兄弟则依据雄厚实力,在坡地依次开

第五章
古者寨

挖平整屋场，各自请来能工巧匠，建造了飞檐翘角、古色古香的四合大院。

古者人靠着辛勤劳动致富，一群来自排砂的匪头馋得心痒眼红，纠集几百名帮凶悄悄溜到青龙山坡，趁着青壮年出门劳作之机，在光天化日之下，把各家各户的金银财宝劫掠一空，还放火焚烧了那里的6幢四合大院和其他房屋。闻讯从地里赶回的古者汉子冒着生命危险冲进火海，仅仅抢出12扇花格木门。那保存至今仍留有火燎痕迹的花格木门、随处可见的被那次大火烤红烧裂的石培墙石砖石块，是古者曾经辉煌的见证，是对黑暗社会土匪横行作乱的控诉，成为回顾历史、鞭策后人的活教材。坚强的古者人没有被那场大火、那次浩劫吓软吓趴。寨上8位血性青年，经过身怀绝技的教头杨大爷传授指点，刻苦练成了拳术棍术刀术和飞檐走壁的本领，凭着高强武功铲除了排砂那4个罪大恶极的匪首。8条好汉习武雪耻扬威，古者男女老幼从此有了安全感，继续进行重建美好家园的接力赛跑。大家依据"团结奋斗，才能丰衣足食"的感悟，吸取那次"火烧连营"的教训，在田间精耕细作、圈养家禽家畜，解决基本温饱的同时，相互帮工帮料，各家在重新布局的宅基上，先后建起了新屋，并在四周栽种防护风景树。

中华人民共和国成立后，特别是改革开放以来，他们达成了新的"金山银山不如绿水青山"和"要幸福，必修路"的共识，积极封山造林，共同保护古树，营造良好生态环境。通过共同谋划，村民们又利用优质山泉，修建了封闭式水井，并在井前填出了供人聚会、乘凉、休闲的宽敞坪场。这处风水宝地因此有了新的名字——水井湾。在政府部门的支持下，大家一鼓作气，铺设了从水井湾连接山下的水泥公路。如今，那绿树掩映的山寨，那连绵起伏的大山，那郁郁葱葱、成块成片的风景林，那巍然挺拔的杉树王、古枫香树，那远近闻名的水井湾，那通向山外世界的幸福路，共同构成古者寨的景区景点，古者人的荣耀。

（本章由李彦军、石可韭、郭振撰写）

第六章　林农寨

林农寨，隶属吉首市马颈坳镇隘口村，这里是一块神奇而富庶的土地。深厚的乡土文化底蕴，古色古香的苗寨古建筑群，优良的生态环境，共同构成了林农寨的美丽景观。整个寨子依山布局、依田分寨、以树建屋，屋与屋之间似隔却连，似单非一，分而不散，不依不离，从任何一个方位都不能看到寨子的全貌。寨中大道、小道、小巷纵横交错，井然有序。村道与村中田坎阡陌交错，村中有梯田，田中有寨子，田坎为路，田口流水潺潺，寨子把千亩良田围在中间，整幅画面甚为壮观。2019年6月，林农寨被列入第五批中国传统村落名录。

第六章 林农寨

一、村落概况

(一) 地理生态环境

林农寨全村总面积11.3平方千米,有耕地面积879亩,其中稻田面积655亩,旱地面积224亩。寨子以山地地形为主,森林资源多,矿产资源较为丰富,地层蕴含磷矿、石灰岩等矿产资源。林农寨属亚热带季风性湿润气候。多年平均气温16.4℃,年平均日照数1382.5小时。年平均降水量1440.5毫米。林农寨森林覆盖率达86%。

入夏,当整个湘西地区被暑热捆缚得仿佛喘不过气来时,林农寨漫山遍野覆盖了沁着幽幽凉意的青翠,消融了骄阳投下的万道光焰,让人感觉到这里的夏天是那么的惬意。这里有清澈曲折的河水,跌宕蜿蜒的山地,幽深莫测的溶洞,线条优美的梯田……在湛蓝的天穹下,深涧中哗哗的流水声,山谷里叮咚的蛙声,还有那树梢上不倦的蝉鸣,分明就是一曲优美

林农寨鸟瞰图(李彦军 摄)

动听的仲夏交响乐。林农寨环境优美,自然风景如画,空气新鲜无污染,植被覆盖率高。马颈坳镇最大的河流——司马河纵贯全村,蜿蜒曲折地穿村过寨。这里水资源丰富,以河为中心线,河两边为山,中间为平地,呈狭长的玉带形。这里有漫山遍野的板栗树和险山深沟,树木遮天蔽日,植被散发出丰富的氧离子,使寨子成为一个天然的氧吧。林农寨的村落选址和建筑群体格局,与自然环境高度协调统一,反映出中国传统风水理论指导下的乡村聚落择址模式。清朝时期的古建筑群布局合理,建筑技术精湛独特,雕刻技艺精美绝伦,是中国苗寨山地人居的典型代表。形式多样、内涵丰富的民俗风情久沿成习,传而不衰,成为林农寨历史文脉的现实载体,充分体现了苗族聚居区浓厚的民族、民俗文化内涵,为研究地区民俗文化提供了重要的历史资料。

(二) 村落历史

隘口是封建王朝重要的军事关隘,古称隘门关。战国时期秦国大将司马错将军屯兵于此并打败楚军,占领楚黔中郡,穿村而过的司马河也因此而得名,南方长城起点也在隘门关喜鹊营。这里旅游资源丰富,人文历史悠久。茶马古道穿村而过,石家镖局保存完好,千年古树"七仙女下凡"、唐代古墓群、"龙塘虎穴"、"猫追老鼠",以及林农的千户苗寨风情、万丈深渊飞瀑、原始次森林等景点各有特色。

关于林农寨的建立,有两种传说。一说村民原本居住在容兄(苗语地名,音译),但当他们放耕牛于林农时,牛群便不再返途,有风水先生言,此地依山傍水,百草丰茂,为居住之佳地,故村民迁居于此。传闻200年前一次天灾大火降临,树木皆燃,土地炎灼,故林农又称为"燃灼"。

一说2000年前,三兄弟来到林农逃荒避难,他们挖掘一口井,疏通一条沟,伐下一根木,炸开一方石,烧好一窑瓦,砌起了石头墙,搭起了瓜果架,开通了一条路,铺好了青石板,栽下了一棵桃树,刀耕火种般地开出一块荒地,用刺蓬蓬围起界线。逐渐地,他们发现此处风调雨顺,适合居住,于是兄弟姐妹迁居至此。那沟,那坎,那坪,那山,那坡,那河,留下他们开山筑路和架桥的身影;那田,那地,那园,那谷,那豆,那瓜,见证他们播种和收获的艰辛;那牛,那猪,那羊,那狗,那鸡,那鸭,诉说了他们照料后的壮硕。在简陋的木板屋,有升起的炊烟,屋里有苞谷粑的香气,有擂响的石擂钵,辣椒的味道飘满寨子。日月在山梁间来回更替,云雾从吊脚楼散去又回来。他们世世代代生儿育女延续血脉,儿子大了又成为苗族的男人,女儿大了又成为苗族的女人,不管男人和女人,都在湘西这块土地生息,延续一个民族不朽的血脉。经过世代繁衍,这里人丁逐渐兴旺。

沈从文在《湘行散记》中写道:"他们如何得到武器,由良民而成为土匪,又由土匪经如何改造,就可望成为当前最需要的保卫国家土地一分子。……他们是不是当真逢货即抢,见人必杀?他们是不是野蛮到无可理喻?他们是不是将来还会……?这一串疑问都是必然的。"[①]湘西处在鄂、渝、黔、桂四省交界,有武陵、雪峰两大山脉纵贯,峰峦起伏,沟壑纵横,溪河密布,峰峦起伏,洞穴连绵幽深。自宋朝起,这里就是历朝统治薄弱区域,匪患未绝。进入民国时期,湘西土匪为害尤烈。林农寨也经历过一次土匪进寨。1942年,龙飞山、龙飞虎两兄弟带着其他小弟闯入寨中。众多土匪利用湘西险要的山川形势割据一方,称王称霸,风高放火,月黑杀人,打家劫舍。

2015年,吉首撤销寨阳乡、白岩乡、马颈坳镇,新设立马颈坳镇,原马颈坳镇的团结、几比、林农等12个建制村与原白岩乡10个建制村合并为新马颈坳镇。

(三) 村落人口

林农寨有石、洪、龙三姓。石、洪二姓最先,石姓从保靖几瓜、洪姓从保靖得五搬迁至此,已有200年。目前林农寨辖5个村民小组,315户1567人,是一个具有苗族特色的建制村。

[①] 沈从文:《湘行散记》,天津人民出版社2013年版,第274页。

（四）经济社会发展状况

林农寨周边区域旅游资源丰富，寨子位于吉首市乡村旅游发展规划中"苗寨古风"环线上的重要节点。环线上的吉首—坪朗—德夯—中黄—隘口（黄金茶基地）—小溪—吉首的旅游联动发展，为林农寨的黄金茶发展创造机会，推动黄金茶产业及苗寨旅游业的发展。

林农寨现有产业结构以黄金茶产业和农业生产为主，产业特色较鲜明。传统优势产业茶产业的发展也带动了旅游业的发展，形成了"传统特色产业+旅游"复合型产业模式。目前形成的旅游路线分为传统村落特色风情体验游和生态山田自然观光游两条线路。(1)传统村落特色风情体验游：游客乘车至生态停车场，到游客服务中心办理相关手续，于入口活动场地出发，沿主要道路进入林农寨传统民居集中展示区，领略林农古苗寨建筑群之美，体验当地民事民俗、感受特色苗寨传统文化。(2)生态山田自然景观观光游：游客于游客服务中心办理完相关手续之后，进入生态农田和山林中，感受山田的自然景观，与大自然进行亲密接触。

二、文化遗产

（一）物质文化遗产

远观林农寨，气势磅礴，生机勃勃，寨中房屋错落有致，一木一石均取自天然，一点也不显得凌乱。早晨炊烟四起，寨中古朴的木屋、明亮的石板、流淌的溪水、别致的木桥、高耸的古树连为一体。木屋在古树的遮蔽下更加真实有活力，溪水环绕着木屋，格外宁静。数百年来，由于道路交通的制约，古寨保存完好。古寨民居全为木质的四合院和吊脚楼，房屋除了正房、堂屋、转角、厢房、朝门外，还有奇特的"官房"。最为神奇的是，先辈修建这些房屋时，未用一铁一钉。村民家中的日常用具有部分是先辈

第六章
林农寨

遗留下来的,时间可以追溯到清朝,这一切使林农寨堪称原生态古民居活化石。

林农寨山高林密、绿树葱茏、落英缤纷,又有怪石嶙峋、瀑布飞洒、绿水潺潺之景,自然风光秀美独特、风情浓郁。鼓楼一幢幢,风雨桥一座座,吊脚楼一排排,踩芦笙、赶歌场、坐茶棚、玩山坐夜等活动一场场……这共同构成了林农寨的生活全貌。这里四季分明,各有情趣;春天桃红柳绿、山花烂漫;夏季蓝天白云、山风徐徐;秋天瓜果飘香、硕果累累;冬天冰天雪地、银装素裹。连

古寨一角(李彦军 摄)

绵山峦,层层翠色,如绿毯,像锦缎,似画廊,彰显茶乡特色,勾画神秘湘西。林农寨经过数百年历史的洗礼,传统建筑与文化依然保存完好、价值独特,展示了湘西地区的人文建筑风貌,体现了当地居民的生活文化实貌,是研究苗寨建筑与乡土文化的一个重要窗口。

如今林农寨居民的房屋大多为古时建筑,其时间跨度基本上从清代至现代。根据其建造年代的不同,可以将其分为四个时期,即清代建筑、民国建筑、20世纪50—80年代建筑、20世纪80年代之后的建筑。其中以50—80年代建筑、80年代以后的建筑为主,其建筑面积分别占总建筑面积的33.66%、39.07%。

为维护传统村寨的整体性,保护传统风格,林农寨已经开始限制现代风格房屋的建设。村域内现代建筑仅有一栋,住宅现状以古建筑为主,但其建设年代久远,部分房屋已无人居住,建筑质量较差。林农政府对建筑风貌较好且质量一般甚至较差的建筑实施保护修缮和改善工程。即保持原有建筑结构不变,更换门窗、添加细部、涂刷立面油漆。同时,重点对建

筑内部结构加以更新和加固。对建筑风貌较差但质量较好的建筑实施外立面整治改造，使用平改坡、盖小青瓦屋面、木贴面等方式手段，并在建筑形式上增加门窗雕花、雕刻柱础等各种苗寨特色符号，使其与古村落风貌相协调。房屋的雕花、门锁、门楣均为工匠手工雕刻而成。此外，政府还积极完善市政设施，满足居民生活需要。

古寨巷口（李彦军　摄）

林农寨现有的村庄空间布局极具苗寨特色，房屋的分布集中，依山而建，高低错落，层次感极强。建筑分为传统建筑和现代建筑两大类。传统建筑为木质结构，为单层建造的穿斗形式的房屋，多为三开间，少数为五开间。建筑内部采用架空的木地板，用于防潮、隔热和防寒。传统建筑结构稳定、经久耐用、造型优美、冬暖夏凉。研究表明，木材是很好的电绝缘体，具有低传导性。在同样厚度的条件下，木材的隔热值比实心砖墙的住房要高3倍，比标准的混凝土高16倍，可以说，木结构房屋好像一座天然的空气调节器，通过合理的设计与布局，木结构的房屋可以适量吸收太阳光线，住在其中感觉四季如春，冬暖夏凉，自然舒适。

古代的苗族人建房朝向颇有讲究，堂屋的正中面向不能对山尖、山崖、别人屋子的尖角和伸出如角的山形树木等，否则他们认为会给房主人的家庭带来不吉利，给家业、事业带来影响，甚至给家人的健康带来隐患。

林农居民们对房屋的保护十分重视，祖先留下的丰富文化遗产使他们一代一代受到强烈的熏陶，而且多年来政府的重视以及慕名前来观光旅游的宾客也使他们认识到古建筑的价值与自己肩负的责任。又得益于林农的地理环境与村民文化遗产保护意识的增强，这里房屋的完整性得到了较好保护。

（二）非物质文化遗产

林农苗寨村民在漫长的历史发展进程中，创造了丰富多彩且独具特色的民族文化。林农寨村民长期聚居于此生存繁衍，积淀了深厚的少数民族文化，产生了众多民俗文化遗产。这里有着原生态的古歌、诗歌、情歌等民间口头文学，有着苗族最为流行的苗鼓舞、绺巾舞等民间艺术，有着瑰丽多彩的挑花、苗绣、织锦、剪纸、首饰制作等工艺美术，有着享有盛名的岁时节庆活动……这里民族风情浓厚，且代代传承。

1. 苗歌

湘西苗族与五千多年前的"三苗""九黎"有着一脉相承的渊源，从史书记载来看，"九黎""三苗"曾广泛活动在一片广阔的大地，后虽分散居住在群山峻岭、深山峡谷之中，他们为了生存，辛勤生产，在劳作之余便会用歌乐的形式来交流思想和感情。这样，歌乐便成了苗族人的一种文化交流的手段。据《中国多声部民歌概论》载："农业的出现导致了人类定居生活的巩固和发展。较为安定的农耕集体生活，为群体歌唱的发展提供了必要的环境和条件。"[①]可以推断，湘西苗歌多声因素也应萌芽于苗族人的农耕集体生活时期，由于定居生活本身的需要和农业生产规模的扩大，湘西多声部苗歌依附于集体劳动方式应运而生。演唱苗歌时，声部此起彼伏，多声特点明显。节奏自由且复杂，在一首歌曲中时常有不少停顿。在多声部苗歌中，高、低声部先后进入，两个声部相互交替流动，有时再加上"拉腔"和"领歌"，同时可唱出三至四个声部来。

苗族能歌善舞，苗歌无拘无束、直露坦率地表达了苗族人的情感特点。无论是真切热烈的情感表达方式，还是审美追求，苗歌都具有超乎寻常甚至有点肆意张扬的特点。人们善用歌唱的形式叙述本民族的起源、

---

① 樊祖荫：《中国多声部民歌概论》，人民音乐出版社1994年版，第17—18页。

男女相爱生子、人们的生活习惯和民俗风情。苗族人的吟唱,语言朴实无华,形式多种多样,却无一不情意绵绵。或赋,或比,或兴,随口成章,歌曲中的形象活泼可爱,意境深远隽秀,是一幅色彩绚丽、多姿多彩的苗族风情画卷。

林农寨的苗歌大多只有同乡人才会唱,也只有他们才能听懂。一方水土养一方人。这里的人们喜欢唱歌,仅腔调就多达十余种,如果按内容来划分,更是数不胜数。俗话说,到哪个山头唱哪个山歌。所以,苗歌的演唱要根据各个场景的不同灵活应变。嫁女结婚有婚礼歌,生孩子有三朝歌,起屋乔迁有贺喜歌。即使在同一个场合唱歌,也不一定会唱一样的歌词。"天上只有雷公大,地下只有舅公大""天上有天公,海里海龙王,地上母舅公"。"娘亲舅大"的习俗在林农也得到了印证,无论红白喜事,舅家人必须前去捧场庆贺,他们是最受欢迎、最为尊贵的客人。自然在整个酒席上,娘舅家这一桌也最热闹,都是由寨子里德高望重、能说会唱的人来作陪,所唱的歌词也与其他客人的不尽相同。

苗歌大赛(林农寨村支部　供图)

每逢嫁娶,林农寨的歌者走东寨、串西寨,进张家、入李家,一天到晚,有唱不完的歌、喝不尽的酒。老人端坐在大门口,年轻人在外门,几乎全林农寨的人都会到场祝福新人。家家户户围坐在房屋旁。此时,林农人往往借山歌来传达心意。歌词多为七言一句,两句组成一联,两联为一首。有时,根据需要可发展到六句以至数十句。只有对上歌的年轻人才能迎娶苗族女性。苗歌曲调朴实,旋律发展大多较为平稳、线条流畅。多声部苗歌是湘西人民非常喜爱的一种民歌演唱形式,它是林农人之间交流感情、思想、文化的方式,它感情充沛、朗朗上口,在苗族人中得以长时间流传。酒至半酣,情到深处之时,歌声四起,猜拳行令、欢歌笑语便洋溢在整个幽静的山村。歌不断、酒不歇,林农人比拼才华、交杯换盏,个个欢乐开怀、其乐融融。

对湘西苗歌的研究,就是对湘西苗歌的另一种发掘与承接。湘西苗歌是民族音乐艺术的瑰宝,遗憾的是它躲不过时间与人为的伤害,大部分已经失传。如今,湘西州各级政府非常重视对湘西苗歌的挖掘和抢救工作。为了弘扬民族传统文化,当地党委和政府积极培养专门人才,对民间流传的资料和口头流传的音乐素材进行收集和整理,并为收集整理工作制定了行之有效的措施。

2. 苗族鼓舞

湘西的苗族鼓舞有庆年、庆神两种,随着人们审美情趣和鼓乐承传的变化,一般在"四月八"、每年春节前后、赶秋、椎牛、丰收喜庆、婚嫁、迎宾客等重大活动里以鼓乐相迎,以鼓乐作为抒发自己情感的特殊方式。林农寨的村民也保留着这样的习俗。

林农寨村民说:"苗鼓是苗族人供奉的圣物,是苗族部落的象征,我们苗族人认为,祖先死后,他们的灵魂安睡在苗鼓里,因而,敬鼓就是祭祀祖先,击鼓则能唤醒祖先沉睡的灵魂,保佑子孙安宁。这是我们苗族人爱打鼓的一个原因。"除了祭祀供奉以外,苗鼓在远古时期也用于战场振奋士气。苗族自古就是一个骁勇善战的民族,远古时期与炎黄部落大战中,人们就是用鼓来振奋士气,激励斗志的。传说蚩尤逐鹿中原时,兵强马壮,每当外族或野兽来侵犯时,往往击打一种叫"哝"(湘西苗语,即"鼓")的器具来召集族人、排兵布阵和鼓舞士气,所以,后来人们也把参加鼓会叫"赶鼓"。自古至今,对于苗族而言,鼓的作用无疑是非常重要的。在迁入深山以后,苗鼓很少在战场发挥作用,但是却成为各个苗族部落之间守望相助的重要联络工具。在交通和通信都不发达的古代深山,苗鼓作为一种打击乐器,因为声音大且响亮、传播远,被用来作为族群之间的联络工具是十分有效的。崇山峻岭中间的苗族山寨相隔甚远,每次遇到一些突如其来的大事,如果靠步行通知其他人往往是来不及的。但是,在合适的地方放置一面大鼓,用约定俗成的敲击方式进行联系,既减少了山间往返的辛劳,也为应对突发事件节约了时间,从而对族群的生存与发展都起到了很大的作用。尽管随着交通和通信工具日渐发达,苗鼓这项功能逐渐消亡,但它在苗族发展史上曾经发挥的特殊作用是不可忽视的。

在湘西的多片苗族聚集地中,林农寨苗鼓文化底蕴深厚、风格独特、历史悠久、形式多样、内容丰富。苗鼓文化在这里尤为盛行。苗鼓对增进身体健康大有益处,深为大家所喜爱,跳鼓表演结合了脚跳、手击、腰旋、体转,多用内功,讲究气质,体力消耗颇大,是一项全身运动的体育活动形式,动作上有高难简易之分,神态上有喜怒哀乐之别,要求套路准确、技术熟练、气质刚毅、功夫精深、富含感情。

苗鼓大赛
(林农寨村支部　供图)

林农苗鼓以生产生活活动为基础,完整继承和发扬了传统的苗鼓套路和技法,把舞蹈技巧动作和传统动作融合在一起。在传统的鼓舞程式中融入各种人们生产生活中的动作元素,如耕田、播种、插秧、打谷等生产动作,以及梳头、洗脸、沐浴、绣花等生活动作,为苗族鼓舞平添了生活情趣。与传统鼓舞表演相比,林农鼓舞内容更加丰富,动作更加优美,节奏感更强,技巧性更大,观赏性更高,形成了自己独特的风格。林农苗鼓为乡村旅游文化增添了内涵和魅力,推动了当地文化旅游产业的发展。

林农寨组建了苗歌、苗鼓文艺宣传队,群众积极参与,十分活跃。常有外乡人邀请林农鼓队前去表演,打鼓也成了林农人一项可观的收入来源。

3 苗医

苗族医药发端于原始社会,盛行于战乱和迁徙时代,苗族医药史书最早记载的是从苗族医圣伏羲的神话时代到苗父和蚩尤所处时代的民间传说。"苗族的农医始祖是神农"和"蚩尤传神药,医治百病"的故事,距今已有五六千年的历史。苗族医药的初期理论,从春秋时代开始就有史书记载,苗族的祖先伏羲和女娲使用医药治病,并且创立了苗族医学的初期理论。据《帝王世纪》载:伏羲"所以六气、六府、五藏、五行、阴阳、四时、水火升降,得以有象。百病之理,得以有类"。"象"是苗语对"血"的称谓。"类"是苗语对"书""理论"的称谓。远古时期的伏羲就总结出了人体通过六气、六腑、五脏、五行、阴阳、四时以及水火升降才生血生精。这些疾病的发病机理,就是苗族医学的初期理论。

苗医源远流长,是苗族同胞世代相传的文化瑰宝,也是我国传统医药宝库中的一部分。在长期的生产活动和与疾病、伤害作斗争的实践中,苗族人积累了丰富宝贵的医疗经验。苗医对病因的认知和对疾病的命名、分类等,皆具有浓厚的民族特色,并体现了一定的规范性。苗族的医药常常与神秘、神奇这样的词汇联系在一起,这是因为苗医自成体系,尤以其内病外治的疗法闻名中外,苗族民间还有"千年苗医,万年苗药"之说。

林农寨有一个世代行医的苗医家族,寨里人们患了大大小小的病都由他们来医治。据这一代苗医所说,人体患病与不良的自然环境、气候有很密切的关系,日、月、寒、暑、风、霜、雨、露、雾都可能酿制风毒、气毒、水毒、寒毒、火毒等毒气,侵犯人体而使人致病。饮食不调、意外伤害、劳累过度、情志所伤、先天禀赋异常等也是导致各种疾病发生的重要原因。苗医诊断以望、脉二诊为主,望可知其表,脉可知其里,需表里结合。苗医用药基本遵循冷药治热病,热药治冷病,以色治色(以红治红,以白治白,以黄治黄,以黑治黑),以形定用(以节治节,以藤治通,以刺治积,以花开滞,以形解形),以毒攻毒,以克为治,以脏补脏的用药规律。受到生活地区的影响,林农寨山中草药繁殖丰茂,发现和研究草药方便。在林农寨,基本家家户户都对中草药有所了解，人们应用草药极为普遍，并且会在自家后院栽种培养一些经常用得到的草药，因而林农寨也有"百草皆药，人人会医"的美誉流传。

三、自然资源

（一）天然氧吧

《山海经·大荒南经》载："有宋山者，有赤蛇，名曰育蛇。有木生山上，名曰枫木。枫木，蚩尤所弃其桎梏，是谓枫木。"《云笈七签·轩辕本纪》载："（黄帝）杀蚩尤于黎山之丘，掷械于大荒之中，宋山之上，其械后化为枫木之林。"传说中涿鹿之战，蚩尤战败，黄帝将蚩尤的双手绑在用枫木制成的桎梏上，然后将其杀害。当时的桎梏化作一棵枫树，伫立于黎山之巅，几百年后的一天，上古女神妞香砍倒了枫树，树根变成布谷鸟和黄鹂，树梢变成吉宇鸟，树叶变成燕子，树疤变成蝉儿，木片变成虱子，树桩变成铜鼓，树心变成蝴蝶……后来，古代苗族把树木作为图腾进行崇拜。苗族人广植和供奉树木，意在祈求村寨安宁、五谷丰登，如果家里人久病不愈，当地人就给树烧香、叩头、挂红，请求祖先驱赶病魔。他们用这种方式纪念蚩尤和蝴蝶妈妈，聚合族众，寄托信仰。

林农寨正如其名，寨子里古树众多，山上林木

林农寨古树（李彦军　摄）

第六章
林农寨

茂密,山下茶园飘香,溪流潺潺,田园风光十分宜人。全寨依山而建,特征可以用"山、溪、林、田、寨"等几个生态景观关键词来概括。林农寨环境优美,自然风景如画,空气新鲜无污染,植被覆盖率高。这里有两棵百年古树"把守"村口,有散布寨内各处的景点,还有满山遍野的板栗树。这里树木遮天蔽日,植被散发出丰富的氧离子,形成一个天然的氧吧。秋天,这里天高云淡,层林尽染。满山的玉米咧开嘴全换上了金黄的新装,厚实宽大的烟叶舞动起沉甸甸的"芭蕉扇"……极目四望,连绵的山峦上重重叠叠的高林矮树,几乎都被金色装点得绚丽斑斓。这幅绮丽中透着无限灵气的水彩画,仿佛哪位名家渲染的佳作。

林农寨三面环山,仅一条主要公路向东经椰木村通往外界,村寨依山而建,且多建在山坳里,大、中、小三个村民小组分别坐落在三个山坳里,三座山犹如三匹奔腾而下的"骏马",而这三个村民小组正好坐落在"马背"上。据介绍,过去村里的老人们相信这种"三马奔腾"的地理位置从风水学上看能为村民带来好运。林农寨小溪流淌,水边有梯田、竹林环绕,郁郁葱葱,美不胜收。寨子里古树有枫香树、黄连木、栓皮栎、板栗树等,特别是国家二级保护植物"乌柿"(金弹子)的古树众多,分布于全村各组。村中村道旁、房前屋后,都种满了金弹子古树,树龄一百多年到千年不等,多在200年以上,千年树龄的多达数十株。金弹子树树干苍劲挺拔,树叶繁茂翠绿,树上结满红红的小柿子,煞是惹人爱。寨子清一色的木房子,依山就势,鳞次栉比,与周围的古树、山林、茶园、小溪交相辉映,构成了一幅和谐、美丽的山水画卷。

这里不但有数不胜数的古树,也有古时承载着全寨人民生计的古井。整个林农寨共有三口古井,每一口井的井水都是经过无数次自然过滤的山泉水,清甜解渴。据说年代最远的一口距今有三百多年,村民时常口口流传的一句佳话"先有井则后有人"。

林农寨古井（李彦军 摄）

（二）茶香小镇

隘门关，地处吉首市马颈坳镇隘口村，是古代南方长城专为湘西黄金茶边贸开设的关口，是湘西黄金茶的原产地，村民自古种茶为业，植茶成景，用茶为药，代代相传。黄金茶氨基酸含量高，汤色翠绿透明且不混浊，入口后板果香和油茶香浓郁，沁人心脾。据《乾州厅志》记载，茶出隘门边卡，社茶专贡皇上，谷雨茶专呈太守，秋茶贩与湖南商人。隘口村不仅是一个苗族、土家族、汉族杂居的村落，也是一个繁华的茶叶贸易市场。

当地茶农说道："吉首老百姓种茶历史非常悠久，老茶户和老茶树存量也不小。先发掘，后推广，当它的历史文化底蕴广为人知的时候，黄金茶走出去指日可待。"湘西黄金茶独特的品质让名人专家点赞，也引得他们纷纷为黄金茶走出山门支招。著名书法家、作家张瑞田建议下一步可以对黄金茶产业进行资本运营，深入挖掘其市场金融价值。利用优势，开拓思路，创新手段，找准亮点，突出特点，占领市场的高点。

"泉香好解相如渴，火红闲评坡老诗。"黄金茶属群体遗传，遗传基因复杂，有多种多样的基因型和表现型，有许多具有特异性的优良单株经过长期自然选择而形成的优良品种，与千百万年前的景谷宽叶木兰在物种遗传学上存在一定的亲缘关系。凡此种种，使得黄金茶具有"四高四绝"特征，"四高"指茶叶内氨基酸、茶多酚、水浸出物、叶绿素含量高，氨基酸含量达7.47%，是同期一般绿茶品种的2倍，茶多酚含量达20%左右，水浸出物含量近50%,叶绿素比对照品种高50%以上;"四绝"指茶叶的香气浓郁、汤色翠绿、入口清爽、回味甘醇。湘西黄金茶素有耐冲经泡、茶香浓醇、回甜留香的特点。时人评价"就像湘西人一样"。普通绿茶偏清淡,冲泡次数较少,可湘西黄金茶口味醇厚,像湘西人一样火辣热情;经泡耐喝,就如同湘西人一样,具有坚忍不拔的韧性。黄金茶的发展赶上了国家发展生态农业、精准扶贫的政策,是天时;山好、水好、土壤好是地利;湘西人个性与茶叶品质的结合是人和。天时地利人和皆备,湘西黄金茶前途无量。

林农寨以种植业、养殖业为主产业。黄金茶叶成为脱贫致富奔小康的一项支柱产业。随着茶产业的发展,如今村民的人均年收入达到6000元。目前全村共有茶园3650亩,林农寨的地理位置上的优势使这里富产优质高山云雾茶和湘西黄金茶,村域种植面积达15000亩,被誉为种茶"吉首第一村"。作为湘西黄金茶的原产地,这里也是明清两朝湘西唯一的茶叶贸易市场,是湘西茶马古道的起点,村民自古就有种茶传统,苗族制茶技艺口口相传,延绵不绝。茶是林农寨的主导产业,是林农寨的生命线。林农村支部带领群众,在茶叶种植、茶叶加工、茶旅服务等行业发展的过程中,每个阶段都走在湘西黄金茶产业发展的前沿。寨内的黄金茶叶通过网络、批发、公司合作等渠道进行销售,发展基础良好。林农寨也随着湘西黄金茶走出湖南,走向全国,走向世界。

林农茶园(李彦军　摄)

如今靠开垦荒山扩大种植规模来增加收入的粗放生产已经没有出路,林农寨在提升原料品质上下功夫,用"三加、四化、四统一"的精细化管理模式替代了产业发展初期的规模化扩张模式,茶园培管向资源节约型、环境友好型、生态高效型方向发展,打造有机茶谷。隘口村已经与中国科学院的陈宗懋院士团队合作建设"隘口万亩茶园绿色防控基地",用生物防治替代化学防治,用生态控制守护食品安全,其范围涵盖全村茶园。林农寨将茶叶产品加工标准化,从茶叶采摘、卫生条件、加工设备、加工流程、产品包装、储藏等程序标准化入手,走规范化加工生产道路。将茶产业链向生态观光型链条延伸,为第一、二产业向第三产业转移创造条件。

林农寨也十分重视保护珍贵野生茶叶资源,为子孙后代"留家产"。湘西黄金茶来源于村民房前屋后的野生茶树,现在广泛种植的"黄金茶一号""黄金茶二号"等当家品种就是从野生茶树上遗传的单株选育而来。如今经过多年精心选育,林农寨将各类野生种质资源进行了集中保护,众多单株仅从叶片看就有尖有圆、有绿有紫、有厚有薄、有大有小、有平有卷,保留了大量品种繁育最基本的基因,具有唯一性和不可再生性,形成了具有重大科研价值、产业价值和文化价值的自然遗产,是湘西黄金茶产业得以持续发展的资源保障。如今,茶园漫山遍野、错落有致、渐入云端,游客采摘嫩叶入口即食,林农片区已成为湘西高端茶原料基地,影视拍摄、科学考察、培训实习、技术交流、开茶庆典等活动络绎不绝,茶山已成金山银山。

林农寨文化底蕴深厚,村民热情好客,勤俭朴实,民居保存完好。林农寨传统村落深厚的乡土文化底蕴,古色古香的苗寨古建筑群,优良的生态环境是吸引游客返璞归真、回归自然的重要原因,是村落可持续发展的动力。2019年6月,这里入选第五批中国传统村落,地位得到肯定和提升。林农寨基于吉首市在旅游产业的已有基础和广阔游客市场,结合周边旅游景点多、知名度大等优势,获得了新的发展机会,景区发展带动作用明显,区域联合发展局面向好,旅游市场较为广阔。但是公共配套设施欠齐全,服务配套标准偏低,文化娱乐设施、村部等公益性设施短缺,产业结构还未形成规模,农业生产与旅游观光相结合的建设有待加强等问题也客观存在。虽然潜在资源开发很多,但目前寨中精品旅游项目少,仍需政府深入挖掘,实现传统文化与旅游开发并行。

今后,林农寨应结合传统农耕文化和自然地形,依托山水资源,精心设计,把产业资源转换成为生态和旅游资源。未来可利用茶旅优势,充分发掘和保护古村落、古民居、古建筑、古树名木和苗歌等苗族传统民俗文化等历史文化遗迹遗存,优化村庄人居环境,把民族文化底蕴深厚的传统村培育成传统文明和现代文明有机结合的特色文化村。积极利用已有的传统优势资源——茶产业,继续强化其传统优势地位,将茶文化注入产业中传承发展。采取提升茶叶种植质量、完善深加工产业链、扩大品牌影响力的技术路线,走一条生态文化与经济双赢的共生发展之路。在其基础上附加旅游业,发展"传统特色产业+旅游"复合型产业模式,以传统优势产业为主、旅游为辅来进行保护发展。在复合型产业模式中,弱化旅游业的比重,发展无功利性的旅游,使古村免遭人为破坏。

(本章由李彦军、蔡卓嵘、郭振撰写)

第七章 齐心村

齐心村坐落在云贵高原边缘的腊尔山台地,去岸高山,数峰云断,是吉首市海拔最高的古村落。齐心村历史悠久,民俗文化资源丰富,传统建筑不仅具有湘西苗族的地域性特征,同时兼具军事寨堡的特征。古时村民用青石板为原料垒起了寨堡,至今这里仍保留着明清时期的建筑风格,对研究古代军事、宗教、艺术、建筑等都具有较高的价值。2013年8月,齐心村被列入第二批中国传统村落名录;2014年被列入"十二五"时期全国少数民族特色村寨保护与发展名录。

第七章 齐心村

一、村落概况

（一）地理生态环境

齐心村①位于两县市五乡镇交界处，它紧邻社塘坡乡的西南端，北与十八湾村相邻，西部和南部与凤凰县禾库镇相接，东与关侯村主体相连。村道直接通向乾州黄石洞公路的乡道，往南连接县道，周边环绕着乾州古城、凤凰古城、芙蓉镇、里耶等著名景点，这些为齐心村的旅游发展带来了一些契机。

为了更好地发展特色民族村寨旅游，齐心村以村中公路为界，拉起了传统建筑"保护防线"。公路一侧是旧村寨，分布着石屋、古巷道、石碉楼、古井等传统建筑；另一侧是新村寨，是多数村民如今的居住地，新村寨里的建筑不要求以青石板为原材料，但也需要与传统建筑的风格保持一致。

齐心村全貌（何立华　摄）

---

① 齐心村原属社塘坡乡，后撤乡并镇，社塘坡乡撤销，并入乾州街道，现在的叫法应是乾州街道关侯村齐心寨。根据当地习惯叫法，本书仍称其为"齐心村"。

天作高山,山险谷深,复杂的地形成为齐心村天然的屏障。齐心村海拔750~800米,村落坐落于煸逮山北侧平缓坡地,地势中间高南北低,呈凸字形,总体较为平坦。北面有深谷天险,东、西面均为煸逮山的支脉山包,宛如青龙白虎护住村落左右,入村道路位于东西两侧山包间的垭口地段。村落仿佛坐落于一把自然山水形成的"太师椅"中。

村寨总面积2.8平方千米,耕地441亩,稻田340亩,山地面积2001.8亩,2009年,为响应国家政策,退耕还林200亩。全村属于亚热带季风性湿润气候的高寒地区,年平均温度为16℃至18℃,年降雨量1200毫升左右。村内冬暖夏凉,气候温度条件适合居住。村中多为青砂土壤,土地资源较为贫瘠。

险要的地势一方面使齐心村成为湘西现存的保存最完整的石头村,另一方面,也让村落与外界的交流变得困难。要到齐心村,乘车至山脚后须换乘底盘更高、动力更足的车辆,必经的公路在山中盘旋转折虽多,路面却修理得清晰平整,警示类路标也十分齐全。可以看出,当地为行车安全付出了很多努力,这也是吸引游客的必备要素。通往齐心村的沿途皆是风景,旅行者不觉便会沉醉于秀美的自然风物之中。车辆行驶山间,抬眼是群峰竞秀,积翠堆蓝;垂目是溪流萦回,清泉甘冽,谷底还嵌有一块"碧玉"——黄石洞水库,这也是吉首最大的水库,集养鱼、发电、休闲等功能于一体。

若是在库区内乘一艘游船一路往西,至两岔河下船,上岸便进入了一段通往西南的古商道——茶马古道。"羌马与黄茶,胡马求金珠。"古时候人们正是通过这条栈道连川接藏,历代的商户们雇佣民工做挑夫,少则几个人,多则四五十个人组成"肩膀队",长期往返在路上,将大批货物运往如今的不丹、锡金、尼泊尔境内,最远可以抵达西亚、东非红海海岸。自谷底的栈道向上望去,两侧皆是高山断崖,如屏如障,五色斑驳的石壁和郁郁苍苍的丛林掩映着苗王吴八月炼火药、造土炮的"库打鬼"和"编硝洞",洞内的山泉水从石壁渗出,混着细沙滴落在黛青的岩石上,令人不得不感叹大自然的鬼斧神工。

第七章
齐心村

古商道遗址（金地 摄）

这段几千年前遗留下来的古商道被复杂多变的山与水藏匿起来，隐蔽而幽静，一度成为动乱年代很多人逃往贵州的一条"求生道"。如今，随着时代的变迁发展，曾经保护着一众百姓的峭壁悬崖变成了齐心村与外界交流的阻碍；曾经连通西南、繁盛一时的古商道荒草丛生，早已弃用，齐心村也成为"高山遗珠"。

从山脚到达山顶大概需要半小时的车程，站在刻着"齐心村"三个大字的寨门向内望去，便能看到先辈们就地取材、以青石板为原料垒建的房屋和小巷。这些石屋基本都是明清时期的建筑，直到现在也很好地延续了明清时期的风格。对于这样一座令人一踏入就"忘路之远近"、仿佛进入另一个世界的古老村落来说，"齐心村"的名字似乎显得过于富有时代特色。其实，"齐心村"名字的变化也见证了历史的沧海桑田。

（二）村落历史

地处腊尔山边缘的齐心村原名"构捏"，相传是因为苗族群众在明代洪武年间的某一个狗年从凤凰苗禾库镇搬迁落居在这里而得名"狗年"，即"构捏"。还有另一种说法认为，"构捏"这个名字来源于苗族古老的传说。"构"是苗语道路的意思，"捏"是苗语水牛，"构捏"即水牛的路。又传，此名与一则传说有关。几百年前，当地村民多次丢失水牛，顺着水牛的脚印找到了这一水土肥沃之地，于是从凤凰县禾库"不忧"搬迁到此处定居。

类似这样的传说还有很多，比如城步苗族自治县东部山区的兰蓉乡和白毛坪乡，民国以前叫作拦牛峒，"拦牛"是说要把仙牛挽留下来，而拦牛峒，就是挽留仙牛的地方。再比如，吉塘坡乡的牯牛坡，相传很久以前从云贵高原过来一头大青牛，走到这湖边时深喜此地风光绮丽、水草肥美，于是栖居下来，牯牛坡因此得名。传说无从考据，但不难看出牛在苗族人心目中有着十分重要的地位，齐心村现在还保留着原始的苗族祭祀活动，其中主要仪式就是"接龙"和椎牛祭祖。

乾州、凤凰二厅的设置是湘西改土归流的开始，在这之后，齐心村等腊尔山边缘的一些苗寨被划入乾州厅属地。雍正五至八年（1727—1730年），永顺、保靖、桑植等土司先后革除，并入永顺府。地处腊尔山北麓的苗族聚居区，已经完全处于清王朝地方行政区域和政治军事势力的包围之中。据记载，雍正六年（1728年），清政府诏湖广总督、湖南巡抚带兵平六里，设"六里同知"，后改名"永绥同知"。三厅归流后，清王朝采取了一系列的措施，以逐步建立和巩固在湘西的统治，此时的齐心村被称作擒头坡。

中华人民共和国成立后，擒头坡更名为齐心村。1952年，齐心村隶属社塘坡人民公社管辖。1978年撤社设乡，将齐心大队改为齐心村。2004年，齐心村与关侯、龙牙三个村合并为关侯村。2017年因撤镇并乡，原隶属于吉首市社塘坡乡的齐心村，现隶属于吉首市乾州街道。

（三）村落人口

根据资料记载，齐心村村民主要以吴、龙二姓为主。全村辖2个村民小组78户328人，是一个具有苗族特色的村落。苗族多有拜山取名之说，多以住处所靠山水来取名取姓。苗族人崇尚自然，对龙特别崇敬，认为龙是吉祥、多福的象征，能给人带来好运和康宁。但齐心村的取姓方式却并非如此，其中龙姓是采取汉化取姓的方法。明清时期实行改土归流，西南少数民族使用汉姓，湖南又是汉族龙姓大省，所以此处的少数民族大多改姓龙姓。

一方水土养育一方百姓。民族文化同样也需要居住在这片土地上的人民去传承。一方面,随着青壮年劳动力的流失,齐心村出现了"人口空心化"的情况,承载着厚重历史的旧石寨慢慢沉寂。另一方面,在吉首市政府发展民族特色村寨旅游的大潮流下,齐心村作为中国传统村落,十分重视对传统建筑的保护。但齐心村的石屋几乎都坐落在崎岖的山路上,垒砌和维修的原材料又必须使用青石板。除此之外,由于要延续明清的建筑风格,旧石寨的房屋结构与现代建筑有很大差别,这进一步提高了维护的成本和难度。为了生活便利和获取更高的报酬,越来越多的年轻人搬入新石寨或是更远的乡镇。夕阳余晖中,就像我们所看到的,在时间静若止水的齐心村,更多的是老人和小孩在留守、在等待、在期望。

(四)物产与特色

高山天堑的天然屏障和繁盛一时的古商道一度让齐心村在历史上至关重要。然而时代变迁,曾经的地理优势变为如今的交通限制,曾经沟通外界的商道变为如今的山高水险。在改革开放之前,齐心村经济发展落后,过着以农业种植为主、养殖畜牧为辅的生产生活。当时的主要农作物有水稻、玉米、生姜等,畜牧养殖则以养殖牛羊猪等家畜为主。村民生活大多自给自足,生活依靠每家每户种些庄稼,自家织布做衣服。

2004年通路后,情况有所改善,村里经济开始有了发展。在政府部门的带动鼓励下,齐心村村民尝试发展特色产业,种植金银花、烟叶和反季节蔬菜等,并在原有畜牧产业基础上,推动大户带动小户发展生猪养殖业。村里居民收入得到大幅度增加。

不过,在自然条件的限制和其他村寨的竞争下,发展特色农业的产业模式逐渐失去优势。不少青壮年为了谋求更高的经济收入而外出务工,甚至搬出村寨,致使村中人员短缺。少数留在当地的人,也大多在社塘坡乡或乾州城工作,方便照顾家中老幼。齐心村出现了"人口空心化"的问题。村里生活的村民大多是年迈的老人和年幼的孩童,老人种些庄稼果蔬,小孩翻山越岭去读书。一部分土地被荒废,资源得不到有效利用;一些石板屋因长时间无人问津而荒草丛生,一片荒凉。

随着时代发展,齐心村的经济发展转为依靠特色民族村寨旅游带动。但由于交通不便、产业模式单一和基础薄弱,仍然无法阻挡劳动力的大量外流。齐心村只有一条不足3米的盘山公路通往市区,且蜿蜒曲折、坡度陡峭,熟知山路的当地人开车都十分谨慎,更遑论外地游客。遇到雨雪天气,通行更是不便。据石永照老人告知,村民们吃穿用度基本自行解决,整个村子5天才会赶一次集。

为最大限度地保存传统建筑格局、保护自然生态与和谐环境,齐心村的土地利用模式主要为耕地和林地。由于土壤贫瘠和交通不便,一大部分耕地要满足村民自身的生活需求,用来种植普通的瓜果蔬菜。养殖业也只是家养零散的鸡鸭猪牛等,仅供自产自销。近年来,可视为特色产业的养殖业为村民带来了一定的创收。

(五)经济社会发展状况

目前,齐心村修缮了路灯、水泥公路等,村民与外界的沟通得到了基本保障。在教育方面,齐心村认真落实"两免一补"政策,全村适龄儿童入学率达100%。在医疗方面,村内医疗政策普及度高,新型农村合作医疗参合率达100%,农村救助对象实现应保尽保。但村里没有治病就医的地方,村民若是生了病,看医生只能到山下,去社塘坡乡、乾州街道找医生。村内设有一个助农取款代办点,定期开放。全村还实现了广播电视数字化平台全覆盖,走上新农村发展道路。

在齐心村公路左侧的旧石寨里,有一栋建筑全部由青石块垒出,却又与右侧的新石寨紧紧联系在一起,它就是"齐心小学"。齐心小学是齐心村唯一一所学校,由爱心人士和机构于2014年援资建设。该小学仅设置了一、二两个年级,每个年级只有一个班,教师资源尚待丰富。在这里上学的大多是些留守儿童,如果孩子们想要读更高年级,就需要到山脚的社塘坡乡。

第七章
齐心村

齐心小学（金地 摄）

　　站在齐心小学门外向内望去，一眼便能将整个学校收于眼底。屋顶的瓦片、石墙的角落都覆盖着一层薄薄的青苔，教室前的空地上仅安置着两个设施——篮球架和升旗台。低矮的围墙似乎拦不住郁郁葱葱、肆意生长的林木，要是没有篮球架，齐心小学有点像是古时候深山里幼童求学求知的私塾。

　　从山上往回走，夕阳的余晖落入石屋寂寥的瓦片里，铺在庭院的野草上，将石屋笼罩在一种让人微感低迷的情绪中。绕过错落有致的石屋，穿过古朴静谧的青石巷，站在分割新旧村寨的公路上，眼前是被漆得雪白或淡黄的双层洋房，墙壁上挂着空调外机，防盗网、玻璃窗一应俱全，年轻人和小孩大多穿着T恤短裤，与其他村庄并没有什么两样。

　　日头落尽，云影无光，两侧的山与树渐渐隐于天边淡紫的暮色。三三两两的人站在一起聊天，妇女们在石板做成的水池里洗衣服，年幼的孩子围在水井边嬉闹。这时路过一位老人，据向导石老先生说老人今年九十多岁，已经有些听不清楚，但身体还是很硬朗。有人和他打招呼，老人即便听不清内容也会笑着回应。虽是盛夏，老人却还穿着藏蓝色外套和黑色长裤，头顶戴着的帽子遮不住两鬓的斑白。一辆汽车从新石寨不知哪户人家的院子里开出来，或许是要驶向山下的城镇。老人背对着离村的公路，一步一步缓慢地走向沉默而孤寂的旧石寨。

二、文化遗产

(一) 物质文化遗产

1. 古朴石屋

百年转瞬即逝,曾经厮杀激烈的古战场如今成了村民"晒秋"的首选之地。豆角、薄荷、狗尾草……各种顽强的小生命从石板的缝隙中努力探头,汲取阳光。村寨里矗立了百余年的石屋、用来侦察敌情的石碉楼,以及有些风化的古城墙还在书写记录着齐心村不凡的历史。

全村共有石头屋50多栋,石板路1500多米,明代石门17个,石碉楼2栋及遗址4处。齐心村坐落于高山之上,周围多有沟壑、河流等自然屏障,地势险要,视野开阔,且只有一条路可上,易守难攻。独特的地理位置决定了这里的建筑具有军事防御作用,是特定历史条件下的产物。村民就地取材,使用当地坚硬的青石板作石料,垒起寨堡。为延续自明清以来的建筑风格、保护特定的历史文化,当地政府拉起了一条"保护防线",防线以内,不论是新增建筑或是房屋修缮,都以青石板为原料,维持原有的建筑风格。村里的公路刚好将新旧建筑分割开来,左侧黛墙黑瓦,每一块石板在阳光下都泛着青灰的微光;右侧洋房新楼,光滑的墙面与屋檐传递着现代的气息。

齐心村石板房(金地 摄)

第七章 齐心村

沿着石级走在村中，黛青的墙、乌黑的瓦与周围空翠的竹林极其谐和。院落的布局、房屋的建造、大门的设置都遵循一定的规矩。房屋格局基本相同，正屋大体上是三开间一幢，较富裕者则五开间为一幢。大门开在中间屋子的两个柱子之间，呈"凹"字形。大门之内为堂屋，左右两开间又各隔成两间。右边靠里的小间，是主人夫妇卧室，外间安火塘，左边为儿女住房。厕所、猪牛圈设在正房之侧，有条件的人家还在正房前侧左右两边设偏厦。偏厦之上住人，其下一边安谷仓，一边安厕所及猪牛圈。

石墙一般有半米厚，为防匪防寒，石屋窗少且小，且结构十分精巧，主人可以透过窗户观察石屋外的往来行人，外人却只能通过窗口看到错落有致的石块。石屋内的光源来自小窗和某些石墙漏光，因此屋内偏暗，屋前的坪场是用大块的青石板铺就的，干净规整，方便晒谷。石屋内外，更有随处可见的石桌、石撵、石磨、蓄水的石砌井等，自古沿用至今，几乎都是由房屋主人亲手打造的。古时为防匪患，村民修建了石门、石碉楼，在村子东、西、南、北四方修建了护村堡。修筑所用的石头大小不一，如同泛着碧光的黑色玛瑙，若是天气晴朗，寨里的石碉楼恰巧映着日落，肃穆的城墙与堡垒皆为夕阳的黄色，若是轻烟细雨，雨水在石隙的青苔上砸落点滴水涡，黛色的古石在无声的浸润下越发形如碧玉，笼上一层缓和的青烟。漫步在窄巷中，看着古老的石块再次熠熠生光，每一条纹路都更加清晰。为了更好地了解齐心村的历史与民俗，笔者拜访了石永照老先生。石老先生原来是吉首市社塘坡的一位人民教师，曾任吉首市第二、第三届人大代表。退休后，石老留在了齐心村，向慕名而来的游客和国际友人细数齐心村的历史变迁和石屋堡垒背后的故事。石老先生的住所当年正是吴八月起义军的指挥部，对面的石碉楼就是为了防御和监视清兵而建，楼顶

齐心村石屋（金地 摄）

小孔用来射箭。石碉楼的大门处有一根石柱,粗大刚劲,却被折断,有修补的痕迹。石老说,当初吴八月带领起义军在寨子里和清兵巷战,清兵几天几夜攻不进院子,最后将门柱打断才得以进来,倒下的门柱还捣碎了院子里许多的石板。

2. 青石窄巷

石板砌成的青石窄巷也是齐心村的独特风景。全村有1条石街、7条石巷,总长1500米。石街宽2米,青石巷最深处3米,最窄处1.5米。小巷曲径通幽,石蹬回环,连踏不穷。

齐心村的石头建筑物追溯其历史远达五百载,近有两百年。星移斗转,岁月留痕,如今,村民们依然踏着泛着幽光的石板路,依旧使用着石头凿成的石碉楼、石门,依旧沿用祖辈们留下的石碾、石桌、石凳、石磨、石碓、石臼、石舂、打粑槽等生产生活用具,如同在闹市中固守着自己的一片"桃花源"。

齐心村有一条"八月路",沿着"八月路"的指示牌拾级而上,就踏上了其入口。石阶的缝隙里生出几丛杂草,百余年前的战火如今被一片生机盎然的绿意覆盖。

"八月路"是吴八月起义军为抗击清兵修建的古道,道路垂直而下,其险要程度堪比蜀道。途中有个叫"南天门"的露开洞,洞门高20余米,洞口宽1米。该洞居高临下,山高坡陡。吴八月义军就凭着这一天险,仅用石头就击溃了清兵数次"追剿"。南天门下方有一炮台遗址,站在此炮台

齐心村青石巷(金地　摄)

处向上望去,几十丈高的瀑布飞流直下,银色的水花击落在黧黑的石壁上,分股而下,碧色的丛木掩映其间,俨然一幅浑然天成又色彩明艳的画卷。不待靠近,耳边是"轰隆隆"的水声,鼻尖是芬馥的花木气息,面上似有湿润冰凉的水汽袭来,令人不免在心中赞美叹息。

"八月路"入口(何立华 摄)

沿着"八月路"一路向下,可达"库打鬼"和"编硝洞"。起义期间,为了扩充实力,吴八月义军将"高拉机"坡脚的"库打鬼"洞当作兵器粮草库,兵器库的南下方,约200米处又有一大溶洞,即"编硝洞"。洞内有极丰富的矿泉水资源,他们在洞内熬硝制硝、制火药、造土炮、打战刀。加工后的兵器全部收藏在"库打鬼"洞内。为了保护好这两个洞,他们曾在"高拉机"的坡顶上筑了一座瞭望台,以便监护两洞周边的情况,此地叫作"盖情"(意为山顶上的城)。

(二)非物质文化遗产

1. 悠悠苗歌

沈从文先生在《湘西苗族的艺术》中谈道:"(湘西苗族)任何一个山中地区,凡是有村落或开垦过的田土地方,有人居住或生产劳作的处所,不论早晚都可听到各种美妙有情的歌声。当地按照季节敬祖祭神必唱各种神歌,婚丧大事必唱庆贺悼慰的歌,生产劳作更分门别类,随时随事唱着各种悦耳开心的歌曲。至于青年男女恋爱,更有唱不完听不尽的万万千千好听山歌。即或是行路人……问路攀谈,也是用唱歌方式进行的。……用歌词来叙述,即物起兴,出口成章,简直是个天生诗人。每个人似乎都有一种天赋,一开口就押韵合腔。"①

以前在齐心村,凡"三月三""四月八""六月六"以及赶秋节等节庆民俗活动,男男女女都会用苗歌、苗鼓、舞狮等庆祝。据史料记载,"鼓脏跳至戌时乃罢,然后择寨旁旷野处,男女各以类聚,彼此唱苗歌,或男唱女和,或女唱男和,往来互答"。②

2. 祭祀习俗

还傩愿,苗语中叫"冲奴",是古代苗族祭祀活动的主要仪式。

齐心村从历史上一直过苗年,改土归流后开始和汉族一样过春节。在苗历中,月有月节,年有年节,还有其他节气。苗族信奉"万物有灵",但凡过节都敬天、敬地、敬家先、敬土地、路桥、树神等。苗年与汉族春节一样,一年只过一次,时间在秋后,农历的九月至正月,历时3~15天。

过苗年除了到土地坛祭祀外,还设有专门的祭坛,即年祭坛。祭祀时,不能有外姓人参与,家家户户关门静坐,忌哭闹,忌学猫狗鸡鸭等叫,忌出血等。一般会安排一位年长的男性当"王姬",一位年轻男性当报晓鸡,"王姬"宣布过节过年了,扮报晓鸡的人便边走边敲锣边扮鸡叫,人们听到鸡叫就开门,之后,小孩可以哭闹,外姓人可以前来拜访,出嫁的姑娘也可以回娘家省亲。这一仪式象征着大吉大利,开始新的一年。

3. 多彩苗绣

苗绣是苗族文化另一深刻印记。每件现行苗族服饰的款式和相关饰

---

① 沈从文:《沈从文散文》,浙江文艺出版社2019年版,第206页。
② 《宣统永绥厅志》,《中国地方志集成·湖南府县志辑》,江苏古籍出版社2013年版,第117页。

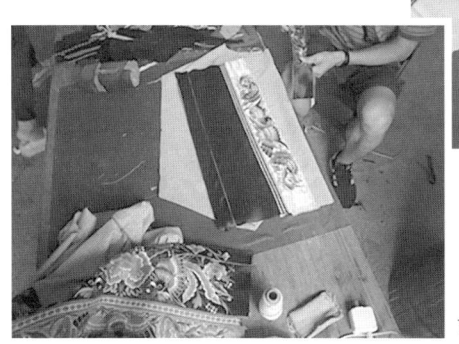

苗绣图案（何立华　摄）

物几乎都蕴含着极为古老的文化内涵。一定的服饰符号系统与相应的史诗、神话、传说、习俗解释构成了全面阐释系统，起着沿袭传统、追根忆祖、记述往事、储存文化信息的巨大作用。在少数民族服饰的百花园中，苗族服饰最能系统地体现祖源与战争迁徙这类历史意识。

从做苗绣的大姐和遇到的其他穿苗族服饰的村民身上可以看出，齐心人的纺织品、衣着还保留着独特的古韵。女子穿大襟右衽上衣，着宽脚裤，衣袖和裤脚边缘有宽大花边，头缠布头巾，戴耳环、项圈、手镯等饰物；男子多着大襟或对襟短衣，下穿长裤。有些村民还自己织布、打花带和自制苗服。

"骏马飞渡"是凤凰、古丈这一带最流行的花边、花带图案，其特点是色调古朴，素雅大方。纹饰中一条洪水滔滔的大河，苗语叫作"埋迈埋清"，即"浑水河"之意。花边图案是由无数个像马的花纹组成的，相互连成一串横贯河水中间，表示万马飞渡黄河，驰骋中原。湘西苗族大多居住在海拔较高的峻岭山麓，既少有饲马、骑马的现象，又鲜有大江大河乃至海的存在，更无城市、平原的踪影。其服饰把骏马飞渡、大河波涛、城池、平原、长江、黄河、洞庭湖、苗王印等图案视为必不可少的母本图案，侧面反映了苗族先祖因战争失利，被迫从中原迁至西南山区的迁徙过程。

（本章由何立华、金地撰写）

第八章　小溪村

名为"小溪村"的村落全国不下百个,吉首市小溪村无疑是个中之明珠。小溪村是吉首市原始生态及历史建筑群保护最完好的村寨之一。小溪村依山傍水,风光旖旎,四面环山,被3000余亩的原始次生林环绕,龙舞河沿东北方向呈"S"形穿流而过,田园村庄布局在溪水两岸,民居古朴,曲径通幽;洪家大院以及其他各类传统建筑、古城墙也都保存完好。置身其中,历史的厚重感扑面而来。2012年,小溪村被列"十二五"时期全国少数民族特色村寨保护与发展名录;2013年8月,小溪村被列入全国第二批传统村落名录。

第八章 小溪村

一、村落概况

（一）地理生态环境

小溪村位于湘西州府吉首市西北郊,隶属于湖南省湘西土家族苗族自治州吉首市峒河街道,处于吉首城区与己略乡的接合部。峒河街道位于吉首市城区北部,成立于1982年,街道东邻太平乡、河溪镇,南与镇溪街道毗邻,西与

小溪村村口石碑(纪飞阳 摄)

寨阳乡接壤,北与己略乡、马颈坳镇相连,是吉首市金融、教育、物资集散运输中心和交通枢纽,其中小溪村就位于峒河街道的西北角。

小溪村属于亚热带季风气候,四季分明,冬暖夏凉,春秋温和,冬长秋短。年平均气温16.5℃,1月平均气温5.5℃,7月平均气温27.7℃;极端最低气温－3℃(1997年1月30日),极端最高气温38.3℃(1972年8月27日);生长期250天,无霜期最长286天,最短274天,年平均日照数2190小时,年平均降水量1440.7毫米,极端年最少降水量400毫米。

小溪村村域以中山地貌为主,多有悬崖峭壁、高峰重峦,这里山大坡陡,山脉多北东走向。村子整体由3个自然寨组成,分别是小河、大寨和排坨,3个寨子互呈犄角之势而立,小河相较于大寨和排坨,地势较高,也更为独立,位于小溪村的西面,大寨和排坨在地理位置上更为亲密一些,分别位于小溪村的南面和东面。村子总面积达8.3平方千米,其中包括稻田650亩、旱地654亩以及椪柑850亩,周围是3000余亩的原始次森林和

王爷桥（纪飞阳　摄）

三王庙遗址（纪飞阳　摄）

龙舞河（纪飞阳　摄）

5000多亩的人工林。

步入小溪村，越过村委会门前写有"小溪村"三字的石碑后，最先映入眼帘的是鳞次栉比的青砖黛瓦。沿着修建好的水泥路拾级而上，左手屋边有一水塘，水塘上有座王爷桥，说是王爷桥，其实不过是一座两三步路即可跨过的小桥。水塘后是村民居住的屋子，而王爷桥则是通往寨中的捷径小路。据带领我们参观小溪村的石姐姐介绍说，水塘边屋子后面的坡上，原来有座三王庙，是现在雅溪三王庙的前身，只是现在已经拆除，仅剩下一片空地。

继续沿着水泥路蜿蜒而上，便可看见一条河水穿村而过，这是环绕上游己略乡的龙舞河，河水清澈见底，上游水流落差较大处，水势湍急，甚至能听见隐约的轰鸣声，但流经下游，水势变缓，缓缓流过脚边的村道。

顺着左手边的台阶拾阶而上，沿着河边逆流而上，步行几分钟，便看见一座桥横跨龙舞河之上。

询问村民后得知，桥的这头即为大寨，对岸是排坨。桥边生长有参天古树，枝干苍劲，郁郁葱葱，生机勃勃，树下有一口无名古井紧邻河水，据说晴天时，会有村中妇人在此浆洗衣物，浆洗时会随口哼着自创的苗歌，但因探访时下着小雨，无缘得见。河边有村民在撑伞垂钓，脚边的水桶里已有几尾小鱼，颇有种怡然自得的乐趣。继续沿着河水溯游而上，被山谷阻挡的河道逐渐变得宽广，右手边大片的良田骤然出现在眼前，虽是阴雨天，却有种守得云开见月明的豁然之感。地里各色的农家小菜一样不少，扛着锄头和背着背篓的村民,在乡间小道上缓步而行。临近中午,前方的屋内已有辛勤的妇人在准备午饭,袅袅炊烟伴着雨幕,一派祥和景象。

小溪村古井(何立华 摄)

继续前行数十步,遇见一岔路口。沿着右手边的村道,在良田中穿梭而行,一栋栋村民屋舍逐渐落在身后,前方是一个小山坡,山坡上修建有一凉亭,名为清风亭,是农忙时村民休息的场所。凉亭,包括亭子的顶部全部由木头搭建,不含一块砖石,造型古朴,技艺精湛。据说亭子下面原有一条古道,可以直接通往贵州,是原来商人来此经商的必经之路,但现在因时间久远,被郁郁葱葱的树木遮挡,看不见踪迹。

小溪村河中小道①(纪飞阳 摄)

---

① 小道上的人是上文中提到的向导石姐姐。

沿着来时的小路折回,在岔路口处继续向前,走近时才发现,原来先前袅袅炊烟升腾的地方,是一排农家乐小院,村民正在收拾打扫。因河道相较先前更为宽广,河水在此处也变得更为平缓。河水变浅,露出了一片石滩。此时小雨稍歇,此处的水面不过孩子大腿深,水流平缓,所以小河中已有不少孩童在嬉戏打闹。

河中有条小道可达对岸,对岸有一山洞,名为"别有洞天",据说是20世纪70年代为了农业发展而建造。进入洞内,视线昏暗,只看见远处有一亮光,借着微弱的光亮,在洞内顺着小路,沿溪水逆流而上,左边是石壁,右手边水声隆隆,虽看不真切,却足以感受到水势之湍急。走出洞口,便到了另一个寨子——小河寨。沿着溪水边的小路,跨过洪家桥,便真正进入了小河寨的地界。洪家桥,顾名思义,这个村寨的居民多姓洪,名声在外的洪家大院也在此寨中。

洪家桥(何立华　摄)

小溪村深藏在崇山峻岭中,3个寨子之间相互不过几分钟的脚程,但先前在大寨和排坨,却无法得见洪家大院的踪影。

小河寨的屋舍相对更为集中,以洪家大院为中心,层层排开,仿佛侍卫拱卫着这段无声的历史。

(二) 村落历史

风吹荷花香入鼻,满眼翡翠绿透心。漫步小溪村,阵阵荷香徐徐飘来,一池荷花映入眼帘,荷塘旁一座洪家大院,静静伫立了150多年。小溪村的故事便从这里开始说起。

苗族的大姓包括吴、龙、廖、石、麻,但小溪村居民的姓氏多以洪、石为主。

第八章
小溪村

据传,其中的洪氏居民便是太平天国领袖洪秀全的子孙。洪家大院是由一位名叫洪廷佐的人建造的,其身份因时间久远,已不可查,但众多学者根据相关史料事实和遗存物件推断,洪廷佐就是太平天国首领洪秀全的后裔。据史料记载,洪秀全共有五子,其长子洪天贵于太平天国失败后被杀,其余四子下落不明。"左军主将"翼王石达开肩负着"羽翼天朝"的重任,太平天国"天京事变"发生后,面对内外交困、前途未卜的局面,石达开为挽危局,决定率军西征,又为了保护洪氏血脉,他带着一位传教士携洪秀全一子随军。据推测,此子便是上文中提到的洪家大院建造者——洪廷佐。

在村民们口口相传中得知,洪廷佐在小溪村安顿下之后,为掩饰自己的身份,但又不忘提醒后人自己的特殊血脉,便采取了如下举措。

首先,洪廷佐声称自己是由保靖迁来的商人,看小溪村山清水秀、与世隔绝,仿若一个世外桃源,便决定定居于此。为了不让村民们怀疑自己建造洪家大院的资金来源,便借口其金银是由仙人所赐,以消除村民的疑虑。

随后,洪廷佐在小溪村附近的山顶上修建了雷公坡寨堡,以便居高临下地进行侦查。由于小溪村的地理位置特殊,洪家大院所在的小河寨相较于大寨、排坨两个村寨而言地势较高,并且较为独立,所以,洪廷佐将随行官兵分散安置在小溪村的大寨、排坨两个村寨,以起到屏障保护的作用。

紧接着,洪廷佐捐资修建了乾州太虚寺前的小溪桥、供村民休憩的凉亭,扩建了雅溪的三王庙。此举一方面是为了积极和当地人融合在一起,另一方面也是为了方便在这几个来往行人较多的关键位置设置暗哨,探听外界的消息。

为了暗示后代自己的特殊身份,洪廷佐在其建造的洪家大院上挂上了黄色的提梁布。但事实上,依据当地的风俗习惯,起屋上梁的提梁布,普通百姓只能用红色,只有王室贵族才能用"黄色"。因此,洪廷佐此举较为明显地暗示了自己的特殊身份,也为后世对其身份的研究增添了几分证据。

因地处偏僻,史料记载较少,很多史实已无据可查,这些传说多是村民口口相传或学者据参考文献记载推测而出,但不论事实如何,这些故事都为峒河街道的小溪村蒙上了一层神秘的面纱。

(三) 村落人口

据统计,村内现今分布有3个自然寨,5个村民小组,总计206户1026人,其中劳动力565人。虽然村中的耕地面积不大,但近年村中的劳动力数量仍有所增长,其主要原因是随着乡村旅游业的发展,青壮年劳动力纷纷返乡创业。村子里的居民以苗族为主,除此之外,还有少量的土家族,村里居民的姓氏主要有洪、石、龙、张等,其中以洪姓和石姓为主,洪姓村民约占整个村子人数的50%,主要居住在小河和大寨两座寨子里;其次是石姓村民,约占村子人数的30%,和龙、张等姓氏的村民零星分布在村子中。

(四) 特色产业

小溪村因降水充沛,森林茂密,保水性好,境内土壤肥沃,水源充足、气候适中。过去的几百年里,村民们主要依靠传统农业来维持生计,常年种植水稻、椪柑、玉米等作物,种植茶油、杨梅、柑橘则是村民的主要收入来源。这里的苗族人还会将其他多余的粮食用来饲养生猪和家禽,除此之外,他们还会在稻田中养殖稻花鱼。

1. "茶油之乡"

自古以来,小溪村依托群山叠嶂的葱郁森林及独特的气候、土层深厚等地理条件,油茶树满山遍岭,素有"茶油之乡"的美誉。

小溪村的茶油,很多年里都是当地人的普遍食用的一种油和一项经济收入来源,尽管在贫穷落后、食不果腹的年代,家家户户也仍不缺茶油食用,除了自给自足之外,还或多或少能有些剩余,拿到所里、乾州街上贩卖,换取盐、针线等其他日常用品。

这里的油茶树不用杀虫、不需施肥,无污染,所以所产茶油品质纯正,

第八章
小溪村

香味绵长,堪称真正的绿色食用植物油,常年食用,具有强身健体的功效。因此,在小溪、红坪等地有许多年龄在80岁以上的长寿老人。除了食用,这里的一些人还将茶油药用。被烫伤时,在伤处涂抹茶油,不但可以止痛,还可以避免起水泡;若有割伤,将茶油涂上,既可消毒又可促进伤口愈合;除此之外,被蚊虫叮咬红肿后,涂上茶油也可止痒消肿。因此,茶油不但成为日常生活中不可或缺的食用油,也成了治病良药。

不仅如此,历史上,小溪茶油不但供苗族百姓食用,还曾作为皇家贡品和御膳用油。据小溪村村书记载,清嘉庆二年(1797年),乾州厅同知赵贵览领命重修乾州城,因工程量大,花费颇巨,厅中财力不足,于是想进京请求朝廷拨银,但乾州厅无奇珍异宝奉贡,只好带上小溪茶油和当地特有的"边城贡素"——兰花入京。小溪村茶油作为见面礼,受到了皇亲贵戚和达官贵人的喜爱,因而得到朝廷拨库银八万三千两,修筑了乾州大石城。

小溪村的茶油是由茶油籽榨取而来,茶油籽生长于茶油树上。但其实茶油树不仅可以生长茶油籽,还会生长一种名为茶油泡或茶油片的水果可供食用。

小溪村的茶油树,四季常青,四时充美。阳春三月,大茶油树便长满了茶油泡,小茶油树则长有茶油片。茶油泡,成熟时裸露着白色的果肉,就像一枚枚剥好壳的鸡蛋、鸭蛋、鹅蛋挂在树上,摘下一个放入嘴里,脆嫩香甜,汁水丰富,让人不住地想继续大快朵颐。茶油片,形状和树上的叶子相似,肉质较厚,未成熟之前味道苦涩,但当露出白嫩的果肉后,味道就变得酸甜可口了。

金秋十月,万山红遍、层林尽染,茶油树便开始开花,此时,山上是花的世界、花的海洋。微风吹过,洁白的花瓣天女散花般纷纷扬扬。踩着树下那层洁白的花瓣走进茶油林,阵阵花香扑鼻而来,沁人心脾,叫人如痴如醉。漫步这片洁白的世界,就仿佛漫步天堂仙境,让人不免有"何用别寻方外去,人间亦自有丹丘"的畅快之感。

山里的孩子,最喜欢在这时候走进茶树林,爬上树,用空心草当吸管,吮吸着流蜜的花蕊,更有些嘴馋的孩子,看着茶花上浓浓的蜜汁,便直接用嘴凑上去,弄得满脸的花蜜、花蕊和花瓣。若恰逢寒露时节,当地人采摘茶油籽,可就热闹多了。此时的村子里,不分男女,皆手持长长的钩子,身上斜挎一个小竹篓,上坡采摘茶油籽,满坡的笑语,满山的歌,真可谓是"男声欣欣女颜悦,人家不怨言语别"。

但给我们介绍小溪村的石姐姐说:由于小溪村附近的山大多山大坡陡,林木也生长茂盛,所以上山下山的路极为不便,而茶油树又生长在山上,所以每次榨取茶油,都需要村民们用背篓将采摘好的茶油籽一筐一筐背下山,又由于产品的加工程度低,附加值少,所以价格始终卖不上去,现在已经很少有人会再榨取茶油贩卖了。对此我们十分引以为憾。

2. 桃花虫

除了茶油之外,小溪村还有一些具有当地特色的美食,例如稻花鱼、桃花虫、蒿菜粑、酸肉、苞谷烧,等等。

自古以来,"桃花季节去捞桃花虫"已成为当地的一种特有的风俗习惯。桃花虫,是一种生活在溪水中或者溪水石头下面的黑足小水虫,其貌不扬,甚至可以说丑陋不堪,但捞上来后,经过人们的妙手晒干、炒香、精制后,便成了一道香辣可口的美食。由于在每年桃花盛开的时候,这种虫子长得最为肥嫩,人们也就是在这个季节去捕捞桃花虫,所以这种丑陋的小虫就从当地人口中得了一个诗一般的美名——桃花虫。

桃花虫不仅是小溪村的一种特色美食,又是一大传统风味特产。它味道鲜美,具滋补、强身健体、解腻化食的功效,是当地佳肴中的上等珍品。当地人以桃花虫作为宴请来客的珍品,祝愿来客吃完一年万物兴旺、爱情丰收、幸运相伴、幸福绵长。桃花虫含有丰富的蛋白质,不仅味道鲜美,更是佐酒下饭的好菜。现在桃花虫也走上了特色高档酒店餐桌,客人们更是以吃到桃花虫作为荣幸。

3. 乡村农家乐

随着周边城市的大规模建设,小溪村也出现了年轻劳动力流失的问题,大量年轻劳动力外出务工,小溪村只剩下老人、孩子和妇女,小溪村如何发展成了村干部们心头最沉的担子。

随着"绿水青山就是金山银山"理念的深入人心,小溪村也紧紧围绕生态林业进行建设,大力发展乡村旅游、生态旅游,大兴"绿满小溪—美丽乡村"之举,鼓励村民开办乡村农家乐,发展乡域经济,带领小溪村村村寨寨脱贫致富,家家户户奔向小康,小溪村终于找到了自己的发展道路,并在这条路上大踏步前进,呈现出一派欣欣向荣的新农村景象。

现在,农家乐在小溪村比比皆是。

从2016年5月1日开办第一家农家乐开始,不到半年时间,小溪村便相继开办了6家农家乐,截至目前,小溪村已经拥有了十多家农家乐,其中还有4家是曾经的精准扶贫户。

小溪村的农家乐起始于一家米粉店。如果说小溪村农家乐的成功是一种必然,那小溪村乡村旅游的开始可能更多的是一种巧合。2015年底,驻村工作组的向学志组长鼓励村民返乡创业,小溪村妇联主席积极响应号召,从娘家龙午村回到小溪村,开了一家米粉店。这位妇联主席便是上文中提到的石姐姐。当时石姐姐在娘家已经开了4年的米粉店,有了一定的客源,丈夫又在深圳打工,家里还有两个孩子和一位老人要照顾,所以贸然返乡创业,家里其实并不支持。但石姐姐为了支持小溪村的发展,便坚持尝试一下。石姐姐说:"她还记得第一天开业是腊月二十六,第一天的营业额只有50元。"但石姐姐没有放弃,她说:"至少我成功开张了。"接受采访时,石姐姐说这句话时脸上的笑容,不是强颜欢笑,而是真的认为,这样已经很好。在和石姐姐的交谈中,笔者也能深深感受到石姐姐对生活的乐观态度以及对家庭、子女教育的思考。虽然石姐姐说她因为是家中老大的缘故,读书不多,但我们却从石姐姐身上受益良多。此为后话。之后,驻村工作组提出希望能开办一个农家乐,但当时石姐姐因为有孩子和老人要照顾,便鼓励身边的年轻人去尝试。在石姐姐的鼓励、村委会的支持下,第一家农家乐终于成功开业了。

小溪村农家乐的成功不仅离不开其得天独厚的地理位置和自然条

件,更离不开政府的帮助和村民的勤奋与努力。

在小溪村农家乐开办的第一年里,问题相继出现。随着农家乐数目的增长,许多人把桌子和烧烤架搬到了河里,油和垃圾也都往河里倒。对此,村委会积极做出反应,相继约谈了多位农家乐的老板,进行了批评教育——"如果没有这条河,你们的生意还能做多久?"村民们也慢慢体会到了这一点,意识到了问题的严重性,随后村里统一做出规定:农家乐的桌椅板凳都不能下河清洗,此后污染的问题终于解决了。之后在驻村工作组、州政协的大力支持下,又给农家乐筑起了防洪堤,村部也修起了停车场、篮球场,寨堡的游步道也修建完成,小溪村的各类旅游基础设施正逐步修建完善,小溪村的乡村旅游发展正式迈入了正轨。

(四) 经济社会发展状况

据了解,截至2019年,从吉首市区到小溪村的环城公路正在修建,建好后,从吉首市区到小溪村的车程可以缩减到20分钟。现在,小溪村俨然成了一个天更蓝、地更绿、水更清的绿色生态休闲之乡。以往贫穷落后,主要经济来源是几斤茶油、桐油和几根木头,通过肩挑背驮、放木排的方式,到吉首街上和乾州场换钱的年代,已成为过去。昔日贫穷落后的小山村,借着乡村旅游的东风,终于迎来了又一个春天。

与此同时,小溪村扎实推动文明乡村创建工作,先后入选全国第二批传统村落名录、"十二五"时期全国少数民族特色村寨保护与发展名录,被评为湖南省美丽乡村示范村和市级示范村。

二、文化遗产

(一) 物质文化遗产

由于小溪村被崇山峻岭环绕,犹如世外桃源一般,与世隔绝,所以各类物质与非物质文化遗产均保存完好。"一水护田将绿绕,两山排闼送青来"的小溪村,不仅有着层峦叠嶂的原始次生林,蜿蜒曲折的潺潺溪水,还有着富有民族特色和历史文化底蕴的各色建筑。

1. 洪家大院

步入小河村的地界,最先看到的是一片荷塘。夏季塘内荷花盛开,娇艳欲滴,荷叶青翠,随风轻轻摆动,驱散了暑气。荷塘后面,便是在当地赫赫有名的洪家大院。

洪家大院及其周边的民居大多是清代及以前的古建筑,分布集中并且保存完好;其他地方也都保存有部分民国时期的传统民居,其数量大约占当地建筑的6.1%。小溪村的民居结构大致有两种形式。一种是中华人民共和国成立初期至20世纪70年代建造的民居和附属建筑,多为土坯和砖结构,这种结构和材质的建筑凸显了湘西本地的建筑特色;另一种是20世纪80年代以后建造的建筑,多集中分布在大寨和排坨两寨中,经过前期统一的整改和规划,其建筑风格也较为统一。

据说,洪家大院是由太平天国领袖洪秀全的子孙洪廷佐修建。1861年,石达开将洪廷佐安置在小溪村,并留下大批金银财宝供其使用后便率军西行。随后,洪廷佐便在此修建了洪家大院。

◀ 洪家大院远景(纪飞阳 摄)

▶ 洪家大院院前风景(纪飞阳 摄)

据介绍,洪家大院在此坐落已有150多年的时间。

洪家大院坐西向东,左边有一淙溪水缓缓流过,右边千亩良田与其交相辉映。远看大院外观,青砖黛瓦,飞檐翘角,气势磅礴;走近一看,大院做工精细,门窗的图案、形态各异。向导石姐姐介绍说:"大院使用了土砖、糯米、石灰、椿木等作为建筑材料,屋顶是由泥土烧制的瓦盖制成。洪家大院不仅仅是用于居住,内部还包括有书房、保家楼、绣花楼、马厩等设施,功能一应俱全;不仅如此,大院上还修建有风火墙、机枪眼、炮台等军用设施。"

我们随着石姐姐的介绍,沿着洪家大院门前的青石板路,逐渐走向大门。

洪家大院的墙面全部由一块块的青石堆砌而成,正门上书写有五个朱砂大字,为这栋建筑增添了一份历史的厚重感。洪家大院的大门也是由青石板砌成,至今仍然完好地伫立在那里,青石板路历经多年,也保存完好,由此可想,当年的洪家是如何的财力雄厚。难怪有传言,当年建院时,洪家放话:"洪家建房,只求精美,不惜工钱。"但石板路已经被岁月磨洗得光滑如镜,从光滑的石板路可以想象,当年的洪家大院门前是何等的车水马龙、人声鼎沸。

从洪家大院正门右侧的石阶拾级而上,两边是拱卫大院的院墙,院墙高耸入云,顶部修建有中国传统建筑常见的飞檐,飞檐翘角,如跂斯翼,如矢斯棘,如鸟斯革,如翚斯飞,参差错落,气势磅礴。继续前行,便可看见一栋栋村民的房屋,一家挨着一家,虽没有洪家大院的气势磅礴、精致华美,但屋舍俨然,门前小院干净整洁,如守卫一般,默默拱卫着这段150余年的历史。

洪家大院院墙(纪飞阳 摄)

洪家大院整体建筑群历史悠久,保护程度完好,是吉首地区少见的保存完好的清代建筑,具有重大的建筑学研究价值。

2. 雷公坡寨堡

小河附近的山上,还有一座与洪家大院同期建造的雷公坡寨堡。

据传,洪廷佐在小溪村安顿下来之后,为更好地侦察敌情,便在洪家大院所在的小河村附近的山上修建了一个寨堡。寨堡全部由石头堆砌而成,可以看见包括大寨、排坨在内的三个村寨的情况。不仅如此,寨堡附近还开垦有良田,修建有粮仓,以备不时之需。

雷公坡寨堡(纪飞阳 摄)

前往寨堡的小路蜿蜒曲折,一侧是石壁,一侧是山崖,沿着山体开辟的小路,呈人字形而上,道路狭窄,最宽处也仅供两人并排而行,道路两边林木茂盛,除开小路,别无登山的他途。

寨堡修建在山顶,居高临下,视野广阔,易守难攻。民国二十三年(1934年),川军路过湘西,洪廷佐的二儿子洪文周带领士兵在此与川军发生了激烈的交战,川军久攻不下,最后放弃而走。

上山小路(纪飞阳 摄)

调研时,这条上山小路走得极为艰辛。因刚下过雨,天气沉闷,置身原始次生林中,便犹如蒸笼一般,汗水不断渗出,又因石板路雨后更滑,周围被草木环绕,无处抓取借力,因而走得倍加小心翼翼。攀上寨堡后登高远眺,雨后的水汽仍未散尽,三座古老的苗寨尽收眼底。灰黑色的吊脚楼掩映在青山绿树中,层层叠叠,白墙青砖的苗家民居鳞次栉比,宛若一幅错落有致的民俗山水画。那黑色的屋瓦,发黄的木板墙仿佛在向游人

山中古树（纪飞阳 摄）

讲述一段不老的历史。

俗话说："上山容易，下山难。"此次调研，深有体会。上山路难走，没想到下山路更难。到达雷公坡寨堡后，我们未按原路返回，而是选择跨越山头，从另外一条小路下山。殊不知，这条小路说是小路，其实是由前人踩踏出的林间小道。雨后山路泥泞，土地湿滑，很多时候需要蹲在地上，手扶地面，探步前行。我们往往是后人拉着前人，前人托着后人，一前一后，互为支撑。幸好还有石姐姐作为向导，在最前方，手拿树枝，为我们打掉拦路的枝蔓，驱赶阴凉处乘凉、藏卧的蛇。下山后，回望来路，深感先人修建寨堡之艰辛，铺路之艰辛，以及现在我们生活的来之不易。

随着历史的变迁，在当前的和平年代，雷公坡寨堡已经失去了原先的意义。又由于其位于山顶，上山的路蜿蜒曲折，通行不便，渐渐地，寨堡周边杂木丛生，寨堡也真正地和自然融为一体。沿着小路，攀上寨堡，堆砌的石头间已经长满青苔，寨堡内也生长着各类植物，俨然一个完整的小生态圈。随行的石姐姐介绍说，自她嫁到小溪村20多年来，也是第一次来到这里，因为上山的路不方便，山下又修建了公路，所以很少再有村民会来这里。雷公坡寨堡经历了当年那段战火纷飞的岁月，现在俨然一位垂垂暮年的老人，它就安静地坐在那里，不言不语，也无人打扰，静静地俯瞰守卫了150多年的小溪村。

3. 小溪新大院

提及小溪村，最知名的莫过于建于150多年前的洪家大院了，但事实上，到达小溪村后，最先震撼到人们的，通常是一座新大院——小溪村村委会。

进入这座新大院，最先看到的是院中竖立的一块古朴大气的山石，上题"小溪村"三个大字，左侧写有"全国特色民族村寨""中国传统古村落"

第八章 小溪村

两排小字,山石四周栽有草坪,石头后方种有几棵矮树,参差错落,与山石交相呼应。山石的右后方即是小溪村的村委会。村委会的建筑有上下两层,白墙青砖,是最传统的风格建筑,主体由青砖堆砌而成,外墙刷成白色,支柱和走廊都是木质结构,为朱红色。建筑本身并不华丽,但胜在造型古朴,极富民族特色。村委会的广场修建有一篮球场,篮球场的周围还修建了许多停车位,每逢节假日,新大院内人来人往,车水马龙,甚至会出现无处停车的局面。时任村支书石天生书记介绍道:"村里花了30多万修好了停车场,进一步带动了村集体经济收入,之前部分村民还不愿意让出土地给村里用,现在建好了,每个月通过停车收入达到3000多块,大家整天笑眯眯的。"

白天的新大院是静悄悄的,虽然人来人往、车水马龙,但人们通常是来也匆匆,去也匆匆,匆忙地把车停好后,便迫不及待地去小溪村内寻幽探奇。晚上的新大院与白天就截然不同,夜晚的新大院是鲜活的,是生动的,是富有生命力的。每当夜幕降临,院中的灯光打开,年轻的汉子们在篮球场上屏气凝神,抢断突破,上篮得分;村中的妇人们则会放下手中做了一天的农活,聚集在此,伴着音乐声载歌载舞;孩子们三五成群,在院中嬉戏打闹;老人摇着扇子,在院子里或坐或站,看着孙子孙女,与老友闲谈两句。

小溪村有自己的篮球队,经常会和周边村寨举行篮球友谊赛,锻炼身体的同时又联络了感情,还丰富了自己的业余生活。除此之外,小溪村还有自己的舞蹈队,给我们介绍导览的石姐姐便是这支舞蹈队的负责人,舞蹈队不仅会在村子的节庆日表演,还会外出参加比赛,最近一次便是代表小溪村参加了庆祝中华

小溪村舞蹈队(石玉超 供图)

人民共和国成立70周年的湘西形象代言人选拔海选赛。

此外,打苗鼓也是小溪村村民心中一种特殊的文化活动。闲暇时,村民们会在新大院的广场上训练,每逢节庆日,就在新大院以鼓欢庆、以鼓为乐。

小溪村的新大院,已经不仅仅是村干部们规划小溪村未来的地方,还是小溪村对外展示的一个窗口,成为小溪村生态旅游的起点,成为乡村文化生活的一个缩影,成为文化传承的一处载体,也切切实实成为村民们愿意待、乐意待、喜欢待的一片土地。如果说洪家大院是一个人用金银建造起来供一个人享乐的,那么小溪村的这个新大院就是由小溪村1026位村民共同建造,取之于民并切实用之于民、惠益于民的。与新大院隔着一片小山坡的洪家大院,静静伫立着,像是一位迟暮的老人,默默伫立着,注视着村中发生的一切。山坡这头的新大院,则更像是一个朝气蓬勃的小伙子,能玩乐,也能踏踏实实地工作,年轻有活力,敢于尝试,更勇于突破。从某种意义上说,小溪村的农家乐正是在这种氛围中发展起来的。

(二)非物质文化遗产

小溪村地处湘西土家族苗族自治州,传承了许多历史悠久的苗族文化。除了拥有大量的物质文化遗产外,还有许多优秀的非物质文化遗产,如苗鼓、苗族服饰以及上刀梯、绣花织带、八人秋、"二月二"的会龙、"三月三"的封斋、"四月八"的祭祖、"五月十五"的苗族大端午、"六月六"的苗歌等系列活动。至今,还有很多传统流传了下来,撮虾、傩戏、苗法、打苗鼓、扎春、哭嫁、送亲、打糍粑、吃新节等,都还能在小溪村看见它们的身影。

每逢节庆日,苗族人必不可少的一件乐器便是苗鼓。苗鼓的来历在小溪村可谓是家喻户晓。

根据村中记载:小溪村的先民在蚩尤战败后,背井离乡,进入沅水中、上游后,晓行夜宿,到了泸溪。河两岸怪石嶙峋,浪急波汹,虎啸狼嚎。先民们早已精疲力竭,纷纷在河滩倒地入睡。后半夜一阵"哞、哞"的声音,惊醒了梦中的先民。他们睁眼一看,眼前十多只凶残的老虎和豹子正疯

第八章
小溪村

狂地撕咬着惊慌失措的老人、孩子,先民们悲恨穿心,团结一致,捡起河滩石头,拿起棍棒与虎豹搏斗,虎豹最终被赶走。先民在河滩烧燃树枝,磕头跪拜,感激黄牛的救命之恩,从此苗族人与牛结下了不解之缘。

先民们发现黄牛的吼叫声能驱赶狼蛇虎豹,于是便用坚硬厚实的牛皮制作了一面大鼓,用牛蹄做成鼓格。入夜燃起火把,敲响大鼓,鼓声惊天动地,野兽们便不敢再下山作恶。这支先民就是吴、龙、廖、石、麻五姓的祖先,他们抬着大鼓,沿武水而上,进入峒河支流,在高山峡谷的己略安了家,一年又一年刀耕火种、拓荒开田、繁衍生息。

1. 吃新节

吃新节是人们为了庆贺丰收并祈愿来年丰收而举行的传统农事节日,苗族称为"努嘎西"(意为吃新米)或"努莫"(意为吃卯)。

石启贵在《湘西苗族实地调查报告》中记述:"一生以农耕生活,农人所望,便是吃新。于此佳节,处处均不能忽视。除办鱼肉酒饭外,还将禾胎、新包谷、豆荚、茄子、辣子、苦瓜陈列于家龛之前及当地土地神祠前祭之。未吃饭前,将所有菜肴各取一份并盛饭一碗,先敬送狗吃。传说狗有大恩,教济吾人,吾人之谷种,是狗带来的。故敬之以表酬报之盛意也。俗定吃新之日,以小暑节后巳日算起,再过十日逢卯日,便是吃新之日期。"[①]

小溪村百姓祖祖辈辈流传着吃新节的习俗。

节日这天,家家都煮好糯米饭、一碗鱼、一碗肉,都摆在地上或桌上,并在自己的稻田里采摘7~9根稻苞来放在糯米饭碗边上,然后烧纸燃香,由长者掐一丁点鱼肉和糯米饭抛在地上,并滴几滴酒,以表示敬祭和祈祷丰收,然后把摘来的稻苞撕开,挂两根在神龛上,其余给小孩们撕开来吃,全家人就高高兴兴地共享美餐。

也有的农家在天刚破晓时,便带上新米饭、酒、鸡、鸭、鱼、肉来到田间,祭过先人之后开始宴席,大家围成一个圆圈,每人将手中的酒杯举到唇边,待老人一声令下,大家便接连欢呼三声,互相敬苞谷烧酒,酒水一饮

---

① 石启贵:《湘西苗族实地调查报告》,湖南人民出版社2008年版,第157页。

而尽,顿时田间笑声回荡。有过往客人,不论认识与否,主人都会十分热情地送上一碗米酒,抓一团糯米饭或粽子塞在客人手中。随后唱苗歌、吹唢呐、打苗鼓等传统活动便轮番登场,宾客尽欢,直到黄昏。人们的热情好客在这里得到充分的体现。

吃新节是传统娱神节日,同时也是男女青年谈情说爱的节日。一大早,寨子里的妹仔后生们三五成群地邀约,不是去苗鼓舞场上打苗鼓就是去赶边边场,双双对对,到小溪边对唱苗歌,或在树林里飞歌斗趣,处处荡漾着青春的笑语和欢乐的旋律,苗鼓声、飞歌声弥漫在苗寨中。

据当地村民说,现在的吃新节没有以前那么大的场面了,现在大多数家庭是在自己家里进行。节日当天,各家去采摘新谷,煮好米饭和鲜鱼,带着老人、小孩去田间,祭祀祖先,然后全家聚餐,以此预祝五谷丰登。

2. 婚假风俗

旧时,苗族子女结婚早,订婚尤早。如有儿女,最晚长至七八岁时,便会请媒人为他们订婚。通常订婚男家必备肉酒,以大餐招待媒人。媒人代表男家向女家登门央求,如果男家平时与女家的家长声气相通、有往有来的话,媒人便往女家"讨口风",苗语称"及沙秋",即试亲。如果试亲有望,时隔数日,媒人就会去女家正式说媒,甜言蜜语,一说再说,三求四恳,往返多次就会有头绪了。男方得请一位同族长辈做"合媒",苗语称"及保苟受"。此长辈既是媒人,又是男方代表。两位媒人一同动驾说亲,女方才正式应许。因为苗族有习惯,亲要多求方为贵,表示女子尊贵,不轻易许人。所以俗传:"婆家吃了一笼鸡,娘家不知在哪里。"由此可知,做媒是一难事,可谓辛苦至极;乡间有句俗话云:"田地在私,儿女在众。"女家要将女儿许人,须女方家族赞同才有效,家族同意后才能择日放口谈婚。男家必须准备肉酒、爆竹等提送女家,集其亲族欢宴,俗称"吃放口酒",得亲族同意,就确定双方订婚,并燃放爆竹告知邻里多亲。经过求婚、吃放口酒、过礼、讨红庚等婚俗程序,双方最终才能迎来嫁娶的大喜日子。

娶亲的前一天,男方必须派一支由接亲娘及挑抬嫁妆的汉子组成的接亲队伍,带着灯盏、火把挑着酒肉大米赶到女方家,给女方送"迎亲酒"。

当晚,女方家便把亲朋好友及族人请至家中与男方客人一起喝酒、唱歌,通宵达旦,待吉时一到,新娘及女方家的送亲队伍便于发亲的鞭炮声中离开娘家,随男方接亲的队伍一路敲锣打鼓地嫁到男方家。新娘进入男方家,必须从一只新竹筛上踩过,寓意筛净一路的风尘和邪气。这时,男方家的火炉里会烧着旺火,熊熊火焰寓意新婚夫妇的日子红红火火、吉祥兴旺。新娘进屋后,与新郎并肩坐在堂屋正中的凳椅上,不能移动,否则便意味着新娘在男方家的日子过不安稳。新郎新娘在主婚人的安排下喝"同心酒"、吃"同心肉"。主婚人的一曲"合事歌"表示对新人最真挚、最美好的祝福,祝福新郎新娘白头偕老、永远幸福。随后,新郎的兄弟们和新娘的姐妹们都来向新郎新娘讨喜酒喝。他们说着祝福的话,唱着吉祥的歌,喝着喜庆的酒,同时也用目光寻觅自己意中的人,憧憬着新郎新娘的今天也会成为自己的明天。一家有喜,全寨同庆。新婚之夜,是苗寨的不眠之夜。全寨的乡亲都要来新郎家庆贺、欢聚。乡亲们以女方送亲陪嫁的人为主客,热情地向他们敬酒,同他们对歌。宴至高潮,寨子里的后生便会用锅烟粉出其不意地把宾客的脸弄花,客人亦可以其人之道,反治其人身。一时间,在欢呼嬉笑声中,人人都成了花脸。这便是苗族婚俗中的一大奇景——"打发",脸上的锅烟粉被抹得越多,寓意着将越兴旺吉祥。此外,新婚这天晚上,新郎新娘是不能同房的。新郎要招待客人和亲朋好友,新娘要陪伴来送亲的姐妹。要等三天之后,新郎陪新娘去娘家回门,待重回新家之时,一对新人的蜜月才正式开始。

三、自然资源

小溪村具有得天独厚的地理位置,地处吉首市区附近,交通便利,却又相对独立,被3000余亩绿意盎然的原始次生林环绕,仿若一个世外桃源。拥有150多年历史的清代建筑洪家大院、20世纪70年代初为了农业发展而建造的"别有洞天"、蜿蜒曲折的潺潺溪水也都为小溪村的旅游发展奠定了基础。村子里一条清澈见底的小溪水欢快地流淌着,盛夏时节散发着阵阵凉意;洪家大院门前"接天莲叶无穷碧,映日荷花别样红"的荷花池、"雨停荷芰逗浓香"的美景也吸引着各地游客纷至沓来。

除此之外,小溪村的附近还有一座古泉——卧龙泉,泉水清冽,可以直接饮用。附近的居民,每天都有人专门开车来这里取水回去作为饮用水。随着小溪村旅游业的发展,近年政府也投资了300余万元专门修建了卧龙泉的游步道,方便游客进山取水。卧龙泉的建设更为小溪村乡村旅游的发展增添了一份精彩,增加了一份底气。

四、历史事件

据说,1961年太平天国"翼王"石达开带领部下转战湖南、贵州等省,途经湘西时,石达开的两名部下带领亲信在小溪村安营扎寨,后人猜测其中的洪姓部下即为上文中所提到的洪廷佐。

1863年,石达开被处死后,他的部下世世代代便在这里繁衍生息。"洪姓部下"洪廷佐便定居于小溪村,随后他在乾州、吉首购置了大片良田,在常德、汉口设立铺面字号,随后又组织人员并出资修建了乾州小溪桥,盖了雅溪三王庙。

洪廷佐去世后,将所修的这座宅院分给了他的三个儿子——洪光兰、洪文周、洪光白。老大洪光兰后来当了县长,老二洪文周当了营长,老三洪光白在外地求学,参加了革命。后来老二洪文周解甲归田定居于此,拥有兵勇几百人。

由于当地文字记载较少,也没有修订家谱的习俗,洪氏家族后代人员姓名已不可查,但洪姓与石姓确已真正融入了当地苗族人的生活。调研时,这一届的小溪村村委会领导班子的10人中,有3人姓洪,4人姓石,小溪村的村支书名为石天生,村长名为洪祖定,两人互相扶持,带领村民共同建设着自己的家园。

(本章由何立华、纪飞阳撰写)

第九章 坪朗村

从吉首市沿着209国道由东向西驱车半个小时,就来到了一个极富民族特色的村寨。这是一个峒河流域的峡谷地带,四周绝壁高耸、溪河交错、树木葱茏。村寨依山而建,古风犹存。这里有静立峒河河边的水碾以及古渡口和根深叶茂的古树;这里有苗歌、苗鼓、苗拳、苗医、苗家织锦和各种神奇的地方风俗。这就是中国少数民族特色村寨——坪朗村,一个阐释神秘湘西的魅力苗寨。2016年12月,坪朗村被列入第四批中国传统村落名录。

一、村落概况

(一) 地理生态环境

坪朗村俯瞰图(高华云 摄)

坪朗村苗语叫"己缴","己"是我的意思,"缴"是平旷、宜居、益农的意思。"己缴"连起来的意思就是,这是一个平旷、宜居的好地方。坪朗村位于吉首市矮寨镇西南部,距离吉首城区近14公里,是吉首市寨阳乡的13个建制村之一,总面积14.46平方千米。坪朗村地处亚热带季风性湿润气候区,平均海拔200米。这里四季分明,光照充足,雨水充沛,春秋温和,冬暖夏凉。

吉首市的母亲河——峒河从坪朗村的北侧自西向东蜿蜒而过,形成了一个峡谷地带,这也是全村地势平坦之地。峒河水碧绿清澈,河道曲折蜿蜒,河边的古树枝繁叶茂。村寨四周山水环绕、群峰高耸,站在河岸远望群峰连绵,秀美如画。

流经坪朗的峒河(高华云 摄)

坪朗的村委会建在村中心,这是一栋三层楼的建筑,也有飞檐翘角、风火墙及格状阳台栏杆,极具民族特色。在村委会办公楼里除了为村民服务的村干部办公室外,还有村图书室和村医务室,方便村民来看书和看病。

在坪朗村委会的右边,是矮寨镇政府在这里建立的易地搬迁安置点。这个安置点于2017年建成并投入使用,占地面积23.1亩,总投资990万元。安置点新建苗族特色安置房34套、面积3350平方米。按照"一户一宅"分配住房的原则,安置点安置了来自矮寨镇4个边远贫困村寨的34户134人。安置点的住房布局为连排独栋,依山而建,外观是传统建筑风格。内部空间经济实用,上下两层,一层有客厅、厨房、餐厅,生活干湿分区,二层左右是住房,中间是阳光天井。易地搬迁安置点的建设既为当地贫困村民提供了宽敞明亮的住房,也为坪朗村增添了一道靓丽的风景。

(二)村落历史

峒河水质清澈,四季长流,为沿岸居民提供了甘甜的饮用水源,灌溉了两岸肥沃的土地。聪明的峒河沿岸先民们还利用峒河的水力做水碾、水车等工具,节省人力,提高劳动生产率。此外,历史上的峒河还是水上交通要道,南来北往的商船在坪朗这个地方聚集,形成了一个很大的集市。各种商铺在坪朗也应运而生,由此带来了坪朗往日的繁华,孕育了坪朗这座古老而神秘的山寨。

施富清老先生是坪朗村里德高望重的老人,曾经是当地远近闻名的苗族歌手,他对村里的历史、典故、传说都非常熟悉,能够如数家珍般一一道来。据他介绍,早在清朝乾隆时期,坪朗先民们便利用得天独厚的水力资源,在峒河两岸扎水车18个,砌水碾7座,修建水坝11座,渡船两艘(索拉渡)。那时的峒河,水运也很繁忙,船只在峒河上来回穿梭。在峒河航行的船只也很有特色,它们的形状都一样,船身细长,形状有点像竹筒,载货量一般在3~5吨。或许是因为这种船主要在峒河上航行,所以就被叫作"峒河船"。昔日的坪朗,墟市活跃,热闹非凡。每逢赶场日,除了附近一些地方的居民外,离坪朗很远的地方,如乾州、保靖、花垣、凤凰等地的居民也都肩挑背驮各种山货前来交易,互通有无。远近的客商也会来到这里购买茶油、大米、玉米、药材等土货用船只运往各地去销售,有的甚至远销汉口。商船返航时又会带回陶瓷、洋油、布匹、丝绸、盐巴、家具等洋货在集市上卖。每个赶场日,在坪朗泊岸的船只会多达百余只,坪朗成了乾州西边繁华的物资集聚地。坪朗集市的繁荣带来了巨大的商机,油坊、染坊、碾坊、粉坊、豆腐坊、铁匠铺、裁缝铺、米行、刺绣店、南杂店、百货店、客栈、酒家等各种作坊和商铺应运而生,各家都生意兴隆。那时候坪朗甚至还有赌场,赌博的花样有打牌、掷骰子等。由于地理位置好,在清朝的时候,政府就在坪朗的山上设置了一个粮仓,清朝的时候这个粮仓叫"坪朗银",民国的时候粮仓叫"国仓"。不管是清朝还是民国时期,这个粮仓都有政府派的数十名官兵在那里把守。

峒河边的古树(高华云 摄)

施富清老人对坪朗当时的热闹和繁华记忆犹新。他说,当年的坪朗集市就在峒河边码头旁的石滩上。赶场有大场和小场之分,大场是5天一场,小场是3天一场。赶大场的人在多的时候能够达到两万人。集市上各种买卖都有,有人卖牛、卖马、卖羊,有人卖衣服、卖布匹,等等。那时候坪朗的交通也很发达,在坪朗有好几条路通往周边各地,有通往花垣的,还有通往吉首、乾州、竿子坪、凤凰的。峒河上有两座桥和一艘渡船。很多有钱人在坪朗买地盖房子,盖的房子都很讲究,雕梁画栋,带着院子。那时候楼房在很多地方还是稀有之物,而在坪朗就有好几栋。村子里也有学堂,孩子们在学堂读的是诗书、三字经等内容。当他们放学后就在街上玩游戏、放爆竹。

1949年后,政府决定将坪朗集市迁往矮寨。后来国家又大兴水利建设,沿河筑起拦河大坝,坪朗的水运交通终止,船只、水车、水碾等淡出坪朗的历史舞台。

(三) 村落人口

坪朗村是一个山清水秀的传统村落,辖区共有5个自然寨,386户人家,1382人。坪朗的5个自然寨中有3个自然寨坐落在峒河两侧,另外2个分布在坪冲沟谷内。

(四) 特色产业

在改革开放的新时代,坪朗人励精图治、奋发图强,充分挖掘、利用该村的文化资源、自然资源积极发展各种产业,使坪朗变成充满活力和生机的新苗寨。

1. 传统产业

坪朗的特色传统产业首推坪朗豆腐。坪朗豆腐历史悠久,清朝末年就已产生。据坪朗豆腐的传承人石光耀介绍,清朝末年,他的祖辈请当时有名的独眼石匠巴盐高精心打制了一盘石磨。用这盘石磨,他的祖辈取当地的山泉水,用本地区生产的青皮小黄豆推豆磨浆制作豆腐。做完豆腐后,他的祖辈背上背篓,带着

传统豆腐坊(高华云 摄)

3个木质的豆腐箱,走街串巷、四处叫卖,赚了钱回家时就换回黄豆以备第二天继续制作豆腐。如此日复一日、年复一年,养活了石家好几代人。石家的豆腐有细、嫩、鲜、柔、韧、香,口感绵醇,回味悠长的特点,深受当地人的喜爱,由此树起了坪朗豆腐的品牌。

石光耀的一辈子也跟他的祖辈一样每天磨豆腐,走街串巷卖豆腐。石光耀说,他家的豆腐制作工序十分烦琐。第一步是挑选本地村民自种的青皮黄豆,仔细剔除掉坏了的颗粒。第二步用坪朗村山上的山泉水将黄豆泡上足足24个小时。第三步是按照一定比例,将黄豆和水放进石磨磨浆。第四步将水烧开,倒入磨好的浆中,用纱布过滤,去掉豆腐渣后再煮开,同时按比例兑入熟石膏,形成了白花花的豆腐脑。最后将豆腐脑舀入豆腐箱中,用石头压上一个小时,放冷成型。石光耀说,这样做出的豆腐清香白嫩、口感细滑。

1976年出生的石清香是石光耀的女儿,她从小跟着父亲磨豆腐,看着豆腐的制作过程,耳濡目染之下,深得坪朗豆腐制作技艺真传。但是石清香生长于改革开放的年代,她视野开阔、有胆有识。当她父亲将家里的豆腐产业交给她后,她不想走父辈墨守成规的老路,而是希望将坪朗豆腐带出大山,让坪朗豆腐产业发扬光大。

2012年,石清香在吉首市开了一家名为"乡巴佬"的餐馆,餐馆的主打菜品就是石清香自己亲手做的坪朗豆腐。随后,石清香联合坪朗村其他豆腐坊,将豆腐制成腊豆腐、菜豆腐、油豆腐等多个产品,通过本地市场及网络销到各地。2014年12月,石清香牵头创办了坪朗顺心农副产品加工专业合作社,注册资本100万元。合作社成员有石清香、杨卫英、施红忠、杨正辉等9人,法人代表为石清香。在合作社全体员工的努力下,合作社的业务不断发展。目前合作社已经拥有一家产品开发公司及4个豆腐体验店。

因为石清香等人的不懈努力,坪朗豆腐这个传统产业得到很好的传承和发展,名声越来越大。2012年,坪朗豆腐参加在长沙举行的年货博览会,获得"豆腐大王"的称号。2013年,坪朗豆腐制作技艺被列为吉首

坪朗顺心农副产品加工专业合作社（高华云 摄）

市第四批民族民间传统文化保护名录,石光耀被评为坪朗豆腐制作技艺非遗传承人。2016年,石清香被评为坪朗豆腐制作技艺非遗传承人。在新时代,坪朗豆腐产业焕发了前所未有的新活力。

2. 特色农业

改革开放后,坪朗农业生产发生了很大的变化,村民的生活水平得到很大提高。特别是近年来,坪朗大力发展特色农业,力推种植技术含量高、经济效益好的草莓、猕猴桃、葡萄等农产品,在农业生产组织形式上,一些村民联合起来形成了农民专业合作社,在农产品销售形式上,采用吸引游客现场采摘、直接联系商家销售和电商销售等多种渠道打开市场,取得重大进展。

坪朗村二组的杨胜永,全家6口人,只有他一个劳动力,两个老人体弱多病,两个小孩正在读书,妻子患有糖尿病,长期需要治疗,曾经是村里建档立卡的贫困户。2014年,杨胜永通过精准扶贫政策贷款8万元用来发展猕猴桃种植,将家里原来的2亩猕猴桃扩大规模至10亩,取得了较好的经济效益。尝到甜头的他并不满足他一家人的收入增加,他还想扩大生产规模,让更多的村民也能够通过猕猴桃种植增加收入。于是,杨胜永

坪朗村猕猴桃种植基地（高华云 摄）

联合几户村民创办了"立富种植专业合作社"。因为规模的扩大，猕猴桃的销售渠道也不断扩宽，从线下销售发展到线上销售，同时也吸引了外地游客来采摘，杨胜永创办的合作社发展得有声有色。现在，杨胜永早已摘掉贫困户的帽子，他的合作社还带动周边5户农户21人发展特色水果产业，解决贫困户用工5人，每人每月约增收800元。

经过数年的发展，坪朗村形成了较大规模的草莓、猕猴桃、葡萄等水果种植基地，农业生产的经济效益明显，村民生活逐渐变得富裕，特色农业生产显现出强大的活力。

3. 乡村旅游

坪朗村风景优美、村寨古风犹存、民俗文化底蕴厚重，素有"田园坪朗""湘西民族风情第一寨"的美誉。坪朗的峒河跳岩、峒河水、谷韵绿道、观景台、古民居相映相趣，乡村旅游资源非常丰富。坪朗豆腐制作技艺的传承人石清香于2012年在坪朗村开办了乡巴佬厨房，成为坪朗村开办农家乐的第一人，由此拉开了坪朗村乡村游序幕。农家乐吸引了众多的吉首市民及外地游客前来观光、游览。石清香同时鼓励和带动该村村民发展特色小吃，丰富坪朗村旅游资源。为了更好地宣传坪朗村，她个人出资3万多元与村民一道成功举办了2015年坪朗村第一台春节联欢会及千人长龙宴，湘西各电视台及湖南红网都对此进行了报道，极大提高了坪朗村的知名度，促进了坪朗村的乡村旅游的发展。

近年来，坪朗村把旅游资源开发与特色民族文化旅游建设紧密结合，围绕乡村田园风光、森林风光、特色农业生产、乡村自然生态环境和社会文化风俗资源优势，大力发展乡村旅游业，成效显著。目前坪朗村已经被纳入德夯风景区建设的总体规划之中,是吉首市着力推进建设的旅游精品村寨之一。坪朗村进一步融入德夯大景区的发展,现已经初步形成苗家风情、田园风光、农俗体验、户外运动等几大旅游亮点。坪朗乡村旅游业的发展吸引了大量的外地游客,增加了村民的收入,使坪朗充满勃勃生机。

二、文化遗产

峒河甘甜的河水养育了坪朗的村民,还孕育了坪朗丰富多彩的文化。坪朗村的文化底蕴深厚,苗歌、苗鼓、苗绣等传统文化深深地扎根在村民心中。走进坪朗,古朴的民居风格和青石板小路昭示着这里独特的传统文化气质。坪朗的跳鼓坪、文化长廊、大朝门、传习所等场地则让人更强烈地感受到坪朗深厚的文化底蕴。特别是坪朗的传习所,它是村里为村民培训苗鼓、苗歌、苗拳以及民俗文化艺术的场地,它的存在使得传统文化在坪朗得到很好的继承和发扬。如果人们在坪朗待的时间够长,则一定能领略到这里苗歌、苗鼓、苗拳、苗绣、苗医的独特魅力以及各种婚嫁风俗和节日民俗中的传统文化气氛,能深深地感受到这是一个璀璨多元的文化苗寨。

(一)物质文化遗产

风火墙(高华云 摄)

坪朗村的苗寨依山而建,古民居以飞檐翘角的砖木结构为主,风火墙造型奇特,雕花窗格调鲜明,极富民族特色。村中道路几乎都是青石板小路,暗暗的墨青色,似乎已经十分古旧,显示着时光刻在上面的深深痕迹。这里仿佛氤氲着江南的水气,像一幅年代久远的水墨画,让人觉得朴实又安定。

青石板小路(高华云 摄)

坪朗村在村委会左边建有跳鼓坪、文化长廊、大朝门、传习所等功能场所。这些功能场所的建立能够更好地促进坪朗村传统文化的传承和发扬,也使坪朗村从视觉上增添了民族风情。

(二)非物质文化遗产

1. 苗歌

坪朗的村民喜欢唱歌,他们会在山坡上干活时隔山对唱,在婚嫁的喜庆日子里放声高歌,他们甚至每年还有专门的歌会。他们的歌声委婉动听、热情奔放。坪朗地处湘西,村民喜欢唱的歌也是湘西苗歌。

坪朗的歌手人才辈出,老一辈的苗族歌手如施富清、罗家兴、秧万民等人依然健在,后起之秀罗林旺也如旭日东升,活跃在十里八乡,很有名气。功底深厚的罗林旺可以唱传统苗歌,也可以唱热歌。传统苗歌特点是歌词固定,能够滔滔不绝地唱下去;热歌则是现场发挥,往往信口拈来,出口成章。罗林旺对苗歌种类和曲调非常熟悉,也很有研究。据他介绍,坪朗村唱的苗歌分有"阿仲"和"阿重"两种,凡是同一主题,依次深化,按章节编成数首的历史故事歌的叫"阿仲";凡以现代或日常生活为内容编成数首歌曲的叫"阿重"。苗歌曲调又分为古歌、情歌、飞歌(或大歌)、丧歌及祭祀歌。它们的曲调也都有各自的特点:古歌浑厚、节拍分明;情歌旋律优美,一般包括低声对唱、重唱或混声合唱;飞歌是人们在两山之间唱给对方听的歌曲,有独唱、对唱之分;丧歌曲调悲戚,多独唱;祭祀歌曲调庄重、严肃。每一种曲调唱于不同的场合,目前苗歌仍然是坪朗村民日常生活的一部分。

2. 苗族鼓舞

坪朗的村民喜爱跳鼓舞,男女青年走亲设有"摆鼓",结亲有"卡鼓",凡是传统节日都少不了跳鼓舞。关于坪朗跳鼓舞的历史还有一个小故事。民国时期,坪朗有两位美丽的姑娘罗凤媛和杨帕媛。她们貌美如花,苗鼓更是打得很好,如行云流水,远近闻名。民国二十八年(1939年)春节过后,湖南省政府委托乾城县官田再云上门请她俩赴长沙表演苗族鼓舞。当身着艳丽苗族服饰的两位苗族姑娘一登台,立刻惊艳全场。表演中,两位姑娘风姿绰约、鼓声阵阵。台下的喝彩声、掌声经久不息,银币及其他物品不时被抛到台上。演出结束后,观众将舞台围得水泄不通,大家都争相目睹两位苗族女儿的美丽风采。

中华人民共和国成立后,坪朗的苗鼓界人才辈出,出现如罗明香、罗根生、罗兴富、罗胜英、罗正英、罗富英等一大批老一辈的苗鼓女杰,现在也出现了大师级的州级鼓舞非遗传承人石金琦。石金琦出生于1975年,小时候常常跟随母亲和伯娘学习苗族最原始的苗鼓技艺,多次参加省、

坪朗村跳鼓舞浮雕(高华云 摄)

州、市苗族鼓舞表演。比赛期间得到州第一、二代鼓王精心指导,并常与州第三、四、五代鼓王在一起切磋技艺。2011年以后,从外地回到坪朗的石金琦自己买来鼓,腾出自己家房子的三楼作为练习场地免费教村民打苗鼓。在这里,他们先后敲烂了两面鼓,培养出了50多位苗鼓人才,其中有年逾六旬的老者,也有八九岁的孩童。湘西苗族鼓舞是第一批国家级非物质文化遗产项目,坪朗就是文化生态保护区试点村。2015年,坪朗村成立了湘西苗族鼓舞传习所,石金琦成了这个传习所的教练,还组建了坪朗村苗族鼓舞表演队。石金琦的表演队所表演的苗鼓有单人鼓舞、双人鼓舞、四人鼓舞、群体鼓舞以及男鼓、男女群体鼓舞等多种形式。他们的表演继承和发扬了传统苗族鼓舞的套路和技巧,内容丰富、姿势优美、节奏感强、观赏性高,展现出湘西人与大自然和谐相处的生活状态。据石金琦介绍,她这几年带出了几百个徒弟,她的表演队也经常到吉首甚至广州等地参加比赛并获得很多奖项。石金琦还经常为游客、客户进行苗族鼓舞、苗族服饰一体化的表演,在促进经济的同时,推广苗鼓。

3. 苗族武术

在坪朗村,苗族武术也很普及。苗族武术又被称为"舞吉保"。坪朗村民很喜爱"舞吉保"这种技艺,男女老少都有习拳练棒的习俗。施洪珍是坪朗村石把志苗族武术脉系的苗族武术传承人,他喜欢苗族武术,对苗拳有很深的研究。他介绍说,苗族武术有徒手和器械两大类。徒手俗称"苗拳",含礼示、基本功、花架子、策手、点穴五种招式。礼示用在以武会友;花架子多用于表演场合;策手、点穴是绝招,一般在殊死格杀时突然出手,致人于死命,因此,一般场合下也很少使用。器械分硬器械、软器械和暗器三种。硬器械主要是棍、刀、叉等;软器械主要有鞭、包头帕等;暗器主要有飞刀、戒子针等。苗拳拳型古老,动作简练,结构紧凑,气氛刚烈,直进不退,在板凳板桌上均可练习。苗拳的特点是架子小、桩步矮,打拳时含胸、沉肩、裹膝、扣足,形似猴拳。施洪珍经常与村里喜欢苗拳的人一起切磋技艺,免费为村里喜欢练武术的村民进行指导。每年暑假,他还会在村里为放假在家的学生举办"石把志武术夏令营",坪朗村及附近苗寨

5~15岁的小孩都可以来夏令营免费学习苗族拳术、苗族棍术等传统武术。施洪珍说,苗族武术夏令营活动,不仅可以培养村里小孩子对苗族武术的兴趣,锻炼他们的身体,丰富假期生活,同时还可以避免这些学生暑假期间在没有家长陪同的情况下偷偷下河游泳等安全隐患。施洪珍称,作为苗族武术的传承人,自己有义务和责任把苗族武术传承下去,让苗族武术发扬光大。

4. 传统节日习俗

湘西的传统节日很多,有"三月三"、"四月八"、"六月六"、赶秋节、百狮会等。坪朗村民珍爱自己的传统节日,每当传统节日到来,他们都会举行隆重的节日庆典活动。

(1) 清明歌会

清明歌会又称"赶清明",一般在农历三月初三举行,是湘西的大型歌会。"三月三"这天天刚刚亮,坪朗村里的男女老少就吃了早饭,穿上了节日的盛装,沿着弯弯曲曲的山路,向清明山汇合而来。不到中午,这里已经变成人的山、歌的海了,参加者常达数万人。人们三五个一堆,七八个一群,一般是老年找老年、青年找青年对歌。男唱女答,女唱男对,一唱一和,其趣无穷。小商小贩也赶到山上来卖粉、卖面、卖米豆腐和油炸粑粑等地方特色的小吃,为节日增添了热闹的气氛。大家唱饿了就买点东西吃,吃饱了又围成堆继续唱。天黑了,人们生起堆堆篝火继续唱,难舍难分。

(2) "四月八"

随着时代的变迁,"四月八"的节日活动逐渐加进了歌舞表演及情感交流等内容,节日活动变得更加丰富多彩。坪朗的村民非常重视"四月八"这个节日,每年都会举行活动。因为重视且活动内容丰富多彩,坪朗的"四月八"活动在湘西也产生了很大的影响,以至于吉首市的"四月八"活动多次都定在坪朗村举行。

在农历四月初八这天,坪朗的村民会披戴银饰、穿着盛装举行祭祀活动,祭祀天地、祖先和先辈英雄。人们从四面八方涌向坪朗,一队队苗族姑娘穿着节日的盛装,在路边排成长龙,手握鲜花,恭迎宾客。龙灯队、狮子队、花鼓队、歌舞文艺队等,载歌载舞步入会场,一片欢声笑语,非常壮观。随着男女主持人用苗语和汉语分别宣布活动开始,顿时锣鼓喧天,鞭炮齐鸣,祭祀的8只长号也吹响起来,百十面大鼓敲打起来,响声在坪朗原野回荡。狮子、龙灯在河滩上舞得活灵活现,舞蹈队的姑娘们跳得格外热烈。随着苗族巴代走上舞台,"四月八"祭祀活动正式开始。首先是宣读"四月八"祭文,接着,请神、祭纸、绺巾舞、马鞭舞等一个个精彩的环节依次上演。苗族巴代用手势口诀引领着天与地、神与灵的交流,负责扮演祭司的人有节奏地跳跃着,挥动手中祭具,旗手们舞动手中的五颜六色彩旗,法司用碗向四周泼点祭水、祀礼师带动大家双手举过头顶,向天、地、人、神拱手叩首、祈福。随后是来自各地的代表身着原生态的民族服装,纷纷入场奉供品,点蜡叩拜,祈愿保风调雨顺,无病无灾。祭祀活动结束后,苗族上刀梯、抢鸭子、打苗鼓、赛苗歌等民俗活动也随即展开。

上刀梯是苗族人的传统风习,能充分展示苗族人的智慧和勇敢。每当赶年场或重大节日如"四月八"、赶秋节等都有勇士表演。刀梯是在一块较为平坦的地面上竖起一根6米长的杉木柱,柱上凿开36节孔眼,安插上36把钢刀,钢刀长0.5米,刀背厚0.5~1厘米,刀刃锋利。刀口向上,装成刀梯。刀梯上端缠系多种颜色的彩布小旗,象征着希望和胜利。上刀梯的勇士赤着双脚,双手抓住刀刃,双脚踩着刀刃一梯一梯往上爬至顶上。登梯者还要在梯上表演"倒挂金钩""大鹏展翅""观音坐莲""古树盘根"等姿势,施展全身本领。

抢鸭子活动的参赛者多半为青年。举办者将鸭子放到河中大概30秒后大声呼喊比赛开始,随即,各参赛者争先恐后地下河去抓鸭子。河中的鸭子抓完,即比赛结束。举办者根据参赛者手中的鸭子数量评比名次,抓得最多者为优胜。

"四月八"的节日活动还有很多,人们根据自己的兴趣和爱好自由活动。有的打秋千,有的吹木叶,有的吹唢呐,有的跳鼓舞,还有的耍拳、玩棍、表演气功,等等。如果是唱歌,则人们是自找对手,或者自由组合,围成一堆互相对歌。不少男女青年就是在这时以鼓传情,以歌为媒,自由恋爱结成终身伴侣的。当夜幕降临,人们点燃堆堆篝火继续唱歌跳舞,往往通宵达旦。

(3) 赶秋节

苗族赶秋,是在农历立秋的那天或后一两天举行。这时节,坪朗的田野一片金黄,秋收作物大多成熟。一年收入基本定局,丰收景象振奋人心,为此人们举行集会,称之"赶秋"。秋场里,摆设对歌台、跳舞台、八人秋等。对歌台下,歌手们在寻找歌伴,找到了对手,有的登台比赛,有的即兴对唱,你问我答,主要歌唱丰收,间或穿插唱些苗族古歌。歌声婉转动听,古朴优美。在跳鼓台上,鼓声咚咚,由槌鼓到拳鼓,表演美女梳头等日常生活和各种生产动作。在八人秋上,秋盘从慢至快地旋转,秋架上下一片喝彩声。一对对青年男女,时而如山鹰展翅蓝天,时而如海燕俯冲,动作惊险迭出,扣人心弦!秋架宛若一架大纺车,纺织着坪朗青年男女的爱情、纺织坪朗村民幸福美好的生活。

5. 坪朗苗绣

苗绣是最具苗族特色的传统手艺。苗族女人喜爱刺绣就像喜爱唱歌一样。出于对大自然的敬畏,她们将草木鸟兽绣制成图案保存下来。苗绣构图紧凑、色彩饱满、图形圆浑,线条有粗细、虚实变化,流畅飘逸,其中形象各异的蟠龙、飞鸟、蝶、花、鱼、虾,并非一种对大自然的单纯模仿。苗绣的设色不刻意于固有色的表现,而是大胆进行夸张、想象,灵活地加以运用。坪朗的女孩一般从七八岁就开始学习挑花刺绣,到十四五岁时苗绣技艺就已经相当娴熟。现在的坪朗村有一个苗绣基地,村民罗维英苗绣手艺精湛,是苗绣队的队长。在新鲜事物不断出现、诱惑力越来越大的今天,她在苗绣领域一直默默坚持,希望把她的苗绣手艺传授给更多人。她说她有个宏大的理想,就是为坪朗村绣一幅坪朗版"清明上河图"。如今坪朗苗绣基地的绣娘平均年龄在45岁,她们对苗绣爱得执着,每当她们拿到绣片样品,她们都会专心致志、一针一线绣图案,直到完成自己满

苗绣传习所（高华云 摄）

意的作品。在坪朗，苗绣不仅是一种技艺，还是当地女性表达情感的一种独特方式，是传统文化的一种载体。

6. 坪朗苗医

在坪朗村，苗医传承从未间断，苗族医药也一直都有很深的民间基础。村民们信任苗医，在他们看来，苗医是他们祖祖辈辈的保护神、护身符。

樊君祥是坪朗村远近闻名的苗医，他什么病都可以治，可谓全科医生。但是樊医生最擅长的是妇科和正骨术，经常有远道而来的人上门求医。樊医生介绍说：苗医用药基本都是草药，有些疾病就可以直接用草药去治。草药有外敷的，也有煎了喝的，大部分见效很快。樊医生用的草药一般都是他自己上山去采，有时候也会去乾州赶场上买。草药不贵，主要看搭配，分量要把握好。提及他最擅长的正骨术，樊医生说，治疗的技巧主要是手法。在处理骨折病人时，明确了哪个关节的骨头错位，可以通过独特的手法进行正骨。正骨（复位，固定）后还要对患者用草药，以帮助骨头生长，加快骨头接合速度。樊医生的医术是祖传的，他的外公是过去的大药师，妇科医术在他这代已经是第三代了。樊医生有一些药方是他帮别人治好病后，别人把自己的祖传秘方作为谢礼教给他的。他治疗烧伤的方子就是这样来的。他介绍说，曾经一个老人家伤了腰，伤得很厉害，老人一直以为自己再也站不起来了，结果他帮老人家治好腰伤。老人为了表示感谢，把他自己家里治烧伤的祖传秘方给了他。访谈时，樊医生说这秘方很是神奇，很严重的烧伤用这种秘方进行药敷，也能有较好的效果。当问到樊医生他的医术如何传承下去时,他回答,自己家里的孩子跟着他在学。

坪朗村还有一位苗医,那就是坪朗村卫生室的时勇文医生。时医生既懂西医,也懂苗医,其专长是用苗医治蛇毒。时医生的药材主要有两种获得渠道,一是他自己种有一片药田,二是去山上摘。坪朗村里很多生病的村民会来卫生室找时勇文医生看病,其中大多村民要求用苗医。相较西医来说,苗医会便宜很多,一般一服药几十块钱,效果也很好。

7. 民间传说

坪朗的秀丽景色也不乏美丽的传说。坪朗有座山叫"八万守",这山非常险峻,四周都是悬崖峭壁。原来这山叫"高栋坡",后来改名"八万守",关于改名的原因有好几种传说。其中有一种说法是关于在坪朗这里发生的一场战争。据说在清朝乾隆年间,一部川军想要扩张地盘,一路东下,势如破竹。他们经过花垣县的七里、八里直逼坪朗十五保和矮板十四保,想要夺乾所(乾州、吉首)。当地的军民迅速组织起来团结抗敌,誓要血战到底,绝不放弃家园。他们在现在寨阳乡的湘西土家族苗族自治州七〇化工厂对面的茶树坡河段筑碉堡、拦卡设防,日夜把守。八月下旬的一天,川军到来,对当地的军民展开了猛烈的攻击。这些由当地村民组织起来的地方武装非常骁勇,他们不怕牺牲,顽强地抗击川军。经过一天一夜的浴血战斗,村民们将川兵杀得丢矛弃枪,大败而逃。川军的残兵败将溃逃到了高栋坡,看到这里四周悬崖断壁,认为易守难攻,于是准备留下来调整一段时间再战。可是他们哪知道自己走上了绝路,这山上没有水源,他们无法生火做饭。但是,他们又不敢贸然下山,因为他们听说山下的守军有八万之多,他们根本打不过。山下军民也只是将这山围住,并不攻击川军。熬了不到半月,川军水尽粮绝,死伤众多,只好明里称要投降,暗中从山后平滩村方向悄悄下山逃走了。其实号称有"八万"的山下守军不足千人,说自己有八万人只不过是对川军放出的烟幕弹,以此来打击川军下山攻击村民的信心。从此这"高栋坡"得名"八万守"。

关于"八万守"的另一种说法是,兵败的太平天国将领石达开从乾州那边过来准备回四川。眼看军队就要到达坪朗,为了躲避灾祸,村民带上了粮食和其他财产爬到高栋坡躲避起来。石达开的军队来到坪朗后,将高栋坡围住,准备攻山。为了迷惑石达开的军队,造成山上有很多守军的假象,坪朗人在山上生火、击鼓,营造出有八万人的样子。看到这番景象,军队以为山上有吃有喝,守军也很多,就走了。从此这"高栋坡"山就改名"八万守"了。

(本章由高华云撰写)

第十章　补点村

补点村青山环抱,四周树木葱茏,恰比河穿流而过。站在恰比河对岸看来,寨后的五座山峰犹如卧藏山中的五条巨龙相聚争宝。村内多为生态林地及基本农田用地。补点村极具少数民族特色,村里民风淳朴,村貌整洁有序,曾先后被评为"省级文明村""全国双服务基层先进单位",是一个"望得见山、看得见水、记得住乡愁"的山村。2016年12月,补点村被列入第四批中国传统村落名录。

一、村落概况

(一) 地理生态

沿着洽比河而上，补点村坐落在延绵5公里的山谷里。补点村地势北部高，南部低，是典型的南北走向峡谷地形，地貌以山林为主，山势跌宕起伏，绝壁高耸，峰林重叠，溪河交错，四季如春，资源丰富，风景秀丽。这里的气候类型为亚热带季风气候，夏季高温多雨，冬季低温少雨。洽比河系峒河一级支流，起源于保靖县吕洞山区，在吉首市区域内流经坪年、岩科、洽比、中黄、庄稼等村，在狮子庵水库中汇入峒河。洽比河贯穿全村，清澈透明，涓涓流淌，滋润和养育了一代又一代的村民。

(二) 村落人口

身着传统服饰的补点村
阿妹(简兵　摄)

补点村是湘西吉首市矮寨镇的一个具有苗族特色的传统村落，全村现有4个村民小组，4个自然寨共600多口人。补点村在明朝中叶形成，村落中主要姓氏为石(约占总人口的60%)、时(约占10%)和杨(约占30%)。石姓家族最早迁入补点村，迁徙路线为从泸溪县到花垣县再到补点村。其次是时姓家族，从吉首市大兴寨迁入。最后为杨姓家族，从吉首市寨阳乡勤丰村迁入。由于此处山清水秀，人民安居乐业，代代生生不息，因此逐渐形成了今天的补点村。

（三）物产与特色产业

1. 主要物产

补点村村域面积共计6.6平方千米。其中基本农田409亩，一般农田233亩，水域用地面积323亩。在温暖的亚热带季风的影响之下，这里物产丰富，农作物资源主要有水稻、玉米、黄豆等。有板栗、茶叶、小胡萝卜、通菜、绿苹果、西瓜、杏子、豌豆苗、黄瓜、芋头等农产品。经济林以杉木、马尾松等为主。村民还饲养鸡鸭鹅猪等家畜家禽。鸭群早上和村民们一同出门，它们白天在洽比河中游泳觅食，晚上再一群一起摇摇摆摆地回家，构成洽比河上一道独特的风景。

洽比河中的家鸭（吴若暄 摄）

2. 特色产业

根据《吉首市寨阳乡集镇总体规划（2014—2030年）》，补点村依托当地特有的自然条件大力发展蔬菜和茶叶产业，形成了以韭菜和茶叶种植为主的种植基地和现代生态农业示范区。有新型韭菜基地1个，计划新增面积10亩，有茶叶基地1个，计划新增面积30亩，当地正在打造特色商品产业区。①

此外，在村支书石天银的带动下，村里成立了蜜蜂养殖合作社并注册了蜂蜜商标。蜜蜂养殖和泥鳅养殖已发展成为村里特色支柱产业。2019年村民养殖蜜蜂400多箱、养殖泥鳅14亩，年产值近250万元，对村镇经济的贡献率达40%以上。

---

① 参见《吉首市矮寨镇（原寨阳乡）补点村传统村落保护发展规划（2017—2030年）》。

3. 新兴的乡村旅游业

吉首市是湘西州州府所在地，地处张家界、凤凰古城、王村古城等旅游景点的中心，同时又是重庆黔江、湖北恩施、贵州铜仁以及湖南怀化、张家界等旅游胜地东西南北交会的黄金节点。补点村处于吉首市黄金旅游线上，北接保靖县夯沙乡吕洞山景区、南临吉首市峒河四桥、乾州古城，西达世界十大新地标——矮寨大桥和德夯风景名胜管理区。补点村的洽比河是吉首市峒河国家湿地公园的重要组成部分。补点村依山傍水，风格古朴，民风淳厚，风情浓郁；建筑布局层层叠叠，空间曲折变化，是一个富有古韵的苗族村寨。苗族风情是补点村最具有特色的观景元素，这里保留着淳朴古老的民族语言、歌舞、服饰、饮食、宗教礼仪等。苗族群众独特的生活方式，原汁原味、丰富多彩，处处显示着远古遗风遗俗，极富地方民族特色，其得天独厚的条件具备了发展新型生态农业和观光旅游业的区位优势和资源优势。

矮寨镇已将乡村旅游列入发展计划。发展乡村旅游旨在利用乡域中西部良好的交通优势和自然风光，将发展蔬菜、水果等休闲农业经济与农家乐相结合，突出打造"无公害绿色有机蔬菜瓜果"和"生态旅游"品牌，整合农业产业示范、田园风光展示、旅游休闲观光、农村生活体验、特色民俗接待于一体，使之成为吉首市民远离喧嚣、回归自然的"休闲会所"。

补点村以苗族举人石国斌纪念地和举人故居为依托，积极打造文化旅游。通过在举人纪念日邀请大学、高校师生进村举办国学培训班，开展"国学传承与苗族文化相结合传承"等活动弘扬传统文化。目前已建成的有举人文化广场和举人碑等景点。

补点村还根据自身特点，制订了重点项目建设规划：以四个自然寨为框架，以村道和洽比河为轴线，以现代农业生产、休闲观光旅游为中心，系统构建"六一四寨"发展规划，即发展一个高科技农业休闲观光园，一条旅游观光的防洪堤、一座160峰瓦的光伏发电站、一栋便民服务中心、一条提质改造的旅游观光公路、一个百亩蔬菜基地，四个自然寨的民居改造，

洽比河上的富民桥（简兵 摄）

发展农家乐和民宿。一个集苗寨风情、田园风光、山乡农家、生态农业、休闲娱乐的"山水、村落、生态"协调的旅游区正在形成。

（四）经济社会发展状况

补点村过去属于典型的贫困村，贫困人口比例大，贫困程度深，基础设施落后，产业发展滞后，文化技能较低，曾被笑话"补点补点，每年都靠上面补一点"。

在20世纪末，补点村仍因交通不便，与外界交流少，一部分村民甚至只会说苗语不会说普通话。这一现象随着普通话的普及和各地举办的普通话培训班发生改变，与外界交流多数用普通话，苗族语言仅限于本民族之间使用。随着义务教育的深入和对教育的重视，年轻一代的苗族儿女基本掌握了普通话。

近年来通过精准扶贫，补点村各项社会事业迅速发展。2014年，改造三组自来水管1700米，修建蓄水池一座。村里共修建拦水小溪坝8座，拦河坝1座，蓄水池4座。蔬菜产业和茶叶产业已成为村里的支柱产业。2016年，补点村顺利通过省级验收，成功脱贫，村镇集体年收入5.4万元，2019年人均纯收入已达7600元。

补点村坚持民主集中制。从2014年起，补点村率先实行村务月例会制度，每月15日定期召开村务月例会，参加会议的有村"两委"成员、小组长、网格长、党员代表、群众代表、妇女代表。村干部在会上总结上个月开展了什么工作、完成了什么工作、遗漏了什么工作、安排部署下个月所要开展的工作,就存在的问题广泛征求参会人员意见,制定可执行的方案,村中大小事务由会议决定。

补点村坚持村务、党务、财务公开。定期在月例会、村民代表会、党员大会和群众大会上公布村级事务,小到为村民打证明,大到项目建设、村级公益事业建设、新农合收缴、养老保险收缴等都及时向村民公布。党务方面坚持把党的政治建设放在首位,坚持党的基本路线、方针、政策,按月对党员积分进行考核,注重培养后备人才队伍、吸收致富带头人进入党员队伍,按期开展主题党日活动,注重对党员的教育学习,坚持"三会一课",村级党务事务事事做到"四议两公开",各项收入和开支按时在村级大小会议、村务公开栏、村级监督微信服务平台上向广大村民公布公开。

订立村规民约,创建文明村寨。在社会治安方面,补点村倡导村民之间团结友爱、和睦相处,不打架斗殴,不酗酒滋事,严禁辱骂、诽谤他人,严禁造谣惑众、播弄是非,共同维护安定团结的大好局面;严禁偷盗、敲诈以及哄抢国家、集体、个人财物,严禁赌博,严禁替罪犯藏匿赃物,保护树木、严禁乱砍伐树木。严禁电鱼、毒鱼、炸鱼,切实保护生态环境。在村风民俗方面,倡导建设社会主义精神文明,移风易俗,崇尚科学,反对搞封建迷信活动、邪教组织及其他不文明行为,树立良好社会风尚;提倡新型婚礼,喜事新办,仪式从简,反对铺张浪费;丧事简办,厚养薄葬,破除陈规旧俗,反对大操大办,严禁在林区燃放烟花爆竹。在邻里关系方面,倡导村民之间要相互尊重、相互帮助,和睦相处、守望相助,建立良好的邻里关系;在经营、生活、借贷、社会交往过程中,倡导遵循平等、自愿、互利的原则;邻里间发生纠纷,能自行调节处理的自行调节处理,不能自行调节处理的依靠组织解决,不能仗势欺人、强加他人。在婚姻家庭方面,要求全村村民要遵循婚姻自由、男女平等、一夫一妻、尊老爱幼的原则,建立团结和睦的家庭关系;婚姻大事由本人做主,反对包办干涉,不借婚姻索取财物。在环境卫生方面,要求村民各家各户、门前院内要保持清洁,不堆物品,农具摆放有序;清除暴露垃圾,清理卫生死角,清除废弃堆积物;禁止在公共场所乱吐乱扔,乱倒垃圾、污水和渣土;不准挤占公共地区,私搭乱建。

加强网格管理,纵深推进"互助互兴"。村寨管理注重收集日常各种信息,及时反馈给村民议事会和村"两委",信息收集量按多与少实行奖惩,积极开展"亲帮亲,户帮户"工作,在生产发展、脱贫致富、就医就学、道德模范家庭、美丽清洁家园方面,干部党员带头、能人大户带头帮助带动一般户与贫困户发展生产、互助学习、共治家园,形成信息共享、人人参与的浓厚氛围。

洽比河上波连波,补点村里喜事多。如今的补点村,小河片公路提质修建正在进行,新公路使得乡村和城市的联系更加紧密,已经脱贫的新补点村必将迎来乡村旅游发展的新契机,人民生活将更加幸福。同时也应该看到,随着生活节奏加快,传统村落传统的生活方式也正在发生着变化,传统村落和传统文化如何保护和发展是村民必须面对的难题之一,相信智慧的补点人必定会找到最适宜的路径。

二、文化遗产

(一)物质文化遗产

补点村地处山区,自然条件差,基础设施落后。过去,由于长期缺少与外界联系,村民生产生活环境仍是原始的,村民过着封闭的、几乎是自给自足式的生活。正是由于这种生活模式,为我们保留了原汁原味的苗寨,古色古香的吊脚楼,以及憨厚淳朴

补点村古井(简兵 摄)

的民风,沁着花草香味的大山和清澈透明的河流。补点村村民居住在青瓦、土砖和木板建造的传统建筑中,古砖巷道上,回响着来来往往的人们的笑声,记载着这片村落的历史,传递着苗族人吃苦耐劳、正直勤劳的优秀品格。村中万年不涸的古井涓涓流淌。虽然如今家家户户都用上了自

来水,它的意义已大不如前,但在炎炎夏日,甘冽的古井水带来的那一阵清凉却依然是村民们的挚爱。

村寨巷道(简兵 摄)

苗寨讲究傍山而居、望水而立,形成和谐的山水关系。洽比河流域谷深水急,河滩较小,水位也不稳定。这样的自然条件下村落的选址往往和水保持一定的距离,而在地势较高的地方。苗寨村落往往都选址于离河稍远的山脚或山腰之上,这既是受地形所限,也有利于防止水患的影响。依山脊而下的民居群,勾勒出苗寨别具气势的轮廓线,形成独特的村落景观。

这里的民居主要为木质结构。囿于木材的尺寸,农户房屋多为三间两层。中间一间为堂屋,左边为厨屋或者火笼屋(冬天取暖),右边一间多为家主卧室。堂屋整体比两旁的屋子缩进的部分俗称"吞口"(原意指饕餮)。吞口起源于图腾崇拜和原始巫教,是古代图腾文化与巫文化相结合,经历漫长的岁月后嬗变而成的一种民间文化的产物。通常它是绘有狰狞怪兽的器物。怪兽绘太极八卦图,豹眼怒视,龇牙咧嘴,犬齿突出,血口洞开,好似能吞掉一切灾祸和妖魔鬼怪,保佑风调雨顺,避邪救灾免疫。当地人取吞口之寓意,将堂屋修建成此状有祈求风调雨顺、避邪免疫之意。另外,吞口之处由于上有屋檐遮挡,无论天晴下雨都会很干爽,也是人们休息、会客的好场所。有的家庭还会在主屋旁边建一间阁楼供子女居住。

(二) 非物质文化遗产

1. 苗歌

苗族是个能歌善舞的民族,多年来,人们在生产生活中创造了丰富多彩的歌舞。以前歌舞活动在村民生活中比较频繁。村里的姑娘在结婚之日会唱起哭嫁歌。传统习俗中,新娘在结婚前半个多月就会开始哭,多的要哭一月有余,少则三或五日。哭嫁歌有"哭父母""哭哥嫂""哭伯叔""哭姐妹""哭媒人""哭梳头""哭戴花""哭辞爹离娘""哭辞祖宗""哭上轿",等等。在如今婚姻自由的年代,姑娘们在结婚时也还遵循哭嫁的流程,这是对过去形成的民族风俗的继承,是一种仪式感。除此之外,苗村人民结婚时还有拦门歌。当送亲队伍行至女方家大门门槛,迎亲队伍拦住大门不让进时,送亲队伍就要唱拦门歌,其传统歌词为:"别拦、别拦、别拦门,敬请众人别拦门,不是外人是亲人;别拦、别拦、别拦门,敬请姐妹别拦门,不是外人是亲人。"如果对方仍不让进门,送亲队伍还要用其他内容进行对歌比赛,直至进门。

2. 上梁习俗

据说,当村民修新居择定吉日举行上梁仪式时,大家会唱喜庆的"上梁歌"。仪式开始时,绳墨师傅骑在新屋的架子上,从上放下绳子,把画好的梁木拉上去安装好,然后与地上的贺梁人对唱。唱的一般都是三元及第、四季发财、五子登科、六六大顺、七星高照、天长地久之类的祝福和诵吉祥的内容。有时也唱梁木的来历,或者主人的屋场、屋柱、上梁的木梯等。绳墨师傅还会和贺梁人互唱盘歌(即青年男女向对方表达心愿、显示才能的一种古老的对歌方式,一般以问答的方式对唱),比试歌才高下,你争我夺,毫不相让。唱完歌后接着举行抛梁粑粑仪式,粑粑是土家族苗族聚居区人们对饼的习惯性称呼,一般常见的湘西粑粑是将煮熟的糯米放在石槽里,壮汉用石槌将之敲烂成团,再由妇女分成小团用手掌压成饼状,敲粑粑的活动通常都在节日或重要日子中进行。抛梁粑粑是将粑粑从屋梁上往下抛,下面众人抢之,抢粑粑的人越多,越寓意主人大富大贵,故而主人会准备较多粑粑。

3. 苗鼓

补点村的男女老少个个都会打苗鼓、唱苗歌。出于传承与热爱,补点村成立了苗鼓苗歌文艺队伍,这支队伍不仅逢年过节在村里展演苗鼓艺术,还时常外出参加州、市各种大型活动,多次捧回奖项,补点文艺队自编自导的歌舞节目,深受国家、省、州、市各级领导赞赏和群众的喜爱。苗鼓的具体种类包括迎宾鼓、憾山鼓、拔禾鼓等,不同的节庆场面唱不同的歌,跳不同的舞。这些苗歌苗鼓由于深受当地男女老少以及其他民族人民喜爱,至今得以妥善保存并传承。

4. 民俗文化活动

补点村保留着举办民俗文化活动的传统。每年的元宵节(在苗族聚居区,该节日中被称为"烧月半"),补点村都要举办焚烧活动,将一年中用过的工具、破旧雨具、破旧衣物等凡是用过且不宜再使用的物件集中统一烧毁,寓意为旧的不去,新的不来。为了来年讨个好彩头,村民家家户户都参加。每年农历二月初二是吃新节,寓意为春节来了,就能吃到新鲜粮食蔬菜,这一天全村村民聚在一起,杀猪宰羊,请法师主持祭拜仪式,祭拜土地神,并为土地庙改建或翻新,祈求保佑一方平安。农历四月初八则是举行大型祭祀活动的日子,这天,男女老少齐穿盛装,观看椎牛、上刀梯、踩火犁等节目,积极参与捉鱼、抓鸭子等群众喜闻乐见的活动。随着生活水平日益提高,也为了保持与外界联系畅通,村里还组织村民举办采蜜节,外出参与梨花节、葡萄节等丰富多彩的丰收节活动,增长了村民见识,聚集了民心。

在传统体育项目方面,补点村有摔跤、挑担、划木排、荡秋千、踩扁跷等,但随着生态保护力度不断加大,加上封山育林禁止开发,划木排项目因原材料原因而逐渐被遗落,传统体育项目仅有摔跤、挑担和踩扁跷得以保存，每年村里举办的民俗文化活动都会设置这些比赛内容，使这些具有特色的民族体育项目得以传承。

5. 苗医、苗药

苗族医药文化以天然绿色、方法奇特、简练实用和疗效确切而著称，又因同时具有文化价值、实用价值和经济价值而成为苗族最具魅力的文化之一，是我国民族医药中的一朵奇葩，被誉为"大山深处的瑰宝"。从远古苗族医药的"神农尝百草，识药效，除病痛"，"蚩尤传神药，医治疾病"到"一个药王，身在四方，行走如常，餐风露宿，寻找药方"，形成了"三千苗药，八百单方""千年苗医，万年苗药"的苗族药物学。但由于苗药没有文字记载，其传承全凭苗医口口相传。

苗族医药拥有自身理论指导的医学体系，包含本民族的基本观念、思维方式、哲学思想、民族习惯、经验积累和特殊发现等，其总结的医药理论是指导用药的纲要，如"两纲两病理论""苗医生成哲学""五基成物学说""三界九架理论""交环理论""四大筋脉理论""苗药质征理论"等。苗族人称苗医生为"匠嘎"，苗医药为"嘎雄"。苗族医学分内科、外科、妇科、儿科四种。据中医中药网民族医药资料记载，在苗族语言中，没有与汉族中词义完全相同的"病"字，只有相近的"么"和"母"。"么"的本义为劳累，"母"为疼痛，"病"的意思是引申出来的。苗医认为气、血、水是构成人体的基本物质，生病之因，外为水毒、气毒、火毒攻犯，内有情感、信念所动，亦有劳累损伤所致。

在苗医体系中，诊断以望、脉二诊为主，望可知其表，脉可知其里，表里结合。在望诊上中医只看头发，苗医还会看眉毛，眉毛顺而有光泽，病不重；眉毛散乱、皱眉时眉不举、汗毛直立则说明病重。诊疗小儿疾病时，苗医有特色指纹诊，即看大拇指颜色，黑表明失水，红表明受惊，绿色表明损伤。除此之外还有用于妇科诊断的指甲诊，苗医按住妇女的中、小指甲，放开后颜色呈淡红色为口干舌燥，呈黄色为月经紊乱。

苗医用药多为植物药、动物药及少量矿物药。药的特征归纳起来有"热"

"冷""和"三种;热药可治冷病,冷药可治热病,和药可补体质、治慢性病。药物的"结构素质"决定药力及药性:"质黏者易消化,补气力,清头脑;质糯者难消化,强筋生血,易伤肚;质沙者好吃,补血肉,和血脉,较难消化,容易产生多屁;质面者糊口,补肉补气,利关节,较易消化,多食令人胃弱。"

山缝间的苗药(吴若暄 摄)

苗药对采制有一定要求。植物药宜在有效成分富足时采集,如根类药宜在植株茂盛至翌年抽苗前采集,茎叶宜在生长旺期,花类宜在待放时,果实宜在初熟间,芽类力求娇嫩鲜美,皮类以浆汁富足为好,鱼、虾、虫、兽要辨别真假,腐败者不能入药;矿物、金属需剔净杂质。药物制作一般包括加工、炮制、提炼、合成及剂型改革等。苗医用药配方有两个法则,即"配单不配双"和"三位一体"。领头药、铺底药、监护药"三位一体"共同组成配方,用药只用1、3、5、7、9之类成单的药物种数,而不用2、4、6、8等成双的药物种数配方。领头药是针对病情起主要作用的药;铺底药是对领头药有相辅作用或对身体有补益作用的药;监护药是缓解领头药、铺底药的劣性和毒副作用,督促共达病所的药。这三类功用药"三位一体"与别的药物共配成方,才能发挥药物的良好疗效。因此,在选药配方时,在药材搭配、确定分量、制作方法以及服药方式、禁忌事项等方面都需要注意发扬药物之间的良性关系。除了此之外,苗医治病还采用许多其他治疗手段,如刮痧散气、弹筋活血、刺活散淤、灯火止痛、油针挑脓、蒸酒祛风、火罐拨气等。苗医在制完药之后会将药渣包起来(过去用布,现在多用塑料袋),将其塞于沿路的山石缝中,塞好后离开时还会说最好不回头看。

在过去,苗医通常也兼有法师的身份,做些小法事,达到满足人们精神安慰需求的效果。随着经济与科技的发展,村里的人纷纷走出大山在外打工谋生,只有极少量年轻人在业余时间跟随经验丰富的老苗医、法师学习苗医文化。据时任村支书石天银说,他的父亲就是一位老苗医,遗憾的是老先生已于前些年去世,仅有一两名学徒传承苗医知识。

6. 民间信仰

苗族人尊蚩尤为共祖。古时候人们出于对自然的敬畏,同时又与中央王朝隔离,在漫长的岁月中形成了特有的巫傩文化——敬鬼神、敬畏自然。法师地位超然。婚丧嫁娶、破土动工,乃至生病染灾都会请法师。随着社会进步,人们物质文化生活水平提高,法师的地位和作用也在不断弱化。法师渐渐成为大型表演场所的演员。

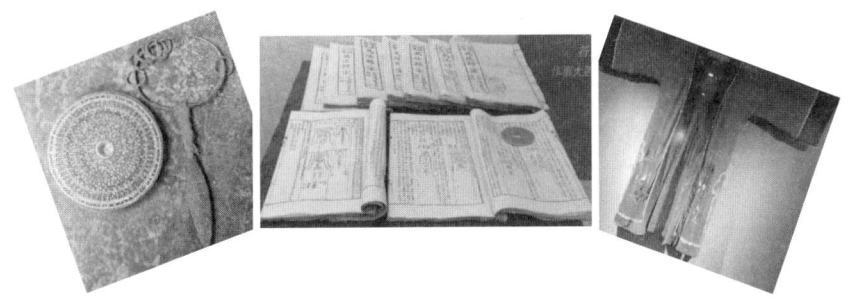

古代苗族傩文化中的法器、书籍和法衣(简兵 摄)

7. 苗绣

现代研究通常认为苗族刺绣起源于大汶口文化时期或更早的河姆渡和半坡母系氏族时期古人的文身。苗族妇女用五彩斑斓的彩线和灵巧的针法,把祖先的悠久历史、民族的千载传奇和先辈的丰功伟绩,把自己民族的历史、文化和精神,把自己的幸福和希望都绣在自己的服饰上。制作一件苗绣通常需要画、剪、折、绣、定样等步骤,制作出的苗绣作品题材多种多样,精彩纷呈,有的直接取材于日常生活。以前补点村的女性从小就向家里的长辈学习刺绣,聪明的苗族阿妹将植物纹样与动物纹样组合进行构图,构造出各种生机勃勃的图画,如空中飞的蝴蝶、各种鸟类;家中养的家禽类、畜牧类;水中的鱼、虾、螃蟹;生活中常见的植物及各种瓜果,如牡丹、莲花、月季、兰花、黄瓜、南瓜、石榴、桃子;等等,生活气息十分浓厚。也有采用托物寄情的寓意手法绣制作品的,如"鲤鱼跳龙门""喜上眉梢""凤飞牡丹""凤啄石榴"等都表达了对美好事物的向往。苗族阿妹还以神话传说为题材构建多彩的苗绣世界,如"上古神兽""老鼠迎亲""苗族的创世纪"等莫不充斥着生动的形象。湘西苗绣针法多样,姑娘们将这些图案运用得淋漓尽致,出神入化,借助光鲜的色泽、秀美的图案吸引着世人的眼球。

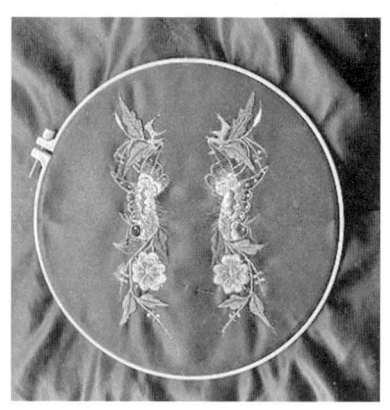

苗绣材料及作品(简兵 摄)

三、自然资源

补点村呈东西走向、沿河分布,依山傍水,山川呈出"五龙夺宝"的形势(一座山有五条山脊)。村落耕地面积692亩,其中水田面积409亩,旱地面积283亩,水土保持较好。由于没有工业产业,这里空气清新,风景秀丽,因此,这里的地形与树木均值得一观。

每个苗寨都会有护寨树,往往是从寨子外面一眼便能识别出那些高大的古树(枫树)。补点村有两处护寨树,一处是举人广场外的枫树。护寨树不仅树干不能砍伐,连落下的枝叶也不能当成柴火。如果无意中触犯忌讳的话,必须要以酒肉祭树。顾名思义,护寨树在精神上是苗寨的守护者。以树为保护神,不仅体现了人们对生命的崇拜,使人对自然保持

第十章
补点村

"五龙夺宝"(吴若暄 摄)

护寨树(简兵 摄)

敬畏的心理。而且在精神层面上通过村民集体对古树的崇拜和呵护反过来在村民内心形成了精神上被庇护的氛围。在补点村,举人广场、护寨树已是村落中最神圣的地点,成为村落格局在精神层面的核心。

另一处在村落对面的山上,据村中老人们说,传说在那座山上有一个山洞,那个山洞想把建在这个风水宝地上的村子给吃掉,于是村民们便移栽了几棵树在洞口,防止山洞吃村。于是,一远一近两处护寨树日夜守护这片苗寨。

村中还有不少古树,树干高大挺拔,枝繁叶茂,树根露出地面,其上长满青苔,如盘虬卧龙,有的古树根茎中抱有巨石,露出地面数米之远,有的深深地扎根石缝中、树石共生。此外，补点村山林茂密，土壤肥沃，阳光充足，水源丰富而未受到污染，山上产乌药、黄精、五倍子等野生药材。村对面的山林里生活着野猪和蛇等野生动物。山里的蛇是有灵性的动物，村中传说，如果上山遇到了蛇，家中便会遇灾，通常是自己或家人害病。但如果是带有找蛇目的上山，准备捉蛇拿去市场卖的村民，则不会应验这个传说。

补点村全村森林覆盖率达75%，植被茂密葱茏，在村前缓缓流过的洽比河清澈见底。一座新修的亭桥架于其上，劳作后的村民或倚坐或靠躺在桥上长椅处，吹着河风歇凉，两岸青山连绵，风光秀丽。没有门庭若市的嘈杂喧闹，在此地逗留的是蝉鸟虫鱼、风声和溪流声。村子里的房屋分散在这桃源之中，依山傍水。人们在河里洗衣、放鸭，自成情趣。洽比河中有一种小鱼，每年夏季正是繁殖季节，它们便成群溯流而上，有闲暇的人们或钓或网，将其制作成美味佳肴。如今周末垂钓已成为城里人来此度周末的必选项目。

四、历史人物

清朝年间，补点村出过一位举人——石国斌（1862—1936）。

石国斌是清光绪辛卯科（1891年）乾州地区苗族第一位文举人，为当时青年才俊的杰出代表。其家在排帮寨，背靠青山，前临小河，阡陌交通，鸡犬相闻，山清水秀，地灵人杰。民谣曰："排帮住在小溪河，山清水秀紫云多。书香人才代代出，一举三秀好文学。"据传，石国斌于同治十二年（1873年）在附近的树耳寨私塾就读，师从同治甲子科举人石绍全（今古丈县梅戎镇人）。石国斌17岁时与树耳寨4位秀才去长沙考试，即兴联诗（每人一句）曰："四人乡试下京州，共仰蟾宫攀桂尤。此去长沙无远路，回来清浪有岩头。"后石国斌独中举，复吟诗曰："巴陵城外欲停舟，久仰岳阳喜上楼。辰阳举杯三度醉，神仙使唤显风流。"喜悦之情溢于言表。

举人桅杆和举人碑（简兵　摄）

　　石国斌中举后，坚辞为官，倾其家资，一意办学，为当地培养人才，传播文化。其教风严谨，不分贫富，学子来自于附近三厅两县，一生授徒共计500余人，门人人才辈出，为当地发展做出了积极的贡献，深受当地人民敬仰。其家右侧立有一举人桅杆，高耸入云，土匪等奸邪之辈望而避之，不敢惊扰排帮寨。今天，村民为纪念他，在村口修建了举人广场，以激励后人为学向上。

　　石国斌故去后葬于排帮寨右侧半山楠木林中，墓葬至今保存完好。

（本章由简兵撰写）

第十一章　坪年村

从空中俯瞰坪年村,村中屋宇于群山环绕中错落有致地分布在洽比河畔。坪年村处于山间峡谷地带,村内绝壁高耸、峰林重叠、溪河交错,是藏在山旮旯深处却享有"烟雨凤凰,水墨夯沙,云香坪年"美誉的苗族山寨。全村现有以自然村寨为单位、保存完好的苗族民居200余栋,村民至今仍然保留了部分独特的传统风俗习惯。坪年村人文历史悠久,是清朝末年抗法名将杨岳斌的家乡,同时又是中国第一代苗鼓王龙英棠的家乡。2016年12月,坪年村被列入第四批中国传统村落名录;2019年,被列入中国少数民族特色村寨。

第十一章 坪年村

一、村落概况

(一) 地理生态区位环境

坪年村位于湖南省吉首市矮寨镇的北部,地势北高南低,是典型的南北走向峡谷地形。

全村东与己略乡自强、结联、夯坨村接壤,南同洽比、岩科村相连,西和排料乡龙孔、牛角村交界,北和保靖县夯沙乡排拔村接壤,是距矮寨镇政府最远的建制村。全村总面积9.6平方千米,其中,耕地面积1011亩,园地234亩,林地12822亩。坪年村四季如春,资源丰富,风景秀丽;地貌以山林为主,山势跌宕起伏,绝壁高耸,峰林重叠,溪河交错。由于村域内总体地势较高,起伏较大,可建设开发的用地受到限制,村中土壤以黄壤和黄红壤为主,沿洽比河沿岸多开垦为农田,以水稻为主的农作物也成为植被的重要组成部分。

坪年村航拍图(坪年村村委会 供图)

（二）村落人口

全村由5个自然寨组成，共有5个村民小组222户1200余人，村民世世代代居住在风景秀丽的洽比河畔。5个村民小组均分布于洽比河畔的大峡谷之中，是个一脚踏两县的传统村落。

（三）物产与特色产业

坪年村整体经济结构较为传统，2016年，全村耕地面积917.3亩，其中稻田623亩、旱地294.3亩。近年来，在市委、市政府以及相关部门的政策引导和支持下，坪年村种植黄金茶2800亩，黄桃400亩，2019年茶叶经济总收入860.6万元。坪年村主要从事粮食生产、蔬菜种植、黄桃种植、茶叶种植、竹木开采、竹器加工和畜牧养殖，发展300亩茶叶种植大户1户，建立茶叶专业合作社1个，主要农产品有稻谷、玉米、花生、黄豆、生姜等，是矮寨镇主要的商品粮生产基地。坪年村经济增长主要依赖种植业，第二产业和第三产业占比小，经济增长主要依靠生产要素的大量投入和扩张实现，属粗放型增长方式，新兴产业（服务业）发展滞后，为第一产业、第二产业服务的能力较弱。

坪年村的旅游资源丰富，包括自然景观资源和人文景观资源。坪年村的自然景观有峡谷、瀑布、奇峰、溪流、森林等类型，有部分景点已纳入德夯风景名胜区内，如坪年苗寨。经万年形成的坪年村峡谷远近闻名，峡谷沿居民点两侧分布，集"雄""奇""险""峻"等特点于一身。村中的人文景观可以用"古朴""神秘""粗犷"等词来概括，苗族虎口式民居、民间风俗、宗教礼仪、神话传说、民间文艺等类型的人文景观资源个性强、品位高、类型丰富，具有较高的观赏、科学研究价值。夯吉吼瀑布、百年古树群具有代表性。

考虑到村内及集镇的工业化程度不高，而人文和自然景观及生态资源优越，对于发展旅游也是一个良好的条件。村落发展目标是首先稳步发展第一产业,充分利用坪年村现有的自然资源条件及农业基础;其次则是利用其特殊的交通和区位优势,依托德夯风景区的发展契机,重点发展旅游配套服务,带动旅游产业等第三产业的发展。

近年来,随着村落发展规划的进一步推进和完善,坪年村打造了"五个一"发展规划。

一个农耕文化展示区——规划坪年五组以展示农耕文化和提供传统生活体验为主。全村所有现存的传统民居改造已全部完成,村民房前屋后坪场、村间道路全部实现青石板化,还修建了两条总长近2000米的游步道、一处观景平台。展示区注重生态平衡,突出生态特色,全面展示山、园、村融为一体的景观特色,打造生态农业、绿色农业、生态苗寨。

一个茶叶种植加工产业链——规划坪年村3000亩林地用于茶叶种植,主要以发展茶产业为主,包括种植黄金茶苗、茶叶加工销售等环节,产业链的建立带动了村域经济,形成了矮寨小河片区茶谷特色自然风光片区。

一个苗鼓文化传承中心——规划坪年二组建设苗鼓广场,主要承担苗鼓文化的继承与传播,形成坪年节庆活动中心。

一个特色瓜果采摘基地——规划在坪年一组至二组之间开辟100亩特色瓜果采摘用地,主要以种植瓜果为主。在扶贫工作队的统筹支持下,在村内沿洽比河两岸及四组、五组两条峡谷游步道两侧的闲地荒田、村民房前屋后,由村民自主种植、集中连片发展了800亩黄桃产业,三两年即可挂果。黄桃产业的发展,将使得"三月来坪年看桃花,八月来坪年摘桃子"成为坪年乡村旅游的一道"招牌菜"。

一个户外野营基地——规划在坪年一组与恰比河之间开辟一块土地作为户外野营基地,让游客可以在基地远离城市的喧嚣,体验回归自然的乐趣。

(四)经济社会发展状况

如今的坪年村,茶叶产业覆盖全村,在党和政府的关心和支持下,几届工作队用更大的工作力度使坪年村在村容村貌、村居生活等方面都发生了翻天覆地的变化,传统古村落与自然生态的相互和谐,融为一体以及茶旅结合的文化特色,给坪年村带来了无限的生机和希望。特色古村寨的建设和保护促进着传统文化的传承与发展。但同时我们也要看到,随着时代的变迁,现代文明逐渐融入湘西人的生活,一些原生态的传统文化正在慢慢失去原本的社会功能,面临着失传的风险。如何在发展中实现民族文化的传承和保护仍然是现代社会需要认真思考的问题。

为切实推进非物质文化遗产的传承与弘扬工作,助力乡村振兴与文旅深度融合,2022年11月,吉首市在坪年村举行了非遗传承系列活动,这些活动促进了乡村旅游发展和乡村经济发展。坪年村以"美丽湘西"工作为抓手,聚焦环境整治、生活富裕、乡风文明,协同推进乡村振兴。我们相信,坪年人的生活会越来越好。

二、文化遗产

(一) 物质文化遗产

坪年,自古以来就被称为"及第登科中秀才,手持朝廷铁饭碗。执鞭耕教荒无忧,因居宝地子孙贤"的风水宝地,作为传统村落,坪年村民俗风情独特,民族文化特色鲜明,保存着较为原生态的民族文化,既有代表性的传统民居、古工具等物质文化遗产,又有民间传说、民族艺术、宗教礼仪、节日民俗等神秘的湘西非物质文化遗产。

1. 传统民居

"建筑是凝固的音乐",每个时代的村落空间,都是历史长河中那个时代文化直接、重要的载体,坪年村的居住建筑大致可分为三类:第一类为少量清末建的木房子,位于坪年五组内;第二类为20世纪80年代至90年代的木结构房子;第三类为近年建造的砖房。村内街巷保留着浓郁的传统生活气息,以木结构最为典型。全村现有保存完好的传统民居200余栋,其中以五组、四组及一组保存最为完好。坪年村的建筑群体主要以木屋为主,主要特

第十一章
坪年村

古民居远景图(坪年村村委会 供图)

坪年村古道(马宏 摄)

点是以大圆柱支撑,四周用涂有黑色桐油的大块杉木板材装壁,上盖青瓦。正中间为堂屋,面对大门,左侧分布为火塘、厨房、休闲区等生活区域,后侧和右侧为起居房间,两侧用木质地板隔空垫层以防潮湿。火塘后面的房间通常为家中祖辈所居,堂屋后面的房为父辈房,右侧房为子辈房,厢房为女儿房和粮仓。堂屋正门一般向内缩进,形成吞口的形状。村里的人告诉我们,这一方面是为了防止主人不在家的时候远到的客人无处休息,另一方面也寓意谦虚和仁爱,后退一步,留出空间给别人。此外,燕子如果在吞口筑巢,则表示屋主会有好运。

坪年村各民居都依山势而建,形成聚落区,中间多以青石板小路连接,点缀着古树、古桥、古井、田地和水塘等,呈现一派人与自然和谐共处的古朴乡村田园景色。各组的木房因地理的平陡差异,布局成迥然不同的村貌。以四组而言,地势较为平缓,从正面观望,并无较大的观赏价值,若从高处俯视可见一派古村落的风貌。二组在半山中,形成居高临下之势。五组则呈阶梯式地完全展示于观众眼前。从山顶俯瞰村落全景,村舍层层叠叠、错落有致,碎石块铺成的村道在房舍之间迂回穿插,沿着山体逶迤攀升到山顶,且有雄关之势。

2. 传统工具

苗族人家保留着石磨、竹背篓、火镰、渔具等古代传承下来的各式各样

木质结构窗户(谈玉婷 摄)

工具,有些传统工具(如火镰、石磨)随着时代的进步,其实用价值已经逐渐被替代,但竹背篓和渔具等古工具至今仍然在使用。几乎每家每户都有竹背篓和渔具,村民日常打猪草、采摘、砍柴、赶集时都可以背上背篓用来装置物品。闲暇时间,村民就爱到比洽河边抓鱼钓鱼。

竹鱼篓(马宏 摄)

古石磨(马宏 摄)

(二)非物质文化遗产

坪年村民在此繁衍生息200余年,形成了独具特色的传统民族文化,这里保留着淳朴古老的民间传说、民族艺术、宗教礼仪和岁时节令习俗等丰富

的非物质文化遗产,特色十分鲜明。

1. 民间传说

神奇的传说与动人的故事是组成神秘湘西不可或缺的一个重要部分。坪年村的老支书杨太平博学多才,对坪年的历史过往了如指掌,特别擅长"摆古"说书,说起坪年悠久历史和动人传说更是滔滔不绝,如数家珍。

(1) 马鞍山上修行人的传说

坪年的马鞍山岿巍挺拔,直插云天,它不仅历史久远,而且富有传奇色彩。相传,八仙之一的吕洞宾有一次骑马经过这里,因见这里的人深受交通闭塞之苦、山险封锁之难、洪水成灾之患,于是便取下马鞍口中念念有词,对着马鞍吹口仙气,对着当地人说:"此鞍可保你们避灾难,可载你们和东西飞越千山万水直达闹市,或去交易,或去游玩,均可提供极大的方便。"说完他便将咒语秘诀传授给一位杨姓村民。后来,由于这位村民暴病而亡,秘诀无人知晓,这马鞍便不能再发挥其神功。春去秋来,寒暑易节,也不知过了多久,这马鞍便化作一座大山,就叠立于坪年一脚踏三县的地方。

传说马鞍山上的西北方有一个20多户人的村落,名叫牛角寨,寨中有位既美丽又淳朴善良的姑娘名叫石拔六,因看破红尘,便只身一人带着锅瓢鼎罐、一把柴刀、一床被褥决意离家,来到了马鞍山上修行,在搭就的简易棚里,她虔诚地修道拜佛,一门心思欲求个"跳出三界外,不在五行中"。常言道"修仙如登天",石拔六数年如一日按清规戒律坚持粗粮素食,面壁思过,虔诚修行,但一直难以超脱七情六欲的固有本能,由于追打了一只常常来偷食的白鼠,惹得天雷大作,最终没能通过严峻的考验,数年艰辛毁于一旦。她怀着无限的惆怅与万般无奈的心情,步履蹒跚地走向山中的一个大溶洞里圆寂了,终年80岁。这个故事告诉我们做事一定要执着,不能有一丝一毫松懈。

(2) 日昂的传说

日昂是坪年村四组吉补寨后约900米的一个巨石景观,苗语里"日"为"石","昂"为"船",此处意为石船。日昂主体为一条长约两丈(约6.7米)、宽约3尺(约1米)头尖稍上翘,中间平低的巨石,它不连山体,顺山脉卧于道旁,活灵活现地像一条在此搁浅的航船。据老辈人传说,在远古的时候,洪荒肆虐,严重地威胁着人们的生命安全与生产生活。上天为拯救天下苍生,于是就派遣了一位神仙下凡,这也就有了后来的大禹治理洪水的故事。一次,大禹架乘一只木船巡查到坪年村时,天色已经晚了,于是他便把木船拴好,泊于水流平缓处,下船找个高处地方休息。等第二天醒来一看,洪水消退了一半,他所乘的木船就这样搁浅在半山腰上了。据说这只被搁浅的木船虽经长年累月的日晒雨淋,却不腐不烂,久而久之,木船便化作石船,永远地躺卧在坪年吉补寨的后山上。

传说这日昂石历尽沧桑,汲天地之灵气,采日月之精华,自身便产生了一些灵气,它的船头朝向哪里,哪里就富裕起来。最开始船头朝向格哨寨这边,格哨寨这边就富贵。吉补寨的村民认为"宝在我地,却偏富他人",越想越不服,越想越有气,于是便自发组织寨上一帮人扛着撬杠(古代的一种取石工具),肩着搭耙,手拿挖锄,挑着簸箕,抱着改变命运的急切心情浩浩荡荡地向日昂石所在的地方进发了,想要把船头拨过来。可无论他们用什么方法,石船依然像铁水浇灌成的一样,固若金汤,岿然不动。怎么办?就在大家即将放弃的关键时刻,有个人因过于疲劳而歇在地上,他顺手割了几把草便和衣而睡在日昂石旁边。半夜时分竟然朦朦胧胧听到日昂石在说话:"任你们怎么撬,凭你们怎么拨,就是干到猴年马月、猫儿下蛋也休想动我一根毫毛,我怕就怕桐油来浇,铜钉来钻,这方能将我拨动。"等到第二天寨上人来了,他便把日昂石的原话说给大家听,此时,人们才恍然大悟、茅塞顿开。于是,大家先往石船上浇灌桐油,然后再用铜钉钻,大家用力,轻而易举地就将石船拨过来朝向本寨了。大家喜不自胜,欢呼雀跃。不久,吉补寨这边转成了人杰地灵的风水宝地。总而言之,传说终归是传说,要致富必须靠勤劳与科学;若想歪门邪道、守株待兔,天上不会掉下馅饼的。

(3)秀才逃官的故事

杨昌盛祖籍坪年,1883年10月出生于坪年村的一户富裕的书香门第,从小便受到良好的家庭教育。他后来拜名师,就读于当时的镇溪学

第十一章
坪年村

堂,攻读四书五经及其他历史典籍。他聪明好学,悟性强,能举一反三,把四书五经背得滚瓜烂熟,融会贯通,因此深受先生的厚爱与赏识。四年后,他提前完成学业,初出茅庐便通过了沅陵府乡试,以优异的成绩一举考中秀才。随后,他少年得志,衣锦还乡,这在穷乡僻壤的山区里可以说是破天荒的。人们奔走相告——"坪年出秀才了!"一时间他名声大振,远播十里八乡,亲戚朋友、社会名流等前来庆贺道喜的人络绎不绝,使整个坪年都沸腾了起来。其家人杀猪宰牛大宴四方嘉宾,其场面非常隆重,许多人为使自己的子女学业有成,日后能有个出人头地的日子,都纷纷携子带女慕名而来拜师求教。

杨昌盛就在自己家里设立学堂,广招门生,执鞭任教。琅琅的读书声透过窗外,响彻坪年的上空。杨昌盛为人谦逊诚恳、品德高,像孔夫子那样不分贫穷富贵,有教无类。他从不打骂学生,以其渊博的知识、深入浅出的教学方式教育学生,使学生们易学易懂,进步很快,最后都能学有所成。出师后,他的学生有的耕耘在教学育人一线,有的为官从政,真可谓是"严师出高徒""桃李满天下"。杨昌盛才高德厚的名声传到乾城县衙中,县令心想这正是朝廷所需要的人才,一纸委任状便要他当乡长。按理讲,这是升官发财的机会,是人们求之难得的美差,何乐而不为呢?但杨昌盛另有想法,因当时的朝廷政治腐败,社会黑暗,贪官污吏欺压鱼肉百姓,繁重的苛捐杂税造成了荒野千里、民不聊生的悲惨景象。他想,如果自己奉命为官,便要绝对服从上司的政令,抓丁派款,做那些伤天害理的坏事。他既不愿干那些被人背后戳脊梁骨的缺德事,可不干,又违抗上命,不忠朝廷,有犯上之罪,那也是要受惩罚的。他左右为难,心焦如焚,越想越怕,十分彷徨与恐慌。在冥思苦想中,他心生一计——"三十六计走为上计",溜之大吉。通过与家人商量,在一个漆黑的夜晚,他打点行装,带上些银两盘缠,神不知鬼不觉地悄悄地离开了家乡,走到所里(今吉首)搭上商人的货船沿峒河顺流而下,隐姓埋名来到沅陵的朋友家里躲起来。他走后,乾城县衙多次派人到其家中追问他的去向。他的堂弟杨昌发也有些才能,听说此事后便毛遂自荐,顶替了乡长一职,这事才平息下来。抗日战争期间,日本侵略者的飞机炸到了沅陵,为躲避战乱,他又回到了辞别已久的家乡。1949年后,国家关心少数民族的教育工作,在坪年设立了初级小学,招聘公办教师到这里来招生上课,私塾学堂从此退出了历史舞台。

1953年,杨昌盛因病在家中去世,享年69岁。杨昌盛博古通今,始终将"笼鸡有食锅汤近,野鸟无粮天地宽"作为自己的座右铭,这恐怕是他不肯为官的缘故吧。他不追名逐利,不同流合污的高尚情操,至今被人们传为佳话。

2. 苗族鼓舞

苗鼓表演(坪年村村委会 供图)

苗族鼓舞是湘西具有特色的艺术形式,历史悠久,代代相传。相传远古的时候,勇敢的苗族青年亚雄带领乡亲打败了为害一方的魔怪,并用魔怪的皮做出了一面大鼓,用魔怪的骨头作为鼓槌尽情敲打以示庆祝。这就是苗族鼓舞的最初由来。后来人们将生产生活的动作(如种田、纺纱、打铁、梳洗等)和大鹏展翅、水牛擦背、鸡公啄米、黄牛摆尾、猴子摘桃等动物活动都编成舞蹈,融入苗族鼓舞中,形成了苗鼓基本舞蹈的动作及特点,大大增加了苗族鼓舞的观赏性和互动性。苗族鼓舞也从最初只具有驱赶野兽、指挥、信息传递等功能发展到还兼有祭祀和表演的功能。坪年是湘西州第一代鼓王龙英棠的故乡,村里有专业的苗鼓文化队,苗鼓也成为当地男女老少喜爱的休闲娱乐活动之一。每当村里有重大活动举办,乡亲们就会打起苗鼓,跳起苗舞,用文艺表演的方式传递当地人积极进取、热爱劳动的文化精神。

一代鼓王龙英棠,从小热爱鼓舞。为了把苗族传统的鼓舞传承下来,她刻苦学习,精益求精,经常自编自导新的鼓舞节目,到处参加比赛。终于功夫不负有心人,1959年她代表少数民族传统鼓舞队进京汇演,受到了领导人的亲切接见并一起留影纪念。当年她与毛主席握手的照片现仍珍藏于家中,成了珍贵的历史资料。她虽然已经过世了,但她所亲自栽培的徒弟如今也已誉满天下。

3. 苗绣

苗族妇女擅长纺织和刺绣,当地苗族人的衣领、衣襟、衣袖、帕边、裙脚等部位都绣着美丽的图案。苗族刺绣的图案主要来自对大自然中花、鸟、虫、鱼等物象的抽象加工,不同形态的物象自由组合,和谐共存,富有浓郁的乡土气息和较强的艺术感染力。苗绣以五色彩线织成,讲究图案对称美、画面充实美和色彩艳丽美。即无论龙凤、花草、虫鱼还是几何图案都要求图形、色彩和空间的对称排布;喜好将整幅画面全部填满,不留空白;以大红大绿为主色,再辅以其他颜色,讲究冷暖颜色的强烈对比,色泽艳丽浓烈,喜庆吉祥。

苗绣作品(马宏 摄)

身穿苗族服饰的苗族老奶奶(马宏 摄)

4. 节日习俗

坪年村村民每年比较重视并且独具特色的节日主要有赶秋节、春节和端午节。

(1) 赶秋节习俗

赶秋节是湘西的大型喜庆节日之一,每年立秋之日,吉首矮寨镇的几个村寨都会轮流做东举行庆祝活动,十里八乡的乡亲们身穿节日盛装,涌入秋场,观看或参加文娱活动,共同庆祝丰收。同时青年男女也可在赶秋节上寻找朋友,找到另一半。赶秋节上的主要活动包括拦门喝酒对歌(远到的客人要在村寨门口与东道主喝酒唱歌,方可进入秋场)、苗族接龙(龙师带领众人组成龙的形状,边走边跳,表演龙的动作)、法师祭祀(众多法师聚集在一起跳绺巾舞、上刀梯、椎牛)、赶边边场(未婚青年男女在"秋场"边上聊天对歌,寻找伴侣)等。作为苗族最具特色的文化活动之一,赶秋节展现了人们团结合作,追求幸福、安宁生活的美好愿望。

(2) 春节习俗

春节,是坪年村一年中最隆重的节日。坪年村人过年也是要准备丰富的食物,一家人聚在一起吃团圆饭。因此,当地的村民从年前就开始打扫房间、杀年猪、熏腊肉、打糍粑、炒炒米、购买年货,为春节期间家人团聚做准备。在春节期间,人们还要聚在一起举行打秋千、玩龙灯、唱花灯等传统的娱乐活动。苗族人好客,过年期间,无论是不是自家的客人,村民们都会轮流请客人到家里吃饭。这种待客方式被称为吃"排家饭"。村寨请吃饭的户数越多、留客吃"排家饭"的时间越长,相应的村誉就越高。

(3) 端午习俗

端午节,坪年村里的习俗是要包粽子和做糍粑。坪年村关于端午节吃粽子的忌讳还是很多的。据坪年村的老支书介绍,在端午节之前,从五月初一至初五,任何人不能提及粽子的话题,也不能偷偷提前买粽子、说粽子和吃粽子,否则会有不吉利的事情发生。包粽子时也要瞒着家里的小孩子,以免孩子说漏嘴。据说以前有一位杨姓女儿端午节之前回娘家,偷吃了包好的粽子,等到回家后发现背篓里面出现了一堆蛇。还有一位杨姓的年轻人在外面打工时提前吃了粽子,结果回家在洽比河用炸药炸鱼时把自己都炸死了。不过老支书告诉我们,虽然传统是祖宗定下的规矩,但后代也是可以根据情况进行一定的修改的,只不过在改习俗时一定要由德高望重的老人提出来修改,而且要给祖宗烧香磕头,说明原因。现在年轻人都出门在外打工,难免会遇到难以完全遵照习俗的时候,因此老人们在祭祖时祈求,希望将这个习俗改一下,不要对年轻人有这么多的约束。

三、自然资源

坪年境内四面环山,山清水秀,树木葱茏,古木参天,原生态保护得很好。大自然的鬼斧神工把这里的山砍削成陡崖峭壁,千姿百态,猴子难攀。其重峦叠嶂,四季云遮雾绕的层岭峻峰,隐隐地透出一种灵气,身处其中有如登临仙境。其流泉飞瀑,从天而降,声势如雷霆万钧。相传很久很久以前,湘西地区久旱无雨,这里的百姓忧心忡忡,特请苗族巴代大师祈神求雨。正巧此时神龙腾云驾雾飞越湘西的山山水水,被这一条美丽的峡谷吸引,忍不住停下了脚步。得知此地干旱,神龙在天有灵,神雨从天而降,雨润赐福百姓,坪年万物复苏,庄稼丰收在望。从此,坪年的山脉如青龙连绵不断,溪水似游龙蜿蜒曲折,峡谷深处云蒸雾绕,群山瀑布飞珠溅玉,山涧溪水潺潺欢歌,坪年百姓安居乐业。

坪年村山顶悬崖(马宏 摄)

坪年村溪流(马宏 摄)

气势磅礴、岿巍凛然的观音山似观音坐莲,正微闭双目,聚精会神地默诵经文。"勾巴宜"像大鹏展翅,真有将坪年背负腾飞之势。更有那"坝竹坝怕"(苗语,翻译为悬崖擎天之处)横空出世、仿佛直插云天。相传这里远古时曾发生过一场战斗,把"几舍山"一刀劈开一条大缝,缝隙至今无法闭合,更显出"无限风光在险峰"的特景。洪荒时代大禹治水所乘木船在此触礁搁浅,至今已成化石,横躺在四组寨后,它给当地人带来了财源和平安。古时,人们无钟计时,只看前寨旁的一座山阴处,阳光在那儿开始有阴影就到午时,所以将那里取名为"窟坝乃图"(苗语,翻译为中午的洞穴)。古时,村中常以"坝呆山"(苗语,翻译为悬崖野蜂筑巢之处)测阴晴,结果大多正确无误,只要看见有一缕薄雾从下至上飘到山顶,这就预兆当天要下雨,人们出行须戴斗篷穿蓑衣。五组寨前的小山包像一座战斗堡垒,挡住了寒冷的北风,形成一个避风藏气的风水宝地。

四、历史人物

坪年村人文历史悠久,是清朝末年著名将领杨岳斌的家乡,同时又是中国第一代鼓王龙英棠的家乡,是一个神秘、古朴、奇特的传统村落。

清朝中叶,坪年诞生了英雄爱国将领杨岳斌。杨岳斌得到大山灵气的滋养,在湘军中屡立战功,很快脱颖而出。杨岳斌原名杨载福,其父为坪年的杨秀贵,其母石氏为排料人。杨家以耕作为生,家底较薄,一家人经常终年劳累,但还是衣不遮体、食不果腹,只能居于茅舍内。

相传,在一个满天星斗之夜,有人看见一颗星星坠落至杨家屋顶,疑是火把星,会给此家带来火灾,提醒两夫妻小心。第二年,在一个电闪雷鸣之夜,石氏生下一个口阔耳大、脸方、天庭饱满的婴儿,将他取名为杨载福,后来因逢干旱,杨秀贵夫妇迫于生计,经常一根扁担、一个背篓地背着儿子背井离乡来到寨阳曙光以割柴卖草为生。杨载福长到6岁,生性聪颖,所学过的书本,过目不忘,又天性好动,经常削木为刀,折枝做棍,弯竹当剑,就地舞刀弄枪,练起骑射来。后来乾州厅招兵,他从此走上从军生涯,深受朝廷赏识,被朝廷赐名为杨岳斌,从一个普通兵升至外委又晋升至陕甘总督的要职。后因法国侵略军占领我国台湾,杨岳斌奉旨协助左宗棠办军务,在危急时刻,亲率湘西八百勇士横渡台湾海峡,以其大智大勇,令敌人闻风丧胆,打败法国侵略军,收复被法国占领的台湾岛,为祖国统一和领土完整立下了汗马功劳,被朝廷赐予"骠勇巴图鲁"的荣誉称号。他的威名从此流传后世。

(本章由马宏、谈玉婷撰写)

第十二章　联团村

联团村位于吉首市矮寨镇西南部,距离吉首市城区31公里,背靠吉首市海拔最高的莲台山(海拔966米),是吉首市海拔最高的建制村,素有"吉首屋脊"之称。联团村形成于清代,是一个具有苗族特色的聚居村落,山地文化和苗族文化气息浓厚。2018年,联团村被列入第三批中国少数民族特色村寨;2019年6月,被列入第五批中国传统村落名录。

# 第十二章
联团村

一、村落概况

(一) 地理生态环境

联团村位于吉首市矮寨镇西南部,东靠寨阳乡平冲村,南与凤凰县米良乡接壤,西同寨阳乡排乃村交接,北和大兴寨村相依,距离吉首市城区31公里,是吉首市海拔最高的村,素有"吉首屋脊"之称。由于村寨海拔较高,村庄交通较为不便,通往村庄仅有一条已经硬化的盘山公路,驱车从村落到达山脚下的大兴村寨需要二三十分钟。

联团村由于坐落于高山上,其生态环境得天独厚,森林覆盖率达87%以上。村内属典型的喀斯特地貌,以山地丘陵为主,境内无河流。联团村境内地势南高北低,背靠莲台山,村民居住区主要集中在中部地势平坦之地,呈现出"前俯良田,后倚莲台"的整体格局。全村的特征可以用"山、林、田、寨"的生态景观来形容,自然生态环境优越。

(二) 村落历史

联团村村落形成于清代,在东部苗族的迁徙史上,苗族群众溯沅江、上武水、过峒河,先后在现今联团村下面的大兴寨落脚、安家。不久后,有两家人从大兴寨迁到了莲台山西麓脚下"交得标"(苗语"起屋场")居住,随后这里的人家逐渐增多。和许多苗寨的发展模式一样,"交标得"人放牛时发现,牛到半山坡不肯回来,人们渐渐都随牛前往半山坡居住,由此形成了现在的联团村。

关于联团村这个地名,从古至今经历了四次变化。

(1) 大钟坡:是1949年以前联团村的汉语名,因莲台山主峰形状像一个倒扣的金钟而得名。

(2) 打弓坡:联团村境内盛产毛竹,因古代许多战事和打猎所用的弓弩均取材于此地山竹而得名。

（3）大中坡：由于村寨坐落于半山腰，所以叫中坡，1949年前这里属于中黄乡乡域。

（4）联团村：关于此有两种说法，一是村民从山脚下的"交得标"陆续搬迁上来，两处寨子合为一处，有"联合团结"之意。二是由于区域内"团"和"台"发音相同，因此，联团也被看成是莲台山的"莲台"之谐音。

（三）村落人口

身着苗服的老人（李韬存 摄）

联团村传统建筑较为集中，街巷空间较为丰富，村中有82户人家，共345人。村民的姓氏有石、时、向、杨、刘等，以石、时二姓居多，通常称"石"为大石，称"时"为小时，但实际上，村寨里很多人也把"时"写成了"石"。村落里以留守老人和儿童为主，年轻人大多外出务工。

（四）物产与特色产业

联团村以林地、山地和基本农田为经济依托，有梯田200余亩，旱地100余亩。这里经济来源渠道单一，主要靠养殖鸡、鸭、猪、羊，种植水稻、猕猴桃、黄桃、玉米、黄豆和高山延季蔬菜。村内的特色产业主要有猕猴桃种植业、白云贡米水稻种植业和稻花鱼养殖业。笔者从时任联团村第一书记罗勇处了解到，村内种植的白云贡米仅稻谷收购价就有2元/斤，在稻田内还可以养殖稻花鱼，在每年四五月份插秧的时候放入鱼苗，在稻谷成熟时捕获。但村里种植的猕猴桃产业由于管理经验等欠缺，还未形成大的规模效应。

笔者在采访当日,尝到了村内的一种特色菜——桃花虫。据悉,因为其盛产在桃花烂漫的时节,所以美其名曰"桃花虫"。桃花虫其实是一种对生长环境十分苛刻的水生物,在毫无工业污染、气候适宜环境的高山溪间才能生活。关于此还有一个

桃花虫(李韬存 摄)

传说,龙太子曾经犯下"桃花劫",活活拆散了这里的一桩人间佳缘,内心愧疚不已,便命虾兵蟹将化为桃花虫,苗语称"妲给蜈",作为特产补偿村民。在河流溪边的浅水且石块较细处,翻动石块一般便可以看到有桃花虫。桃花虫营养价值极高,是苗族人待客的一道菜品。人们一般将桃花虫冲洗干净之后,或炒、或炸,再辅以辣椒、蒜等佐料即成一道佳肴。

稻花鱼也是联团村的一项特色产业,每年四五月份插秧的时候,村民在稻田中放入俗称"稻花鱼"的鱼苗,在稻谷成熟后鱼苗也可收获。种养的过程中,一方面,鱼的排泄物能够为稻谷的生长提供养分,另一方面,稻谷上的害虫会被鱼吃掉,同时鱼的活动还可以净化水质,形成一种良性的生态循环系统。稻花鱼肉质鲜美、营养丰富,可煎炸或熬汤食用,也可以晒成鱼干待日后食用。

(五) 经济社会发展状况

基础设施方面,1975年,湘西土家族苗族自治州水电局从大龙洞架专线达联团,1976年下半年,联团村通电。联团的通村公路修了20多年,刚开始是靠人工挖,1996年后由工作组系统组织,政府支援炸药、雷管;2008年,市财政局扶贫请了挖土,同年冬天通毛路;2016年完成通村公路

硬化，内道路现已多为水泥路，并且地势高处也安排有护栏。

经济发展方面，由于联团村海拔高，交通设施落后，经济基础薄弱，村民大多是自给自足，其经济发展一直都落后于镇里的其他村落。国家扶贫工作开展以来，联团村经济发展得到了很大提升。在农业方面，通过招商引资和财政资金扶持，利用联团村地处高山的地形特点、独特的气候特点，联团村开始重点发展高山水果、高山中药材等特色种植业以及山羊、土鸡等高山特色养殖业。目前，联团村发展得比较好的产业有猕猴桃种植业、白云贡米稻谷种植业和稻花鱼养殖业。

在旅游方面，通过利用联团村自然形成的梯田、苗寨民居、莲台山古庙等旅游资源，打造千年梯田、千年苗寨、千年古寺3个千年旅游观光景点。

教育方面，联团村教育资源较为匮乏，村内没有幼儿园、小学，孩子们需要到矮寨镇大兴寨的学校上课。精准扶贫实施以后，吉首大学学生每年都会开展暑期"三下乡"活动，在村内开办"云上学校"，帮助村里的孩子补习功课，学习知识。2017年，村民石光富之女石阳花是村寨有史以来第一个大学本科生。

医疗方面，在村部设有一个村医务室，村内的石家发老人精通苗医，也可以为村民提供医疗服务。

此外，村内公共娱乐设施较少，仅在村部附近建有一个约300平方米的篮球场和一些放松锻炼器材。扶贫工作开展以来，村民的获得感和幸福感显著提高。在扶贫工作队和村民的不懈努力下，联团村于2017年正式脱贫。

石九哥是村子里一名退伍军人，联团村创业养殖的典型代表人物，也是联团村精准扶贫政策的首批受益人之一。

1973年，石九哥来到广东参军，表现良好，先后参加了许多场战役，在西沙保卫站中获得三等功奖励。1976年，发生唐山大地震，本来要复员的他又投入到灾后重建的工作中去。石九哥说："服从命令是军人的天职，当国家需要我的时候，我绝对挺身而出，只有真正做到服务国家，服务社会，才是真正的英雄。"讲到部队的那些事情，石九哥满是骄傲和自豪，部队的生活让他的思想与时俱进，教会他"以苦为荣，以苦为乐"，同时，纪律严明的部队生活也帮助他养成了良好的生活习惯,访谈中,他表示感谢国家对他的培养。

从部队退伍之后,石九哥也始终坚持着退伍军人的信仰,始终对党对人民赤胆忠心。他回到联团村的生产队工作后担任会计一职,后来,又当了8年的民办教师,教出许多优秀的学生。在此期间,他赡养了同村的两位孤寡老人14年,他说:"中华民族以孝为先,我愿意孝敬他们,为他们养老送终。"

国家精准扶贫落实在联团村,石九哥成为当地精准扶贫政策的首批受益人。他用得到的8270元的扶贫资金,购买了山羊和黄牛。但是由于村寨交通闭塞,信息流通受阻,一次羊瘟使其遭受了严重亏损。后来他开始学习相关的养殖技术,并结合村子当地的自然生态优势进行合理、绿色的养殖,他先后养殖了山羊、稻花鱼等,并建立了自己的石蛙养殖基地。说到精准扶贫,石九哥认为精准扶贫政策让村子的基础环境得到了改善,同时教育和医疗条件都得到提高。

二、文化遗产

(一)物质文化遗产

1. 土墙

联团村残存的一面土墙是该村遗留的文物。土墙由大块土砖和小块土砖整齐排列而成,只有不到木瓦房一层的高度。土墙的砖块虽然整体排列整齐,但是许多砖块的表面已经不再平整,有的还有一些小坑,多处呈现暗红色,因保护不当,墙面的一侧出现倒塌。

这面土墙历史悠久,相传是在建寨的时候修建的,在村子里失火和土匪烧

土墙(霍达 摄)

掠时，只有四处没有被烧毁，其中包括这面土墙，墙上砖块上的红色印迹，正是火焰灼烧后留下的。虽然墙面有些残缺，但却也充分反映了古时村民生存的智慧和其砌筑工艺。

现在这面土墙是村民时清元家木瓦房的一面屏障。时清元说，这个房子是其从村民时志喜那里买来的，因为其无儿无女所以将房子卖给了自己。

2. 传统民居

吞口屋是湘西民居的特有做法，也是联团村建筑文化的特色代表，所谓"吞吐"即民居正中大门这一开间的正面墙壁和大门向后退一定距离，形成一个向内凹进的入口，又称"虎口"，这是苗族民居的普遍做法，有"聚宝进财"的寓意。当地传统房屋主要为木瓦房，冬暖夏凉，一般为两层或三层，一层屋顶比较高，顶层比较矮，顶层一般只放粮食等物品，不住人；房顶是由瓦片平顺严密地堆积而成，会留有一些小孔给室内透光；房屋的墙壁都是由木头建造的，大多为黑色，这是因为当地气候潮湿，为了驱除潮湿，对房子进行烘烤而形成，也因此房子颜色越深代表历史越悠久。有的人家还会有一个小院子，有的则直接临路而建。村内大多数的房子都有几百年的历史，是从祖辈传承而来。室内，每家的厨房都有烧柴火的灶台用来做饭，但现在也有许多人家用起了电饭煲等家电类产品。厨房的对侧间有火坑，冬天人们在这烧火取暖，火坑的上方有木头的架子，用来熏腊肉。

传统民居吞口屋（刘伶丽　摄）

联团村村居内的灶台都是呈半月形，方便掌厨人同时掌握3个灶口的情况。灶台一般会有3口锅，一个用来煮饭，一个用来炒菜，剩下的一个用来煮牲畜的日常吃食，这个锅的位置会比前两个低，是为了防止煮牲畜吃的东西时，将食物溅到其他锅里。灶台一般用石砖砌成，一些家庭条件好的人家会在灶台表面铺一层瓷砖，方便餐后的清理。在灶台的下方,村民们也会另起一个小火灶,用来烧水。

村内的猪圈一般都是在自家房屋旁边搭一个小房子,先用碗口粗的木头先搭好大体框架,再在上面铺上茅草作为屋顶,围栏一般会比圈养的家禽高出许多,以防牲畜闯出栏外,猪圈底部会比地面高出大概一脚的高度。

3. 古井与古巷道

联团村现有6口古井,都是古时村民自己挖的。水井内的水清澈清凉又天然,可以饮用。因此村寨未通自来水之前,村民们都会来井边洗菜、洗衣服、挑水。

古巷道(李韬存 摄)

联团村的古巷道由古时居民就地取材,取青石板铺建而成,是以前村寨主要的步行系统,目前有部分已经改造成水泥路面。

4. 各式农具

(1) 风车

当地的风车由木头制成,大约一人高,当地人用来筛谷子。其前端上方呈漏斗状,用来放入谷子,侧下方有一个小口,一些瘪谷子便会从这里被筛选出来,剩下的便会从漏斗正下方流出。风车的另一侧便是一个圆形的鼓风口,漏斗中流出的谷子,通过风力的筛选便会去往不同的地方,由此达到筛谷的目的。

（2）斗笠、蓑衣

斗笠呈圆锥形,帽檐宽大,可以用来遮阳挡雨。斗笠由竹子编制而成,一般是5根大一些的竹片做骨架,再用细的竹丝编制成网,中间附上一层塑料纸,用于雨天防水。蓑衣主要是由一种特殊的草晒干之后编制而成,编制细密,不易漏水。下雨天干农活时,披上蓑衣、戴上斗笠便可以出门,作用堪比现在的雨衣雨帽。平时不用时,挂在墙壁上即可。

斗笠（李韬存　摄）　　　　　　蓑衣（李韬存　摄）

（二）非物质文化遗产

1. 苗族武术

联团村被称为苗族武术之乡,著名苗族拳师石把志（1893—1975）就出生于此。石把志作为湘西苗族第一拳师,其一生颇富传奇色彩。石把志从小就随父亲石光明习拳弄棍,二十来岁就臂力过人,刀、枪、棍、叉等武艺样样精通。1946年,石把志曾在只带一个帮手的情况下,闯入土匪窝,救出自己的儿子和其同伴。中华人民共和国成立初期,他还多次协助矮寨乡参加剿匪活动。

　　苗族武术代代相传,现在联团村有名的苗族拳师石坤南从小跟随石把志学习苗族武术,接受采访时已经75岁了,但仍坚持着打苗拳。据悉,石坤南先生现在大多时候都是随着儿子、儿媳住在吉首市,偶尔回村子里面。笔者在调查时很幸运地见到了石坤南老先生,他告诉我们苗族武术有徒手和器械两种,徒手就是常说的苗拳,器械一般就是刀、棍、叉等,说到这里时,老先生还给我们演示了苗拳和大刀武术,还告诉我们之前他随武术队去长沙参加过比赛,只不过因为年纪大了体力有些跟不上,所以最后只获得亚军。

　　现在村里面的村部秘书石成强——石坤南老先生的侄子,便是吉首市苗族武术非物质文化遗产传承人。他也是刀枪棍拳样样在行,虽然看起来清瘦,但是舞起苗族武术来,步伐稳健、刚劲有力。

石坤南(李韬存　摄)

石成强(李韬存　摄)

2. 苗族舞狮

　　舞狮是中国优秀的民间艺术,古时又称为"太平乐"。舞狮是湘西地

舞狮(霍达 摄)

区大多村子都有的传统,每逢节庆或重大活动都会表演舞狮助兴。在表演的时候一般至少需要三人,两个人合作表演狮子,一个演狮头,一个演狮尾,同时还有人敲锣,在音乐中表演者扮演出狮子的各种形态进行舞狮表演。舞狮服由不同的彩布制成,分狮头和狮身两部分,狮头处的表演者穿在舞狮服两条腿中。联团村目前比较有名的舞狮表演者是时金昌,他从20多岁开始就在对面的寨子学习舞狮,现在年近80岁,已经不太舞狮,但是有收徒弟传承这份传统文化。目前村子里的狮子有一对保存在时金昌老人家的柜子里,都是时金昌自己做的。村子里舞狮队的大多数成员平时都出去打工了,只有过年才会回来。舞狮队的成员同时也是村里武术队的,因此联团村的狮子步伐也融入了莲台山武术的元素,有美感、有力度、有攻击性。说起学舞狮的原因,老人家表示这是每个寨子都有的习俗、传统,所以也就去学了。

3. 苗服

苗服保持着中国民间的织、绣、挑、染的传统工艺技法,同时在这些传统工艺的基础之上,运用其他的工艺手法,如挑中带绣、织绣结合,从而显示出苗服鲜明的民族特色。苗服分男装女装,男装没有女装色彩鲜艳,也分老人穿的和年轻人穿的,其中用白布做裤腰的裤子是老人穿的。在形式上,苗服分为盛装和便装,盛装是在节日礼宾和婚嫁时穿着的,色彩较为鲜艳,服饰较为华丽;便装是日常穿着的,更为朴素简洁。目前联团村大多数村民日常穿着的衣服都不是苗服了,只有一些老人家会穿。龙永珍从小便跟着伯伯学裁缝,是村子里及附近村子最出名的苗服裁缝之一。她的裁缝铺并不是独立的门店,而是开在她的家里。房间内侧间有一台缝纫机,周围是做衣服所需要的布匹和棉线以及一些配饰。墙上贴着一些龙永珍师傅参加活动穿着苗服的照片。

苗服裁缝龙永珍师傅(左二)(李韬存　摄)

4. 丧俗

村子里的人去世以后,家人会请人来念经文,以表达对逝去亲人养育之恩的感谢,这一习俗便自古流传下来。

据村里的时金昌老人所述,念经是自古流传下来的习俗,无论对方家里贫富贵贱,只要邀请了他都会去,做善事,不计报酬。时金昌先生家里藏有大量的经书,都是其亲笔抄写的。在采访中,老人热情地向我们展示了其珍藏的经书,并且还为我们诵读了两段。

5. 棋王棋

联团村的村民闲暇时经常在枫树下纳凉下棋。大枫树下的水泥地上刻着七种棋盘:三棋、五行棋、象棋、裤棋、树棋、挑棋和棋王棋。其中裤棋、挑棋、棋王棋村里只有一部分村民会玩。

棋王棋需要三个玩家参与,在游戏开始前,每个玩家分一组编号,分别为甲1、5、7,乙2、4、8和丙3、6、9。每个玩家分有4个小石头,一个小石头作为棋子放在棋盘上,另外3个石头用来做数字。游戏开始后,将一个石头放在棋盘上的甲乙丙原位,剩余石头握在手中,然后一起喊"一、二、三"后出手,可以出1~3个石头或者不出。将3个人所出的石头数加起来,总和为谁的号码谁就向前走一步。但一旦移动两格后被其他玩家反超,那该玩家就要退回到原位重新开始。

棋王棋中,棋子行进的路线是先走棋盘上的大圈,大圈走完之后走中圈,走完中圈走小圈,小圈之后就往小王走,走完小王就往回走,走到大王和小王的三岔口处直接走向大王,谁先走到大王的中心区域谁就获胜。

6. 生活习俗

(1) 宴客形式

联团村村民热情好客,笔者在采访时,恰逢村里之前的扶贫退休干部来到村里做活动,村委会为了表示欢迎,中午特意备了一桌当地特色的酒菜,足足有十几道,在一个长桌上铺陈开来,全都是用柴火烧制,味道鲜美可口。当地的酒文化也非常浓厚,光是酒的品种就有好几种,全都取材于自己家的粮食,有玉米酿、红薯酿等。

(2) 饮食习俗

联团村村民擅长烹煮米锅巴与米汤。将米淘洗干净后铺在一口大锅上,用锅铲推平整,小火慢慢烘焙,不久后米锅巴便可以成型。食用时,其口感略微有些硬,但是会有一股浓浓的米香。做米锅巴剩下的米会用来熬米汤,在锅中放入少许米粒,再加上大量的水,水开之后米汤便熬制成功。苗族人一般是在正式吃饭之前食用米锅巴和米汤,利于养胃。

7. 苗族医药

苗医源远流长,发展至今已经有三四千年历史。医治范围非常广泛全面,苗族的医药也非常神秘,自成体系,苗族的民间有"千年苗医,万年苗药"之说。

联团村里现在有一位苗医,名叫石家发,1951年生,家里祖传学习苗医,到他已是第五代了。石家发从七八岁就开始学习苗族医术,跟着父亲石把志上山采药,出诊医治。1951年湘西解放后,石家发的父亲被调往吉首市,在国家设立的一个门诊工作。1954年石家发全家搬到吉首市后,其父开始专心研究草药。1960—1962年,其父亲前往长沙传播他的医药配方,回来后就到吉首农校讲授课程。石家发家里有许多记载药方的小册子,是石把志传下来的。笔者还从村支书处了解到,他小时候不小心摔断了手,就是石家发老人帮忙医治的,没过多久便恢复如常了。而在我们去调查时,村里面的苗衣裁缝龙永珍老人前几日因为下雨路滑,在回家的路上不慎跌倒,手臂受伤,也是石家发老人帮忙接好的。石家发老人平时都会上山采药,将药材分类储藏在自己家中的阁楼里,他也在自己家的房子旁种了一些药材。

笔者在走访中发现,村内大多数人家门口都会晒有草药,有铺在地上绿色的带有绒毛的,也有挂在墙壁周围的鱼腥草。据悉,村民们一般在农闲时上山采草药,既可以晒干自用,也可以拿去集市上卖,以补贴家用。

8. 民间传说

联团村代代流传着"三擒德王"的传说。相传德王是村子里古时候的传奇人物,据说他面相怪异,但是神通广大,为人仗义,名扬百里,百姓们私底下奉他为王。消息传出,官府曾三次想擒住他,但都未果。第一次官兵刚进入村寨便浓雾四起,雾气包裹了整个村寨,官兵们难以辨认方向,踩伤无数。第二次官兵刚进村口,便被村口把守入村要道的两块大石——金狗石、银狗石闪着的两道光吓得四下逃去,村民乘势追击,官兵落败而逃。第三次官兵从后山偷袭,双方在一个叫夯阳的地方交战,由于官兵训练有素,村民们准备又不足,便落于下风,只得退回到村口。霎时,村寨被浓雾包裹,德王抓起一把砂土向官兵扔去,顿时喊杀声四起,但由于村内被浓雾包围,官兵不敢贸然向前。此时,一位村民情急之下挥刀向在他脚边乱窜的东西砍去,随着一声惨叫,浓雾霎时消散,杀喊声戛然而止。村民定睛一看,发现竟是一只巨大的白兔。官兵见浓雾消散,再度冲入山寨,又搜山七天七夜,但却未发现德王的踪迹。

三、自然资源

枫香树（霍达 摄）

枫香树，也被称为"妈妈树"，在联团村就有两株树龄较长的枫香树，树干粗壮，要2~3人才能围抱起来。据当地村民介绍，枫香树在他们祖先搬迁至此时就已经存在了，至少有上百年的历史，其中一株在2015年的一个夜晚，被雷打中，树干枯萎。

关于枫香树，还有一个传说。相传，联团村的一位祖先搬迁到此地后，不断繁殖生息，随着村庄人口的发展，村民请了巴代在枫树下修建了土地堂。有一年官府到处打听"矮寨镇大钟坡"这个地方，原来，有人多次看到两个长相貌美的苗族女子到辰州府（阮凌）看戏，她们自称名叫"枫香妹""枫香英"，来自矮寨大钟坡。村民这才知道村子里的那两棵枫香树成精了，因此也更加喜欢自己的村子和这两棵枫香树，认为枫香姊妹可以保佑村庄平安。

吉首市人民政府也于2016年为枫香颁发了"湖南省古树名木保护牌"，据保护牌上介绍，联团村内的这棵枫香树其科属为金缕梅科枫香属，是国家二级保护树木，已经拥有400多年的树龄。

四、历史人物

石把志（1893—1975），学名石怀玉，曾用名石开志，把志的叫法是俗称。其年幼的时候便跟随父亲石光明舞拳弄棍，而后在父亲的安排下拜保靖葫芦寨的武术师傅唐胜、唐林和古丈县术除寨的龙其全为师。1906年6月,正值青黄不接的时候,村里的一个婆婆来向其父石光明借米,石光明热情地招待了她和她的外甥杨金膀,杨金膀正是当时大名鼎鼎、武艺精湛的武术大师。石把志跟着他学了一个月,在他的悉心指导下,习得了12手短打、14个扫腿法和36手擒拿手等武术。到了20来岁时,石把志已经刀、枪、棍、叉等练得样样精通。

民国二十年(1931年),石把志被乾城县督带周佐侯聘请为教官,奉为上宾。同年春节期间,石把志在校场坪献艺,打了一套动作干脆利落、刚劲有力的八合拳,结束后面不改色、气息平稳,引得现场观众拍手叫绝,称其为"湘西苗拳王"。1946年,石把志的儿子石天虎和同伴石三茂在井边玩树叶船时,被土匪绑架,爷爷石光明变卖了30挑谷子也无法赎回孙子。石把志艺高人胆大,只带了一个随从深入匪巢,便将两个孩子救了出来。石把志除了苗族武术令人称赞不已之外,还精通苗药。中华人民共和国成立后,他被招募到吉首市的鸦溪去当兽医,后来在吉首光明街当医师。1952—1962年先后在大兴寨和吉首镇开设国营草医门诊,1960—1962年连续三年,他被选送长沙培训,每年学习一个月。工作期间,他先后6次被评为全国和省、州卫生先进工作者。1963年,被评为湘西州名老中医药人员。石把志医术精湛,救死扶伤,不计回报,有几个治疗案例在当地被传为佳话。

据说,1955年的一天,村民石金生上山砍柴途中被老虎咬伤,陷入昏迷,伤势极重。大家都一致认为石金生回天乏术之时,石把志赶来查看伤势后,肯定他还有救,为其敷上草药,果然10多天后,石金生便能下床缓慢行走,一个月后就基本痊愈了。

(本章由李韬存、霍达、刘伶丽撰写)

第十三章　中黄村

中黄村水绕三山,有着生态宜居的自然地理环境,良好的交通、旅游区位,丰富深厚的物质与非物质文化遗产,热情好客、身怀绝技的苗寨人民,塑造了天时地利人和的幸福场景。中黄村以历史建筑及苗族文化为特色,是湘西苗族村寨之缩影。2012年12月,中黄村被列入第一批中国传统村落名录。

第十三章
中黄村

一、村落概况

(一) 地理生态环境

中黄村隶属于矮寨镇,地处吉首市、花垣县、保靖县两县一市的交界地带。村域内有乡村公路穿村而过,可通往花垣、保靖等地,村子紧邻吉茶高速,距吉首市中心15公里。

中黄村处于我国东部新华夏系构造第三个一级隆起的西南段,域内分布有较多褶皱和断裂带,地势起伏较大,属喀斯特岩溶地貌,峰丛、岩溶、洞穴较多发育,地下水丰富,土壤以红壤、黄壤为主。在中亚热带季风性湿润气候影响下,中黄村水量充沛,土地肥沃,光照充足,四季分明,春秋温和、冬暖夏凉;植被丰富,以松、杉、杂木、秀樟等树种为主。地势较平坦的河谷地带是村中主要的农田与村庄区域,坡地与山丘主要作为林地、园地使用。洽比河自北向南从由马颈山、马粮山和观音山包围的山谷中穿流而过。

中黄村地处海拔800多米的马颈山、马粮山和观音山环抱的峡谷之中,峒河支流洽比河从村间蜿蜒流过,村落总体呈大分散、小聚居的形态;

重午古苗寨远眺
(王山林 摄)

毗邻国家级自然保护区德夯风景名胜区,方圆5公里内有矮寨公路奇观、矮寨特大悬索桥、冲角营南方长城等著名景点,地理区位优越。

中黄村是典型的喀斯特岩溶地貌,孕育出了独特的叠瀑、涌泉、陡崖绝壁等地貌景观。此外,这里还有承载着悠久历史的苗寨建筑(干栏、徽派等不同风格)等物质文化遗产,彰显着丰富的美学价值。同时苗族餐饮、服饰、习俗、节庆等非物质文化遗产丰富多彩,历史悠久,为旅游等产业发展奠定了良好基础。

(二)村落历史

中黄村始建于清朝,至清乾隆末年已发展成"五岭七寨八百户"的大山寨,故又有"中阿岭"地名之称,至今已经有200多年历史。相传村中的重午古苗寨是一头水牛带来的。在村寨形成前,溪流从此处的山谷穿流而过,山谷水草丰美,景色宜人,自然条件得天独厚。人们喜欢在这一带放牛,但牛到了这个地方就喜欢睡在这里,怎么赶也不走。老一辈的人都说,牛喜欢睡觉的地方就是好地方,于是先民们就迁徙过来,开山辟路,伐木建屋,在此定居下来,一代一代逐渐形成了村落。

民国年间,中阿乡[①]管辖德夯、矮寨、坪郎、庄家和平年几个镇,1945年并乡后改名为中黄乡,今中黄村当时属乾城县中黄乡第二区第九村。1952年,中黄村隶属上游人民公社管辖,1956年撤上游改为矮寨人民公社后属重武大队,1978年撤社设乡后改为重武村,2005年由原重武、补沙两村合并为中黄村。[②]

2009年中黄村先后被湖南省民委授予"湖南省少数民族特色村寨"称号,被吉首市人民政府公布为市级文物保护单位,2011年获评"湖南省

[①] 民国时期,重午古苗寨为中阿乡治所所在地,公开资料有"中阿乡"与"中窝乡"两种表述,本文以吉首市编纂委员会:《吉首市志》,湖南出版社1996年版"中阿乡"的表述为准。

[②] 湖南省吉首市市志编纂委员会:《吉首市志(1989—2005)》,方志出版社2012年版。

文物保护单位——中黄村古建筑群",2013年5月荣获"全国少数民族特色村寨"称号,2014年6月被评为湖南省全国重点文物保护单位和湖南省文物保护单位集中成片传统村落文化遗产整体保护利用示范村,2016年1月荣获全国美丽少数民族特色村寨称号,同年中黄村同心团队杨正光荣获第八届薪火相传"中国传统村落守护者"优秀人物称号,2020年2月中黄村被评为"州级同心美丽乡村"。

(三) 村落人口

中黄村现共有3个村民小组210户1050人,村民以杨姓为主。青壮年劳动力大多外出务工,农忙时归乡,老人及小孩则留守村中。

节日时的中黄村苗族群众
(中黄村村委会 供图)

中黄村长寿老人(王山林 摄)

(四)物产与特色产业

随着时代的发展变化,中黄村也不断发展进步。以传统农业为主的生产方式在时代发展中也逐步得到调整,许多年轻人加入外出务工的人潮中,中黄村群众的经济来源构成发生了很大变化,整体上的产业结构也与以往有了很大不同。

1. 传统农业

◀ 桃产业基地(王山林 摄)

▲ 中黄村同心茶叶产业园
(中黄村村委会 供图)

中黄村地处湘西深山区,处于典型的石灰岩受到流水侵蚀后形成的峡谷之中,土质肥沃;白天日照充足,昼夜温差大,水源丰沛,植被覆盖率高,这些天然的生态条件为中黄村农业产业发展提供了可依托的基础资源。在年轻人大多季节性外出务工的情况下,中黄村"靠山吃山",不断发展出高附加值的"百亩桃谷"、350亩茶叶特色支柱产业,通过合作社的形式解决技术、资金及种植、销售问题,成为中黄村产业结构调整的重要做法。

2. 旅游产业

中黄村独特且富有历史厚重感的民居建筑,丰富多彩的民俗活动,文化内涵深厚的民族技艺,隽秀怡人的自然地理环境为开发旅游产业提供了坚实基础。中黄村旅游资源较为丰富,但旅游产业发展处于粗犷的初级阶段,缺乏完善、系统的旅游业态体系、运管团队及项目发展资金。近年

中黄村景区游客中心(王山林 摄)

来,中黄村建设完善了旅游服务中心,对村落及周边道路进行亮化、绿化、美化,完善了停车场及旅游形象大门等,形成了相对完善的旅游接待基础设施体系。村内农家乐、民宿、民俗体验馆等旅游业态也不断增多,越来越多的年轻人选择回乡创业,中黄村日益焕发出新的气象。

3. 纺织产业

2018年7月,吉首市旅游文广新局结合中黄村精准扶贫的产业发展实际,划拨20万元建设资金,支持中黄村开展传统苗族织布绣花项目。目前,中黄村已经设有专门的苗绣活动空间,并组织村里妇女传习。同时,苗绣产业也带动了中黄村的传统手工织布产业发展,既传承了民族技艺,又增加了村民的经济来源。

(五)经济社会发展状况

中黄村总面积8.4平方千米,现有稻田面积619亩,旱地面积497亩,退耕还林面积852亩。①中黄村以传统经济为主,居民经济来源主要有粮食、桃树、山竹种植,竹纸加工及外出务工收入,以种植、传统织布和绣花为特色支柱产业。主要农产品有稻谷、玉米、西红柿、花生、辣椒等。②

---

① 数据由中黄村村委会提供。
② 2017年吉首市社会经济统计年鉴。

中黄村村道及消防设施(陈祖海 摄)

2017年,中黄村第一产业产值3万元、第二产业产值5万元、第三产业产值8万元,总人口及集体收入逐年增加。除农业外,当地兼有畜牧业、林业及部分旅游服务业创造营收。

进入新时代,我国不断提升和加强对文物特别丰富并且有重大历史价值的村庄的保护力度。2003年,基本建立了历史文化村落保护制度,对我国历史文化村落的保护与发展进入到了一个崭新时期。规划先行,谋定后动。2013年,吉首市编制发布了《吉首市美丽乡村建设规划方案》,将中黄村纳入美丽乡村的建设试点范围。为继承和发扬优秀的历史文化传统,科学指导村落历史文化保护和利用,提升村落人居环境,协调村落的保护与发展,《吉首市总体规划(2003—2020)》(2013年修订)、《矮寨镇总体规划(2004—2020)》、《湘西土家族苗族自治州历史文化名村(寨)及特色民居保护管理暂行办法》等相关规划、政策应时出台。2014年吉首市人民政府委托湖南省建筑设计院编制的《吉首市矮寨镇中黄村传统村落保护发展规划》指出,"保护和传承中黄村的历史文化,保护好自然、历史文化资源,保护和恢复传统村落自然人文特色和历史文化环境,促进传统村落社会经济文化可持续发展",同时划定了核心保护区面积30200平方米,建设控制地带363100平方米,环境协调区1954100平方米。此后,中黄村的经济社会发展路径以生态环境与历史文化的保护为前提,开展了诸多新的探索。

2014年至今,吉首市各级职能部门不断加大中黄村在传统村落修缮、村人居环境建设、生态环境治理方面的投入。对民国时期的乡公所、杨氏书院、保寨楼、古桥、古井等进行修缮;对村内巷道青石板铺面进行硬化处理;建设排水管网,进行排水沟渠的改造,建设污水净化池;此外,还进行电力线下地、古建筑室内电线改造、入村道路改造及登山游步道建设、邮政服务站、报刊亭建设、电信管网改造、消防设施建设、公厕、垃圾收集点、垃圾桶设置等环卫设施建设,以及洽比河疏浚、堤岸建设,退耕还林、封山育林等生态环境建设,使中黄村古村换新颜,人居环境质量不断得到提升。

中黄村教育体系不断完善,九年义务教育普及率达到100%。文娱场地充足,村级行政管理中心完善,有居民自家开设的小型商店,旅游基础设施及业态有待完善;有村级医疗卫生2个,床位4张。村内交通道路以宽约1米的青石板为主,道路依地形错落蜿蜒分布,有公交车站及停车位若干。居民生活用水主要取自自然山泉水,通过建在山上的高位水池蓄水,然后用自来水管道通向各户;生产用水主要取自洽比河;村道两侧多设有排水明沟,但缺乏专门的排污管网,垃圾基本做到全部集中处理;消防管网较为完善,村镇防灾预警设施配置率低;居民生活能源以液化石油气为主,辅以薪柴;电力、电讯设施完善,互联网已全覆盖。

(六)饮食文化

苗族人有喜吃酸食的传统习惯。相传是由于他们世居深山峻岭之中,山高路遥、交通不便,很不容易吃上鱼肉类和蔬菜,也缺少盐等调味品。为适应日常生活上的需要,将收获的食物进行简单加工便于储存后长期食用。于是家家户户都设置酸坛,制作酸鱼、酸肉、酸菜及其他相通食物。苗族制作酸鱼多用鲤鱼,鲤鱼大多放养于稻田,待到秋收季节,可以鱼稻双收。收获的鱼,除少数鲜食外,大部分都用来做成酸鱼。水蜈蛅，又名水夹子，是龙虱的幼虫，是一种水生昆虫。每到夏天，中黄村的大人小孩都会到河里抓水蛅蛅。捕获的水蛅蛅用热油炸酥，再加盐、辣椒等调味品简单烹调就可以食用，富有较高蛋白质，是当地特色美食之一。

大米是中黄村的主食；食用油以茶油、菜油为主，辅以动物油脂；辣椒是主要的调味品，可谓是"无辣不成菜"。酒是湘西不可或缺的文化载体，主要有苞谷酒、糯米酒，中黄村亦是如此，村民多以酒驱除疲劳，或示敬、祭祖、待客、传情、贺喜等。

二、文化遗产

（一）物质文化遗产

1. 民居建筑

棂格图案（王山林　摄）

中黄村物质文化遗产体现在苗寨历史建筑及其生产生活设施中，历史建筑与文物保护单位的总面积占核心区总面积的九成以上。中黄村是历史上通往川黔湘渝鄂的古驿道上的必经之地，商贾云集，曾有"五岭七寨八百家，三个岩门打不开"之说。这里至今仍留存有古老的石板路、风雨桥、古驿道（已硬化为乡村公路）、古驿站、古井、水碾、造纸作坊等历史遗迹。中黄村建筑多为砖、石、木结构，砖为自家烧制的青砖，石为就地取材的石灰岩青石板，木是当地杉木及其他杂木，多用其本色或刷以黑色漆。建筑中窗、撑拱、雕花工艺精细巧妙。窗为木头的，有平开与横劈两种形式，棂格图案多样；撑拱形状简洁，多呈流畅的曲线型，用以支撑屋檐；木结构、石质建筑构件上多雕刻有寓意美好、种类丰富、格调雅致的植物、器物等图案，花纹以卷草、龙云纹为主。

第十三章
中黄村

重午古苗寨建筑布局(王山林 摄)

(1) 重午古苗寨

重午古苗寨是中黄村历史建筑的主要集中区域。"重午"一词,并未见于当地地方志记载,但有"重武乡""重武村"记载,其描述与该村在民国时期曾为中黄乡公所的事实一致,且"午"与"武"谐音,疑后世混淆,本书以"重午"与"重武"为同一指向。"重武"一词在苗语中有"中心""大气大度""吉祥"的意思,表达了苗寨的先民们对村寨的期望和祝福。重午古苗寨依地形布局,错落有致,洽比河如青罗带在前方绕寨而过,马颈山、马粮山和观音山三山环抱,共同滋养着重午古苗寨这颗河涧明珠。

用地格局及景观风貌方面,据2017

青瓦与马头墙(王山林 摄)

重午古苗寨寨门（陈祖海 摄）

年统计，寨子用地格局保持了原有的历史格局、历史街道、建筑景观风貌，新建用地建筑景观风貌与历史风貌协调度高。现共有清代传统民居38户，依原貌修缮整治民居20户，建筑风貌改变较大的全新民居5户。

重午古苗寨是中黄村文化遗产的核心承载区，也是《湖南省吉首市矮寨镇中黄历史文化名村保护规划（2014—2030）》（吉首市人民政府、湖南省建筑设计院，2014年12月）及《吉首市矮寨镇中黄村传统村落保护发展规划（2014—2030）》（湖南城市学院规划建筑设计研究院）两项规划中的规划"核心区"，在中黄村历史文化中占有举足轻重的地位。

重午古苗寨现存清后期至今的古建筑共57栋200余间，总面积约为13000平方米，是吉首、花垣、保靖三县市交界处罕见的保存完好的木质结构"籽蹬屋"[①]的代表性民居建筑群，其结构大部分为悬山顶穿斗抬梁式，布局紧凑合理，功能齐全，山墙、重檐和翘角具有地方建筑特色。但由于缺乏及时维护或一些诸如现代化门窗、混凝土材料的使用等原因，中黄村的历史建筑也遭到一定程度的建设性破坏。

重午古苗寨历史建筑群中尤以保寨楼及原中黄乡公所较为突出。保寨楼是全木质穿斗式结构，共分四层，底部为青石材质的鼓石基座，上部为青瓦屋面，其瞭望塔每层设有垛口、枪眼、瞭望台，共同组成重午寨的军事防御系统。保寨楼的木雕石刻、柱础、窗花、彩绘等多姿多彩，内容丰富，工艺精湛。保寨楼的马头墙共三阶，砖墙墙面侧以白灰粉刷包裹，墙头覆以青瓦，两坡墙檐白墙青瓦，明朗素雅。其门窗雕刻精良，雕刻的图案多以花草、祥瑞吉兽、汉字为主，体现出先民精湛的雕刻技艺与高雅的精神文化追求。

---

① 指在占地及堂屋大门外留下一片空地，使堂屋门口的两侧、檐柱与金柱之间，形成一个凹形"吞口"，大门退至金柱，左右两侧板壁装齐檐柱，使大门的地面与阶沿连成一片，呈凹字形，苗族称其为"籽蹬屋"。

第十三章
中黄村

同时,重午古苗寨历史建筑群中有用以支撑屋檐和美观作用的檐柱①,同时有支撑房屋柱子的柱础石②,两者均颇有特色。与湘西地区苗族民居的柱础石略有不同,保寨楼的柱础石明显要略

保寨楼远眺图(王山林 摄)

高于平常的柱础石,而其上雕刻的图案也更加精美。保寨楼内的柱础石高约37.5厘米,直径约37厘米,该石有上、中、下三部分,上层是一个石刻的苗鼓,石鼓高约17厘米,直径约35厘米,石鼓四周雕有花纹,鼓的底部有莲花叶状的石刻,莲花叶之间雕有连串鼓钉,栩栩如生,匠心独具。中层是由一个八边形的棱柱构成,棱柱高约15.5厘米,8个侧面分别刻有梅、兰、竹、菊4种植物还有宝剑、剑鞘、宝瓶等图案。各幅图案各有寓意,梅、兰、竹、菊是中国古代传统社会中公认的象征着君子品格的植物,也是中国人感物喻志的文化象征,分别代表着傲、幽、坚、淡四种品质;而宝剑、剑鞘等物,则表达了苗寨人尚武健身、守卫家园的理念。柱础石的底层则是一个扁平的长方体,高约5厘米,宽约37厘米,长约37厘米,作为整个柱础石的最后一部分,其设计简约而质朴,但又不失其厚重。

(2)原中黄乡公所

原中黄乡公所为清末民初建筑,为风火墙合子院,共两层约520平方米。总体上是两进式院落,第一进为门屋办公场所,第二进是私人厅堂,两屋之

---

① 檐柱是木结构建筑檐下最外一列支撑屋檐的柱子,亦称外柱,多设在建筑物的前后檐,是清式建筑名称,宋代又称副阶柱。在楼阁建筑中,其上下层之檐柱,分别称为上、下檐柱。

② 柱础石是我国建筑石构件的一种,俗称磉盘、柱础,即柱子下面所安放的基石,承受屋柱压力,在传统砖木结构建筑中用以负荷和防潮。

间的庭院较小，但设计布局紧凑合理，较为美观；外观整体呈现现代设计风格，而里面则是传统的湘西木楼建筑；该建筑融合了中西建筑两种元素，在整个重午古苗寨的老建筑中显得颇为特殊。

原中黄乡公所旧址（王山林　摄）

据记载，民国年间，随母亲改嫁落户到重午寨的石家银刻苦努力，勤奋好学，立志要学习知识，回报家乡。民国十七年（1928年），石家银从长沙政法学堂毕业后，担任中黄乡副乡长。在外面接受了新思想、新教育的他，为了让村寨的父老乡亲们看看外面的新鲜事物，不辞辛苦地前往常德托人绘制房屋图纸，引进西方的建筑元素。鉴于传统的木楼建筑容易失火的特点，特将建筑的正面和侧面用火砖砌成风火墙合子院落，乡公所就是这种建筑风格的典型代表。院落墙裙和大门全是按"一指三钻"加工而成的石块嵌镶，严丝合缝，防火防潮。

前院分东西两栋建筑，西侧建筑外观使用中西结合建筑风格，具体表现为二楼门框、窗框采用欧式拱券结构，波浪式花纹，外观偏西式洋楼风格，屋顶采用类似五脊四坡式庑殿顶①结构，同时

原中黄乡俯瞰图（王山林　摄）

---

① 庑殿顶是"四出水"的五脊四坡式，由一条正脊和四条垂脊（一说戗脊）共五脊组成，因此又称五脊殿。由于屋顶有四面斜坡，故又称四阿顶。庑殿顶又分为单檐和重檐两种，文中的乡公所是单檐庑殿顶。

又隐含着中式传统建筑的身影。东侧建筑则是采用中式风格,硬山式屋顶,两侧为三阶马头墙。高于屋面的风火墙鳌头、翘角的彩绘,惟妙惟肖;院内槛窗的雕花,形态各异,鼓形的柱础石上镌刻的飞禽走兽,更是栩栩如生。乡公所内的院坪和其附近的村巷均用青石块铺就,户户相连,巷巷相通,由村民定期打扫,无杂草浮泥,整洁干净。

2. 生产农具

水车是灌溉的必备工具,其规格大小不一。水车每根辐条的顶端都带着一个刮板和水斗,凭借着水流的自然动力,刮板刮水,水斗装水,最终达到将水提升至高处的目的。中黄村至今仍保留着众多的水车,在满足灌溉需求的同时,也起到了良好的景观效果。另外,这里的跨河载体有石桥、木桥、绳桥等,木排、木船也在历史上发挥过重要作用。

扁担、背篓、背架是中黄村原始的生产用具。湘西多是"九山半水半分田"的大山区,道路崎岖且狭窄多险,挑担不方便,人们便与背篓结下了不解之缘。背篓是苗族编织技艺的体现。苗族的编织按原材料的类型分主要有竹编、麻编、草编和藤编四大类,此外还有一些其他种类的编织。竹编主要有晒簟、睡簟、米筛、灰筛、簸箕、撮箕、箩筐、斗篷、饭篓、背篓等。在背篓一项,又分打柴割草用的、背米用的、洗衣用的和背小孩用的四个种类。中黄村村民家里最常见的就是用于打柴割草的大背篓,按背篓的材质其分属于竹编类型,特点是篾粗肚大,经得住摔打,能适应人们在田间地头的劳作。

水车(黄小华 摄)

（二）非物质文化遗产

联合国教科文组织《保护非物质文化遗产公约》指出，被各群体、团体或个人所认为是其文化遗产的各类实践、表演、表现形式、知识体系和技能及其有关的工具、实物、工艺品和文化场所即为非物质文化遗产。

中黄村非物质文化遗产资源丰富，价值较高，其中不仅有湘西民歌、"四月八"、湘西苗族鼓舞、赶秋节、接龙舞等，另有苗族唢呐、木叶、甲麻号、打家伙等传统音乐，踩犁口、上刀梯、下油锅、巫傩绝技等民间绝技，民间传说、神话故事、民间谚语等文学表现形式以及苗族医药、苗族推拿等传统医术，吃、住、行、婚丧嫁娶等传统风俗，苗族织绣、竹编、木雕、石雕等传统手工技艺，苗拳、高脚马传统武术形式。

1."四月八"

中黄村十分注重传统节日的传承与发展。传说古代凤凰县附近有一名叫"亚宜"的苗族首领，他体恤民情、关心百姓疾苦，不甘于被统治者压迫，于是领导苗族群众展开起义斗争。他曾组织各寨苗族头人在现在名为"喝血坳"的地方歃血结盟，并约定四月初八在某山头聚众起义。起义后，起义军连连获胜，从湘西一直打到四川、贵州，第二年的四月八日，亚宜不幸战死于贵阳市的喷水池附近。为了纪念这位英雄，便于每年的四月八日这一天，举行纪念活动，追思亚宜，为战死者扫墓。

"四月八"这天，中黄村的村民披戴银饰，穿上新衣，从山顶、山腰、平坝汇集于预定的活动场地，村内文化广场上人山人海，摩肩接踵，熙熙攘攘，热闹非凡。这一天村寨不仅要举行傩戏、上刀梯、下火海、狮子舞、打花鼓、赛歌、吹唢呐等特色民间文艺表演，而且青年男女还会在这一天交友、自由恋爱。随着时代发展，纪念活动又增加了经贸洽谈、艺术文化研讨、旅游观光等新内容，今天的传统节日"四月八"已成人们展现民族文化、加强民族团结、招商引资、促进经济发展、建设精神文明的综合性盛会。同时,中黄村也凭借着其不断丰富与发展的传统节日活动内容,吸引着越来越多的学者、游客和商人前来参观游览。

中黄村苗族节日现场(中黄村村委会　供图)

2. 赶秋

赶秋节也是湘西的大型喜庆节日之一。每年的立秋或其后1~2天,人们都要停止农活,身穿节日盛装,邀友结伴,兴高采烈地从四面八方汇聚秋场,参加或观看各种文娱活动,庆祝丰收。传统的秋场有吉首市的矮寨场、花垣县的麻栗场、凤凰县的勾良山、泸溪县的潭溪和梁家潭等地,矮寨镇的中黄村便是赶秋的秋场之一。这一天,秋场上人群摩肩接踵,四周山坡人影晃动,歌声袅袅,十分热闹。

赶秋的由来,有的说是赶立秋日,有的说是赶秋千。相传很久以前,苗寨有个名叫巴贵达惹的青年,为人正直,英武善射,深受众人仰慕。某天,他外出打猎,见一山鹰从空中掠过,便抬手拉弓,一箭射中那只山鹰,但奇怪的是,与山鹰一同下坠的还有一只花鞋。细看这只花鞋,绣工极为精巧,一看就知道是出自一位心灵手巧的苗族姑娘之手。巴贵达惹决意要找到这只花鞋的主人,在乡亲的帮助下,他制造了一种可以同时坐8个人的风车形秋千,取名八人秋千。立秋这天,他邀约远近村寨的男女前来打秋取乐。打秋千本是苗族姑娘最喜爱的活动,巴贵达惹想,那个做花鞋的姑娘,一定会来。果然,巴贵达惹的愿望实现了。在秋场上,他找到那只花鞋的主人——美丽的姑娘七娘。他俩通过对唱苗歌而建立感情,后来结成夫妻,生活十分幸福美满。从那之后,人们沿袭此例,一年一度地举行这种活动,择配佳偶,形成了赶秋盛会。①

中黄村不仅注重传承"四月八"、赶秋节等传统大型节日活动,还积极创作和保留了《田里罩鱼》《打尿桶》《农家乐》等原生态节目,曾多次在州、市举行的文艺汇演中获优秀创作奖、金奖,2009年在湘鄂黔渝四省边区民族民间艺术大赛中获总分第一,受到了省、州主管部门的高度赞扬,是吉首大学的民族文化研究基地。

3. 手工织布与苗绣

手工织布经一代又一代传承人的不断实践、总结、提高,形成了独具特色的民间手工技艺,成为中华民族传统文化的一部分。苗族手工织布技艺历史悠久,源远流长,从纺纱到成布要经过15道工序,其中纺纱、牵幅、梳纱、卷经、贯综穿筘、上织床、织布这7道工序②,技术含量高,操作难度大,非技术熟练、心灵手巧的传承人莫能完成。苗族手工织布的织物分为大布(即白布)、花格布和苗锦,其中以苗锦为上乘,是有识之士竞相收藏的珍品。

织布机沿用古老的样式,苗族织锦采用挑花技术,织造时第一纬织平纹地,利用分经筒形成的自然梭口,通过刀杼,引纬打纬;第二纬织挑花,踩动踏杆,形成梭口,根据需要的花纹图样,用挑花刀挑起经纱,使上下层经纱形成梭口,手工引入色线,再用筘和刀杼打纬;第三纬织平纹地,脚蹬踏杆提拉地形成梭口,通过刀杼,引纬打纬;第四纬织挑花,用挑花刀挑起经纱形成梭口,手工引入各种色线,用筘和刀杼打纬……如此循环操作,织成的苗锦幅宽约40厘米,长度依需要而定。如今,中黄村里的苗族手工织布技艺仍然在传承,织出的布锦,仍用于村民的日常生活,而且作为刺绣等丝织品的原料,深受市场大众喜爱。同时,村里在乡公所内设有专门的织布房,一方面供村内妇女在此传习苗族手工织布技艺,另一方面供游客参观体验。她们生产的布匹锦缎和绣制成的漂亮苗

---

① 参见《湘西土家族苗族自治州志丛书——民族志》,贵州人民出版社1993年版。
② 参见中国传统村落数字博物馆——吉首市矮寨镇中黄村。

族服饰,广受追捧。

◀ 织锦(中黄村村委会 供图)

▼ 手工织布(中黄村村委会 供图)

湘西苗绣作为苗族民间传承的刺绣技艺,是历史文化中特有的表现形式之一,是劳动妇女勤劳智慧的结晶。苗族服饰的刺绣工艺有其独特性,有双针锁绣、绉绣、辫绣、破纱绣、丝絮贴绣、锡绣等技法。

湘西苗绣多作衣裤、围裙、巴裙、门帘、被面、围床、枕头、荷包、褡裢等的装饰,图案多为花鸟鱼虫之类。例如七层恭边呢套衣,袖口嵌有大边小边,大边绣有"双龙抢宝"或"双凤朝阳"等纹样;小边绣着荷花、牡丹、芍药或桃子、石榴等纹样。刺绣均以丝线作花,式样和色调因地方、爱好、年龄不同而有所不同。[1]刺绣的图案在形制和造型方面具有特色,大量运用各种变形和夸张手法,表现出创世神话和传说,从而形成苗绣独有的艺术风格和刺绣特色。重午古苗寨的刺绣技艺传承人施银香[2],目前担任中

---

[1] 参见《湘西土家族苗族自治州志丛书——民族志》,贵州人民出版社1993年版。

[2] 访谈对象:施银香,苗族,53岁,现中黄村妇女主任,苗寨刺绣传承人;访谈时间:2020年7月16日。

黄村苗绣教师,教授中黄村的妇女学习苗绣,她教授的学生还在湘西州举办的苗绣比赛①中取得优异成绩。此外,她还曾前往北京、桂林等地教授苗绣技艺,弘扬苗绣技艺。

(本章由陈祖海、王山林撰写)

---

① 2018年6月湘西州文广新局举办的"指尖飞花——湘西州2018年苗绣大赛"。

后 记

　　传统村落是指拥有物质形态和非物质形态文化遗产,具有较高的历史、文化、科学、艺术、社会、经济价值的村落。传统村落承载着中华传统文化的精华,是农耕文明不可再生的文化遗产。传统村落凝聚着中华民族精神,是维系华夏子孙文化认同的纽带。传统村落是中华民族的宝贵财富,至今仍是人们赖以繁衍生息的空间载体。传统村落中蕴藏着民族的历史记忆,记录着族群的更替演化,承载着族员的文化基因,印刻着当代人的浓浓乡愁。我国十分重视传统村落的传承和保护。2012年国家住建部、文化部、财政部联合颁布了《关于加强传统村落保护发展工作的指导意见》,同年开始进行中国传统村落名录认定工作。2014年国家四部委出台了《关于切实加强中国传统村落保护的指导意见》,2020年实施中国传统村落挂牌保护。截至2020年8月,我国已累计认定五批次共计6819个村落列入中国传统村落名录。加强传统村落保护与发展,挖掘和保护传统村落的历史、文化、艺术、科学、经济、社会等价值,对于弘扬优秀传统文化、推动乡村振兴战略具有重要的现实意义。

　　吉首市位于湖南省西部,是湘西土家族苗族自治州的地级行政区首府,古称镇溪、所里、乾州。地理位置在北纬28°08′~28°29′,东经109°30′~110°04′,境内山峰林立、溪河纵横、气候适宜,为亚热带季风性湿气候。

　　吉首市被誉为武陵山区的明珠城市,拥有神奇的山水风光、浓郁的民族风情、厚重的历史文化,以苗族为主的传统村落资源丰富。截至2020年,吉首市共有13个村落列入中国传统村落名录。其中,2012年12月,德夯村、中黄村入选第一批中国传统村落名录;2013年8月,河坪村、小溪村、齐心村入选第二中国传统村落名录;2016年12月,坪年村、补点村、坪朗村入选第四批中国传统村落名录;2019年6月,联团村、锦坪村、家庭村、红坪村古者寨、隘口村林农寨入选第五批中国传统村落名录。

  本调查报告由多位作者合作完成,是集体智慧的结晶。总体构思和调研提纲由段超教授和田敏教授完成;第一章由陈祖海、黄小华撰写;第二章由陈祖海、黄小华撰写;第三章由张英、徐燕宁、于沛鑫撰写;第四章由张英、杨光祥、张栩铭撰写;第五章由李彦军、石可琲、郭振撰写;第六章由李彦军、蔡卓嵘、郭振撰写;第七章由何立华、金地撰写;第八章由何立华、纪飞阳撰写;第九章由高华云撰写;第十章由简兵撰写;第十一章由马宏、谈玉婷撰写;第十二章由李韬存、霍达、刘伶丽撰写;第十三章由陈祖海、王山林撰写;黄小华、张文月、符斌参与了统稿校对工作。

  在调研过程中,吉首市住建局给予了大力支持,并提供相关资料。吉首市民族宗教事务局为调研组提供了相关资料。感谢丹青镇、己略乡、马颈坳镇、峒河街道、乾州街道、矮寨镇政府以及13个村委会对调研工作的支持!熊岳伟、李蓓、皮心玥、陶羽欣、陈思宏、孙爽、彭湖淳、吴若暄、欧玮、欧阳羽晗、陈梦洁、秦环域、全家喜、龙迁、田培民等师生参与前期调研工作,在此一并致谢。感谢中南民族大学民族学一级学科点及其工作人员对调查报告的支持,感谢各位专家的辛勤工作,感谢湖北人民出版社大力支持。

  由于水平有限,本书一定有不少错漏之处,敬请批评指正。